増補改訂版

気持ちがきちんと伝わる!

手紙の文例・マナー新事典

中川越 監修

朝日新聞出版

はじめに

いい手紙を書くための秘訣をお教えします。

その手紙を書きたいと思うこと。それが一番大切です。

書きたいと思う気持ちがあれば、必ずいい手紙が書けます。書くのが面倒だ、早く処理しなくてはと思いながら書けば、決していい手紙にはなりません。いやいや書けば、たとえ形式や敬語表現が完璧でも、必ず相手に本心を見抜かれます。形ばかりで心がないと。

とはいえ、「書きたいと思うだけでは、手紙は書けない。拝啓とか時候とか、いろいろ面倒な手紙の常識があるでしょう」などと、不安を感じる方も多いと思います。

確かに、手紙には伝統的な構成様式や特殊な用語があり、それを知らないと、ノーネクタイで大切な人に会うような失礼をおかすことにもなりかねません。そこで、手紙のテーマや相手との関係により、どのような構成様式や用語が必要になるかについては、本書の各例文と注意点を参考にしていただくのがいいと思います。

ただし、構成様式や用語についても、究極、これだけ知っていれば失礼にならないということがあるので、ご紹介しておきます。

それは、「拝啓＋本文＋敬具」です。

千年前の平安の昔から、手紙の形式や用語は少しずつ変化しています。しかし、千年変わらない形式がひとつあります。いいえ、形式というより、日本人の感受性のあり様といったほうがいいかもしれません。「拝啓＋本文＋敬具」には、千年変わらない日本人の感受性の常識が込められているのです。

「拝啓」とは、相手を拝んで口を開く、という意味です。つまり、尊敬して申し上げます、という気持ちを示しています。そして、「敬具」は、やはり相手をうやまって、申し上げました、という意味です。すなわち、敬意と敬意でサンドウィッチして、本文を伝えるというのが、長い間守られてきた伝統です。拝啓が謹啓でも、敬具が敬白でも、その本質は一緒です。

人が人を尊敬することを基本とし、相手の状況に立ち入るときには、うやうやしい態度で書き始めるのです。そして最後にも敬意を示し、敬意の余韻で手紙全体を包み込みます。この感覚さえあれば、どんな手紙も失礼なく書けます。

火事のお見舞いやお悔やみには、「拝啓」「敬具」は省く、という常識もありますが、明治から昭和にかけての名だたる文豪たちの手紙を見ると、火事見舞いやお悔やみに、「拝啓」「敬具」を入れている場合がよくあります。

「拝啓」「敬具」を入れて失礼になる手紙は皆無です。また、「拝啓」「敬具」がなくても、敬意を込めた言葉づかいで手紙を書き始め、そして、敬意を込めた末文を書けば、「拝啓」「敬具」を書いたことと同じになります。

また、時候も、必ず要るものではありません。時候の適切な使用についても、本書の例文を参考にしてください。

最後にいい手紙を書くための秘訣を、もうひとつだけお伝えします。

便せん、封筒、切手、ハガキ、筆記具を、いつも座右に用意しておくことです。そうすると、それまでよりはるかに、手紙が書きたくなります。

書きたくなれば、いい手紙が必ず仕上がります。

中川　越

第2章 手紙の文例

引越し
結婚
事故
入院

INVITATION
MAP

第3章 心が伝わる手紙術

中川 越

第4章 ハガキ・一筆せんの書き方と文例

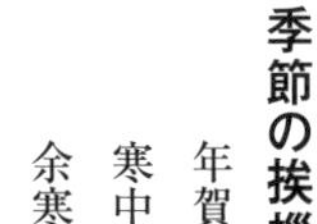

第5章 ビジネスメール・SNSの書き方と文例

本書の使い方 read me

本書では、さまざまな場面に沿った手紙の文例を紹介しています。

まずは、各テーマの冒頭のページを確認して、手紙の基本的な流れ、マナーのポイントなどをおさえておきましょう。

文例のページでは、手紙を送る相手との関係や文例の表現のていねいさなどをマークで示しています。手紙を書く際は、下記の説明を見て、必要であれば書き換え例やほかの文例の言い回しを組み合わせるなど、アレンジをして使ってください。

マークの見方

ていねいさ
◉の数が多いほど、ていねいな表現を使った文例です。

相手との親しさ
◉の数が多いほど、親しい間柄の相手に送る文例です。

Formal あらたまった文例

Casual 気軽な文例

to 手紙を送る相手

Advice
この本の監修者からのアドバイス。

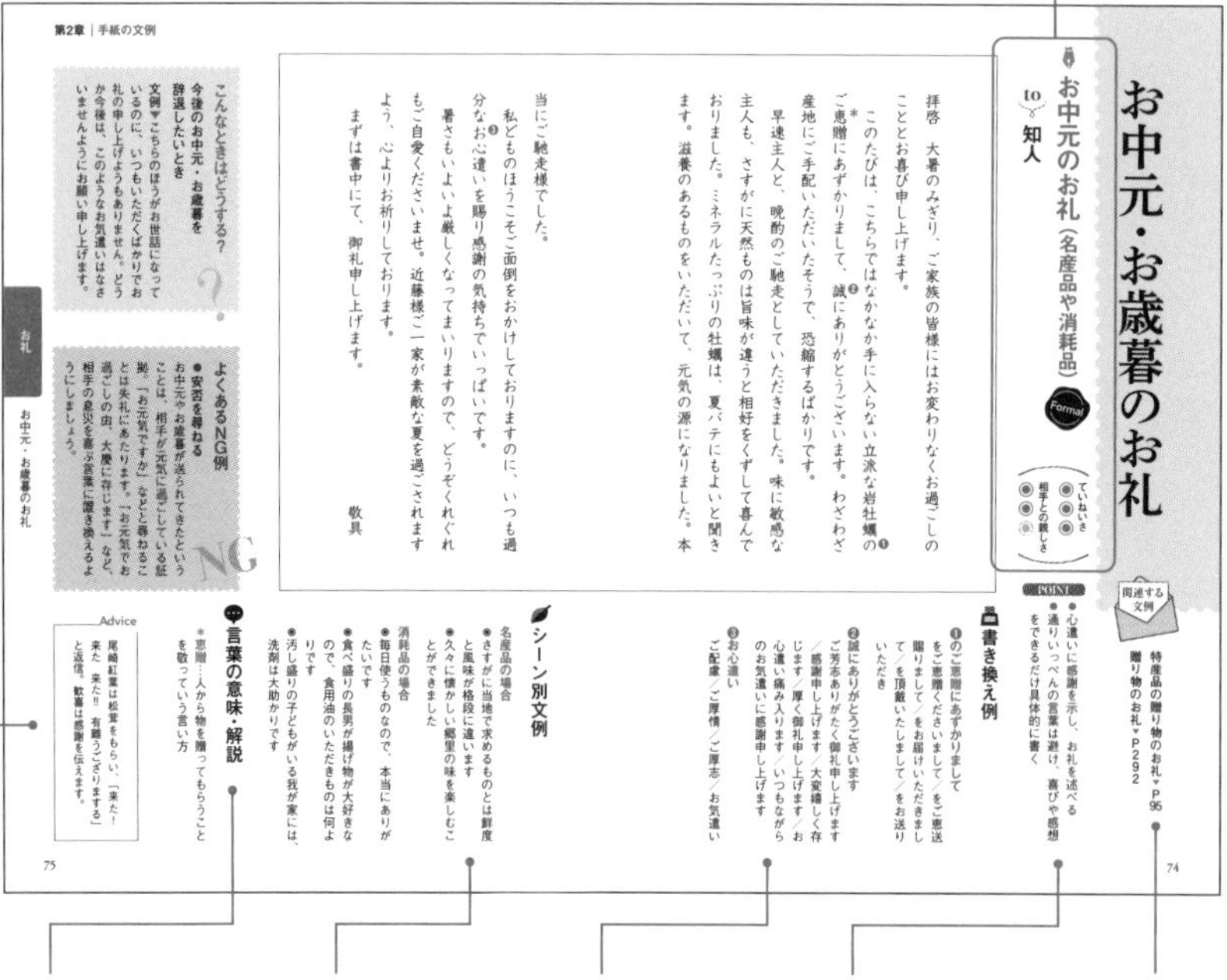

お中元・お歳暮のお礼

お中元のお礼（名産品や消耗品）

Formal

to 知人

ていねいさ ◉◉◉
相手との親しさ ◉◉◉

拝啓　大暑のみぎり、ご家族の皆様にはお変わりなくお過ごしのこととお喜び申し上げます。

このたびは、こちらではなかなか手に入らない立派な岩牡蠣の❶ご恵贈*にあずかりまして、❷誠にありがとうございます。わざわざ産地にご手配いただいたそうで、恐縮するばかりです。

早速主人と、晩酌のご馳走としていただきました。味に敏感な主人も、さすがに天然ものは旨味が違うと相好をくずして喜んでおりました。ミネラルたっぷりの牡蠣は、夏バテにもよいと聞きます。滋養のあるものをいただいて、元気の源になりました。本当にご馳走様でした。

私どものほうこそご面倒をおかけしておりますのに、いつも過分な❸お心遣いを賜り感謝の気持ちでいっぱいです。

暑さもいよいよ厳しくなってまいりますので、どうぞくれぐれもご自愛くださいませ。近藤様ご一家が素敵な夏を過ごされますよう、心よりお祈りしております。

まずは書中にて、御礼申し上げます。

敬具

関連する文例
特産品の贈り物のお礼▼P95
贈り物のお礼▼P292

POINT
●心遣いに感謝を示し、お礼を述べる
●通りいっぺんの言葉は避け、喜びや感想をできるだけ具体的に書く

書き換え例
❶のご恵贈にあずかりまして
をご恵贈くださいまして／をご恵送賜りまして／をお届けいただきまして／を頂戴いたしまして／をお送りいただき
❷誠にありがとうございます
ご芳志ありがたく御礼申し上げます／感謝申し上げます／大変嬉しく存じます／厚く御礼申し上げます／お心遣い痛み入ります／いつもながらのお気遣いに感謝申し上げます
❸お心遣い
ご配慮／ご厚情／ご厚志／お気遣い

シーン別文例
名産品の場合
●さすがに当地で求めるものとは鮮度と風味が格段に違います
●久々に懐かしい郷里の味を楽しむことができました
消耗品の場合
●毎日使うものなので、本当にありがたいです
●食べ盛りの長男が揚げ物が大好きなので、食用油のいただきものは何よりです
●汚し盛りの子どもがいる我が家には、洗剤は大助かりです

言葉の意味・解説
＊恵贈…人から物を贈ってもらうことを敬っていう言い方

Advice
尾崎紅葉は松茸をもらい、「来た！来た 来た!! 有難うございまする」と返信。歓喜は感謝を伝えます。

よくあるNG例
●安否を尋ねる
お中元やお歳暮が送られてきたということは、相手が元気に過ごしている証拠。「お元気ですか」などと尋ねることは失礼にあたります。「お元気でお過ごしの由、大慶に存じます」など、相手の息災を喜ぶ言葉に置き換えるようにしましょう。

こんなときはどうする？
今後のお中元・お歳暮を辞退したいとき
文例▼こちらのほうがお世話になっているのに、いつもいただくばかりでお礼の申し上げようもありません。どうか今後は、このようなお気遣いはなさいませんようにお願い申し上げます。

第2章｜手紙の文例　お礼　お中元・お歳暮のお礼　74　75

言葉の意味・解説
文例や書き換え例に出てくる手紙特有の難しい言葉、言い回しの解説。巻末（P330）も役に立ちます。

シーン別文例
文例とは異なるシチュエーションで手紙を書くときに使える言い回しの例を紹介。

書き換え例
文例の単語や言い回しの書き換え表現を紹介。

POINT
手紙を書くときに注意すべき点、盛り込む内容、マナーのポイントなどを掲載。

関連する文例
関連するほかの文例のページ数を記載。

第1章

手紙の書き方とマナー

- 手紙の基本構成と便せんの使い方
- 封筒の書き方
- 便せんの折り方・入れ方
- レターグッズの選び方
- 頭語・結語の使い方
- 時候の挨拶
- 手紙文の決まった言い回し
- 敬語の基本
- 手紙のマナーQ＆A

手紙の基本構成と便せんの使い方

関連するページ

頭語・結語の使い方▼P22
時候の挨拶▼P24

基本構成に従えば誰にでも手紙が書ける

手紙の基本構成は、「前文」「主文」「末文」「後付け」の大きく四つで成り立っています。人と会って話をするとき、まず挨拶（前文）をしてから本題（主文）を述べ、最後に再び挨拶（末文）をします。

手紙も同じです。基本構成に従って書けば、礼儀にかなった手紙になります。あらたまった相手には挨拶が欠かせませんが、親しい相手には本題から始めてもよい場合があります。状況に応じて基本構成を変えたり、挨拶の一部を省略してもかまいません。相手との関係性を意識し、顔を思い浮かべながら書くようにしましょう。

縦書きの場合

POINT▼あらたまった相手に送るフォーマルな手紙は縦書きが基本です。

前文

❶拝啓　❷今年ももう数えるほどになりました。
❸皆様お揃いで、お健やかに年の暮れをお迎えのこととお喜び申し上げます。おかげ様で私どもも、一同変わりなく過ごしております。日頃は雑事に取り紛れ、ご無沙汰いたしてばかりで大変申し訳ございません。

前文

❶頭語
「謹んで申し上げます」という意味の挨拶の言葉。1字下げずに行頭から書き始めます。

❷時候の挨拶
「よいお天気ですね」「暖かくなりましたね」などの天候や季節に応じた挨拶。

❸安否の挨拶
「お元気そうですね」などの相手の健康や安否を気遣う挨拶。「私も元気です」などと自分の安否をつけ加え、無沙汰を詫びる言葉や日頃の感謝を続ける場合もあります。

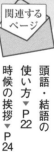

主文

❹さて、❺このたびは大変立派な生牡蠣を頂戴いたしまして、誠にありがとうございました。

早速、牡蠣鍋にして家中でにぎやかにいただき、幸せな気持ちでいっぱいになりました。本当にご馳走様でした。

毎年のご厚情、恐縮の至りでございますが、厚かましくも我が家の楽しみになってしまいました。どうかお許しを。

末文

❻冬になって空気が乾燥しています。皆様お風邪など召しませぬよう、お身体に気をつけてお過ごしください。

❼取り急ぎ書中にて御礼申し上げます。

敬具❽

後付け

❾十二月十五日

原田信二❿

⓫松田ひろし様

陽子様

主文

❹起語

「さて」「ところで」などの本題に入るきっかけの言葉。

❺本題

手紙の用件。わかりやすい文章で、簡潔に書きましょう。

末文

❻結びの挨拶

季節の言葉などのあとに、相手の健康や繁栄を祈る言葉で結びます。

❼用件をまとめる言葉

最後に用件をまとめ、わかりやすくします。念押しの意味もありますが、省略してもかまいません。

❽結語

「謹んで申し上げました」という意味の挨拶の言葉。頭語とセットで使い（「拝啓－敬具」「謹啓－謹白」など）、行末から1字上げて書きます。

後付け

❾日付

1字下げて漢数字で書きます。

❿署名

へりくだる意味で行末から1字上げて書きます。

⓫宛名

行頭からフルネームで書きます。相手が夫婦なら連名にし、それぞれに敬称をつけます。

横書きの場合

POINT▼親しい相手に送るカジュアルな手紙は横書きでかまいません。

前文	❶うららかな春日和になりました。❷お元気でいらっしゃいますか。
主文	❸先日は遠いところを遊びにきてくださって、ありがとうございました。いただいた鉢植えの花は、あとから続々とつぼみがふくらんで、今も部屋中にやさしい香りを漂わせています。引越ししてからお互いの行き来に不便になってしまったけれど、久しぶりに両夫婦ともども4人でゆっくりお話ができて、とても楽しい時間でした。
末文	❹それでは、まだ肌寒い日もありますが、お身体に気をつけてお過ごしください。次回お会いできる日を楽しみにしています。
後付け	❺4月20日 ❻沙保里 ❼荒川香代子様
追って書き	❽追伸　先日4人で撮った写真を同封します。香代子さんもご主人も、とてもいい笑顔ですよ。

前文

❶時候の挨拶

頭語は省略してもかまいません。1字下げて書き始めます。

❷安否の挨拶

安否を気遣う挨拶。無沙汰を詫びる言葉もここに入れます。

主文

❸本題

用件を簡潔に書きます。最初に起語を入れてもよいでしょう。

末文

❹結びの挨拶

季節の言葉、相手の健康を祈る言葉。結語も省略可。

後付け

❺日付

算用数字を用います。

❻署名 ❼宛名

原則としてフルネーム。相手によっては、フルネームでなくても可。

追って書き

❽追伸

書き漏らしたことや念押ししたいことなどを追記します。

宛名を最初に書くとき

井上沙保里様

写真届きました。ありがとうございます。私たち、あんなに弾けて笑っていたんですね。おじゃましたときの楽しい時間がよみがえり、写真を見ながら思わずにんまりしてしまいました。早速、我が家のリビングに飾らせていただきました。

連休はいかがお過ごしでしょう。時間ができたらぜひ遊びにきてください。主人と二人、首を長くしてお待ちしています。

4月30日

香代子

宛名
本文より大きめの字で1行目の一番左に寄せて書く。親しい相手に送る場合は、フルネームでなくてもかまわない。

日付
行末より1字程度空け右に寄せて書く。P14のように宛名を最後に書く場合、日付は主文より1字程度下げ左に寄せて書く。

署名
日付の次の行に、日付と右揃えで書く。親しい相手に送る場合は、フルネームでなくてもかまわない。

日付を最初に書くとき

4月30日

井上沙保里様

写真届きました。ありがとうございます。私たち、あんなに弾けて笑っていたんですね。おじゃましたときの楽しい時間がよみがえり、写真を見ながら思わずにんまりしてしまいました。早速、我が家のリビングに飾らせていただきました。

連休はいかがお過ごしでしょう。時間ができたらぜひ遊びにきてください。主人と二人、首を長くしてお待ちしています。

香代子

日付
行末より1字程度空け右に寄せて書く。

宛名
本文より大きめの字で、日付の次の行に左に寄せて書く。

署名
末文の次の行に、行末より1字程度空け右に寄せて書く。

封筒の書き方

和封筒

POINT▼縦書きの手紙は和封筒を使って送るのが基本です。

関連するページ
レターグッズの選び方▼P20
ハガキの基本構成と書き方▼P280

個人宛ての表書き

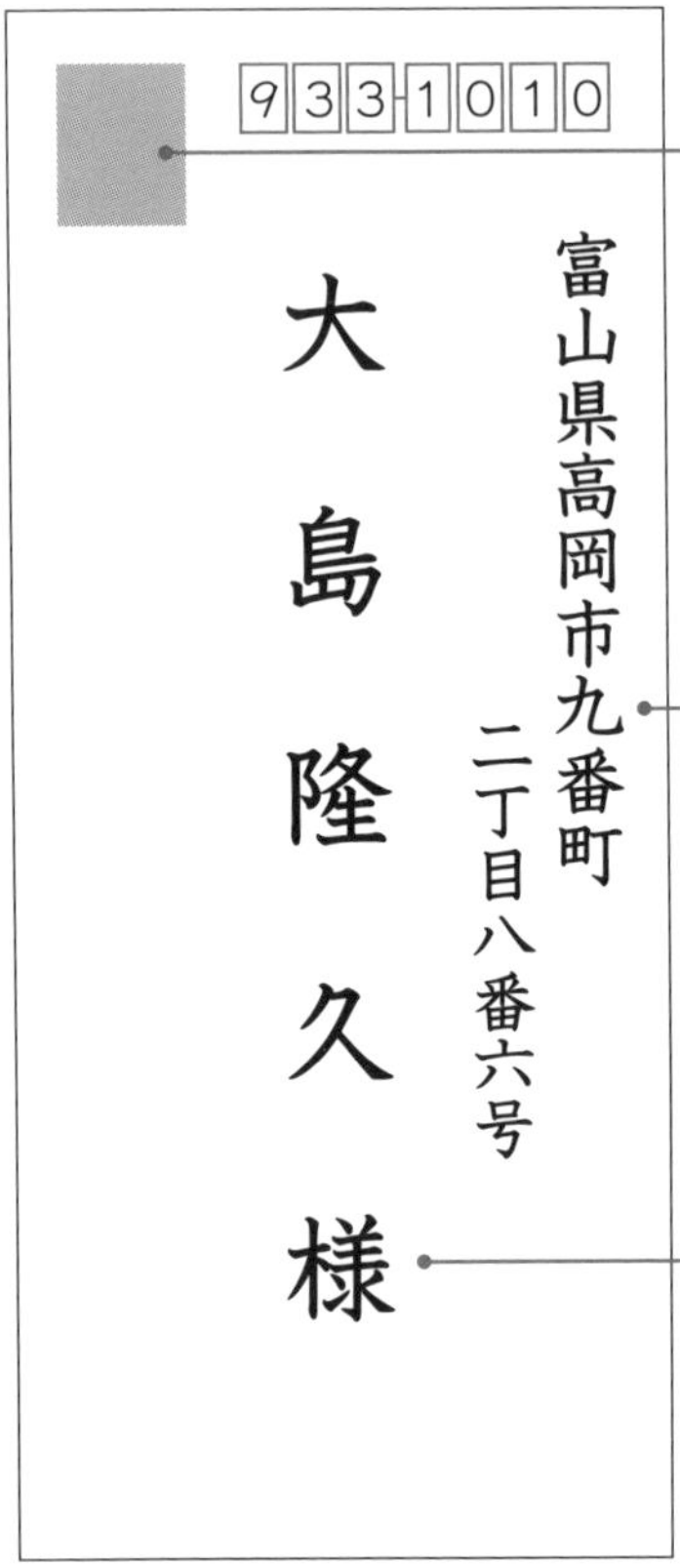

切手
まっすぐに貼る。所定の料金の切手は1枚に収めるのが最も礼儀正しい。はがれ落ちたり、料金不足になったりしないように注意。

宛先
封筒の右端から書き始める。1行で収まらない場合は区切りのよい箇所で改行して1字程度下げ、2行目は1行目よりやや小さめに書く。

宛名
封筒の中央に大きく書く。宛先の1行目から1字程度下げた位置から書き、字間にも余裕をもたせる。

エアメール封筒の書き方

❶受取人氏名…大きめの文字で封筒の右中央に、敬称、名前、苗字の順に書く。

❷受取人住所…大きめの文字で受取人氏名の下に、番地、町、市、州、郵便番号、国名の順に書き、国名の下に線を引く。

❸差出人氏名…封筒の左上に、受取人氏名よりやや小さめに書く。

❹差出人住所…差出人氏名の下に、番地、町、市、州、郵便番号、国名の順に書き、国名の下に線を引く。

❺AIR MAIL…差出人住所の下に、スペースを空けて赤字でやや大きめに書く。

❻海外から日本に送るときは…宛先の住所と宛名は日本式で書く。郵便番号と国名は最後に書き、JAPANの下に線を引く。

会社宛ての表書き

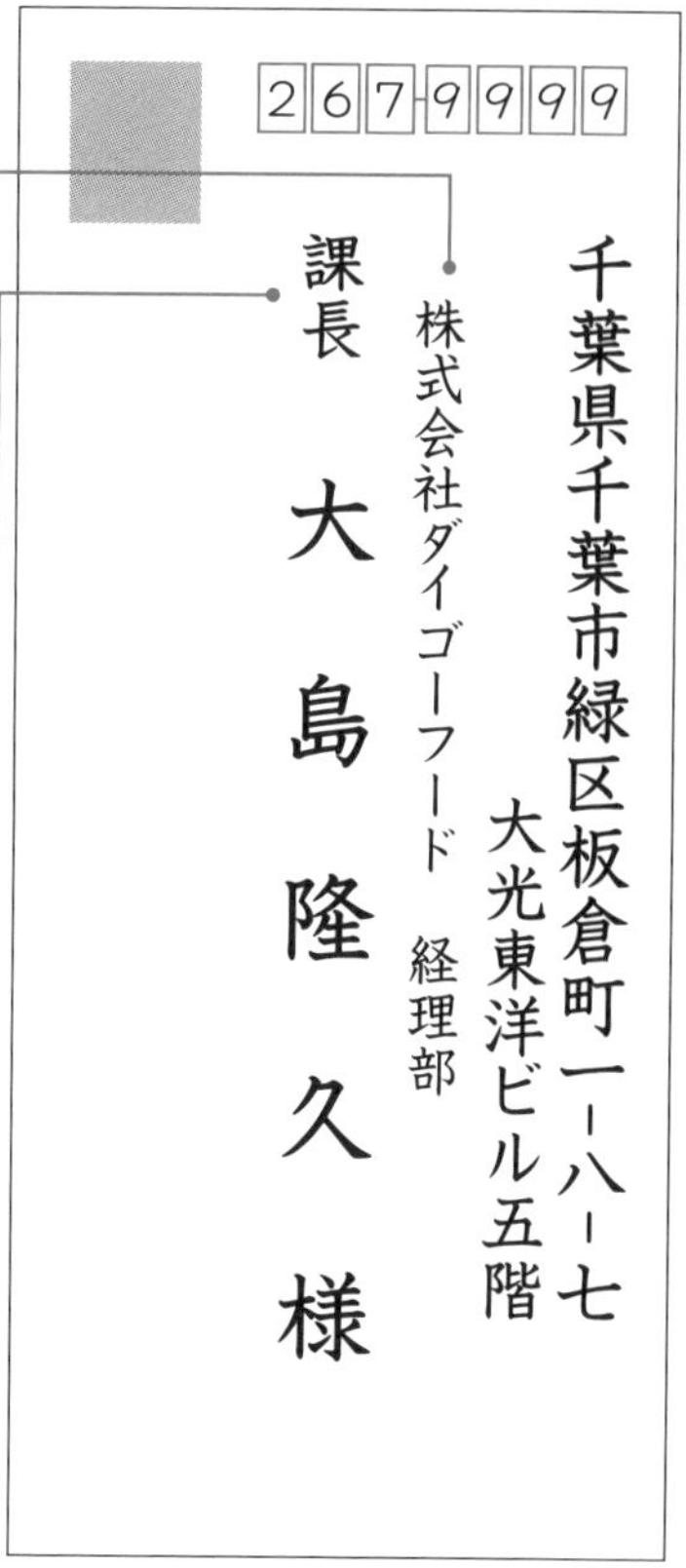

社名
宛先の1行目から1字程度下げた位置から、住所よりやや小さめに正式名称を書く。社名と部署名の間は1字分空ける。

肩書き
名前の上に、やや小さい文字で書く。3文字までは1行、4文字は2行に、5文字以上は名前の右に書く。

郵便番号欄がある封筒の裏書き

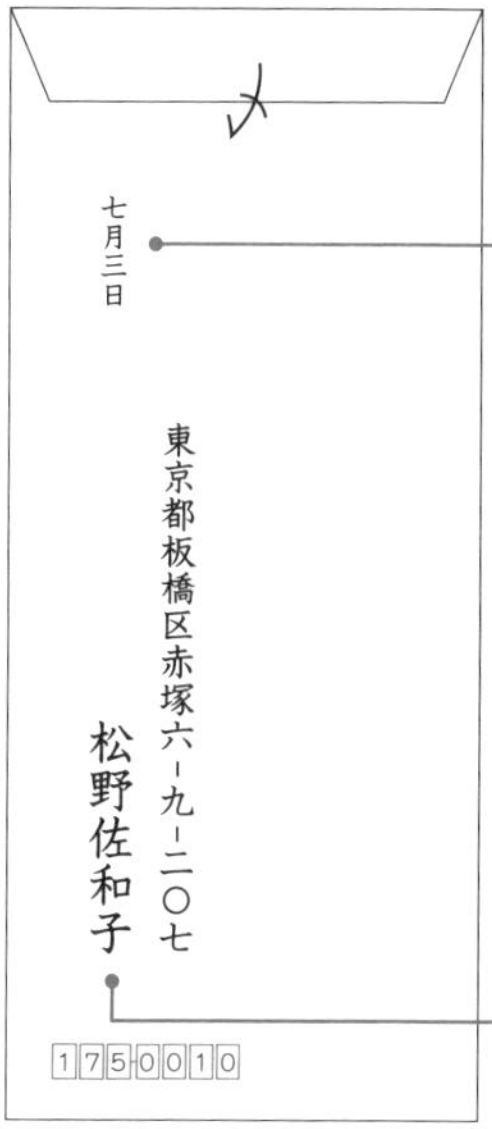

投函する日付
住所よりやや小さめの文字で、左上に漢数字で書く。

差出人氏名
住所と下揃えにして、住所よりやや大きめの文字で書く。

郵便番号欄がない封筒の裏書き

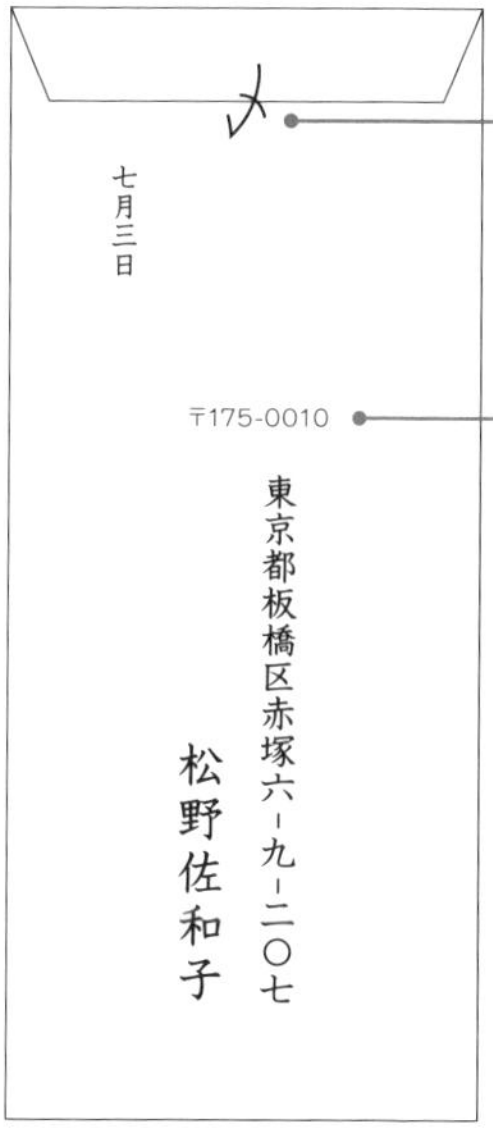

封字
「〆」「封」「緘」などを書く。慶事では「寿」や「賀」も可。

郵便番号欄
中央に差出人住所と氏名を書き、その上に郵便番号を算用数字で横書きする。

日本から海外への封筒

海外から日本への封筒

洋封筒

POINT

招待状や案内状は洋封筒を使うのが一般的です。

横書きの表書き

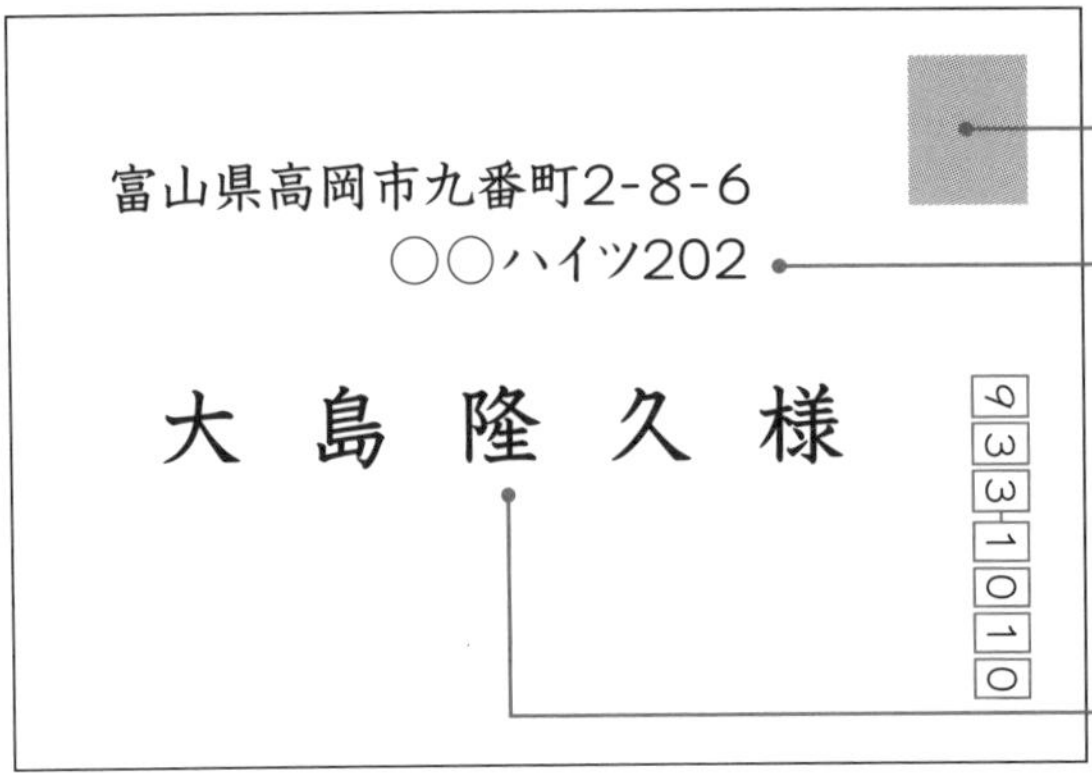

切手
左上に貼る和封筒とは異なり、右上に貼るのが正しい貼り方。

住所
読みやすい算用数字を用いる。番地の途中で改行しないよう注意。

宛名
封筒の中央に、字間に余裕をもたせて大きく書く。

横書きの裏書き

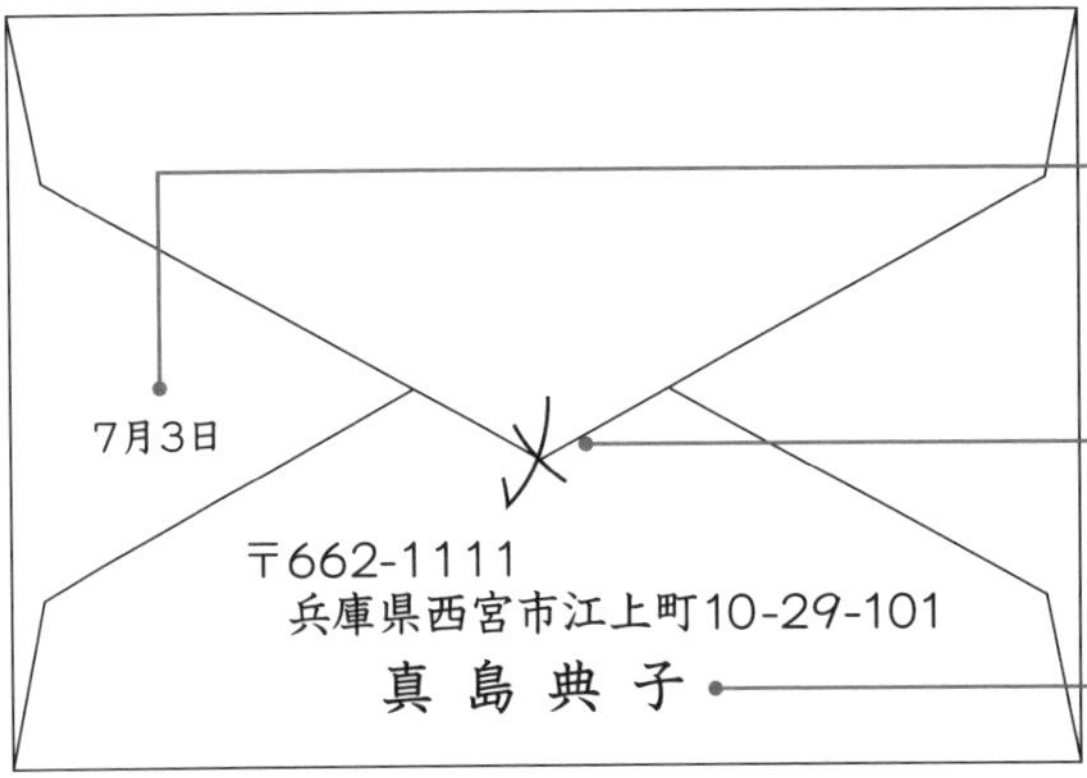

投函する日付
左側に算用数字で、住所よりやや小さめに書く。

封字
「〆」「封」などを書く。結婚式の招待状は「寿」など。

差出人氏名
住所の下中央に、住所よりやや大きめに書く。

不祝儀のときの裏書き*

封筒のふたが左側にくるように封筒を置いて、右側に差出人住所と氏名を書く。

封筒のふたが左

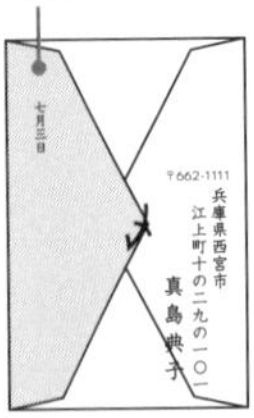

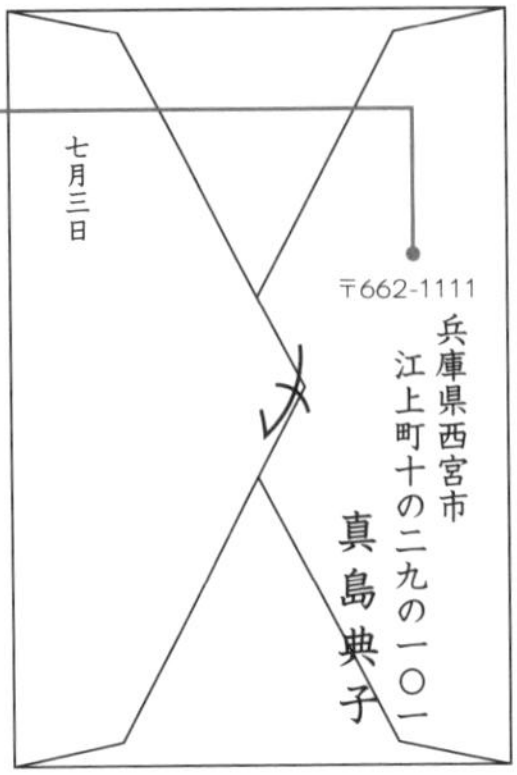

縦書きの裏書き

封筒のふたが右側にくるように封筒を置いて、左側に差出人住所と氏名を書く。

封筒のふたが右

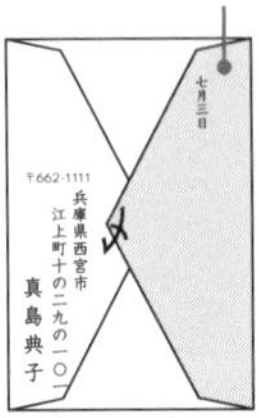

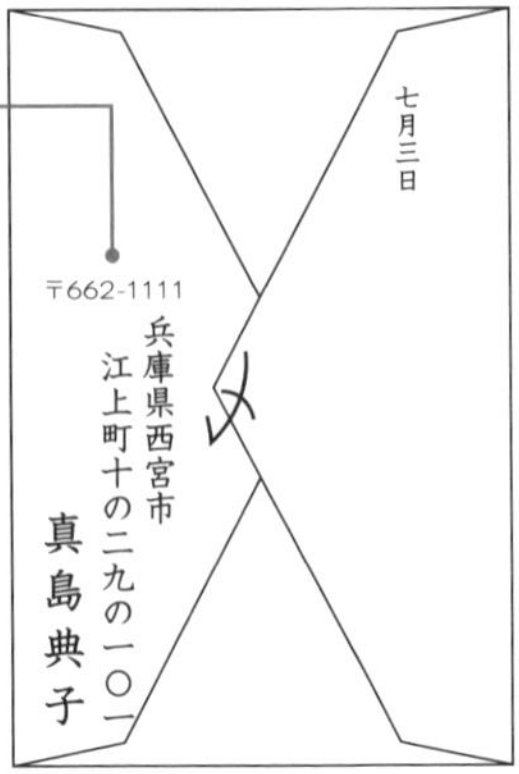

＊不祝儀…葬儀や法事などめでたくないこと

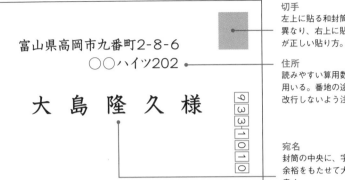

便せんの折り方・入れ方

洋封筒（4つ折り）

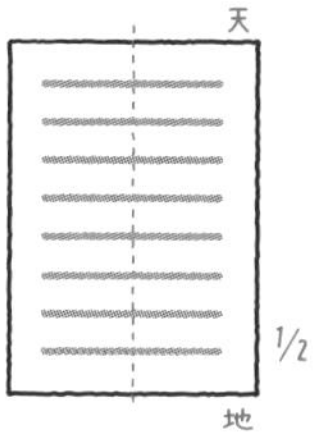

1 相手の名前が折り目に入らないか確認する。

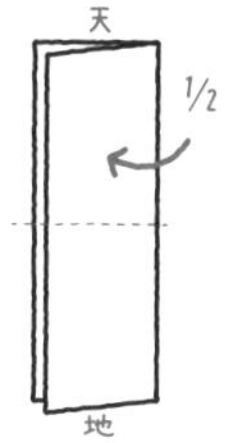

2 便せんを右から縦半分に折る。

3 さらに横半分に下から折り畳み、4つ折りにする。

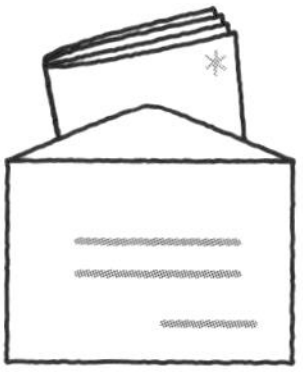

4 便せんの向きを横にし、折り目が封筒の開口部にこないように入れる。

和封筒（4つ折り）

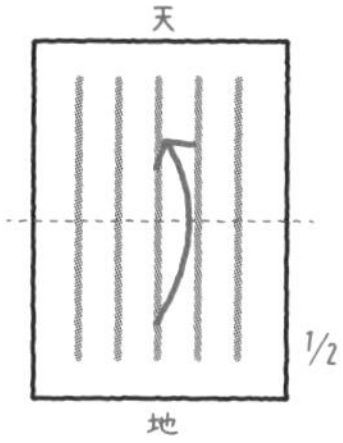

1 相手の名前が折り目に入らないか確認する。便せんを下から折り上げて2つ折りにする。

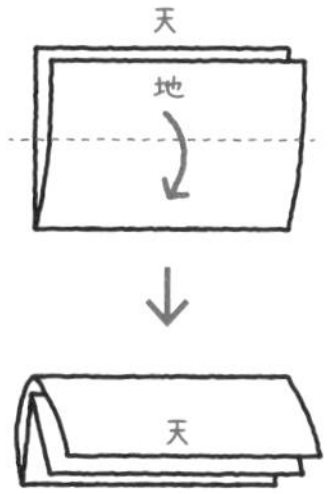

2 2つ折りの上半分をかぶせるように折る。

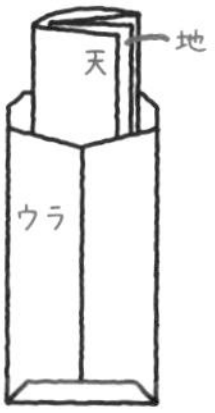

3 便せんの上端が右になるように入れる。

和封筒（3つ折り）

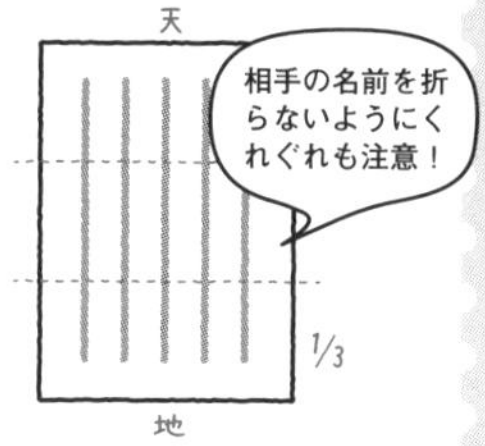

1 相手の名前が折り目に入らないか確認する。

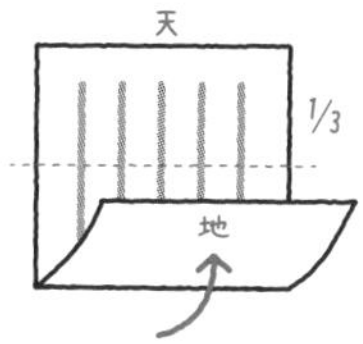

2 便せんの下から3分の1を折り上げる。

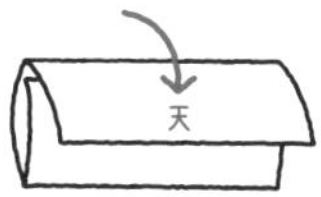

3 上の3分の1を折り下げて3つ折りにする。

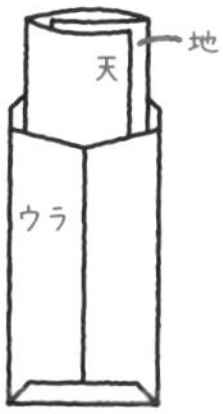

4 便せんの上端が右になるように入れる。

レターグッズの選び方

便せん

POINT
▼手紙の内容と送る相手に合わせ、失礼のないものを選びましょう。

白無地、罫線なし

フォーマル度 ★★★

弔事や慶事の正式な手紙からカジュアルな手紙まで、すべての手紙に使える。付属の下敷きを使って、行が乱れないように美しさに配慮して書こう。

白無地、縦罫線

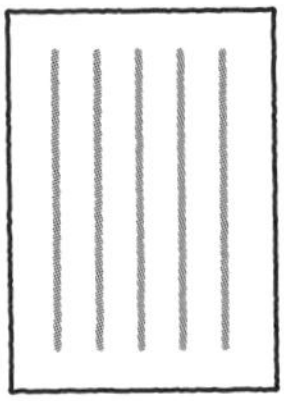

フォーマル度 ★★☆

すべての手紙に使える。罫線が細かすぎると読みにくくなるため、相手の年齢や相手との関係、書く分量などを考慮して、適切な幅のものを選ぶとよい。

白無地、横罫線

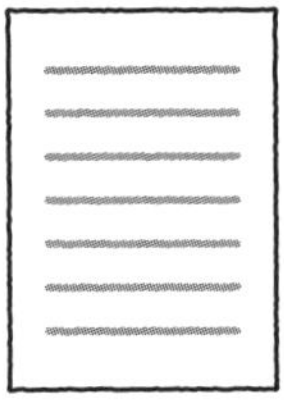

フォーマル度 ★★☆

親しい相手への手紙に使う。横書きはカジュアルな印象があるため、礼状や挨拶状などの正式な手紙、あらたまった相手への手紙に使うのは避けたい。

色・柄入り

フォーマル度 ☆☆☆

親しい相手への手紙に使う。淡い色の無地ならば、あらたまった相手にも使える。正式な手紙は白無地が原則なので、お見舞いや弔事などに使うのはNG。

手紙の基本構成と便せんの使い方▼P12
封筒の書き方▼P16

手紙の中身と同じくらい気を配りたいレターグッズ

手紙の中身があなたの心なら、レターグッズは身だしなみといったところでしょうか。正装や平服など、私たちは目的や気分に合わせて身だしなみを整えます。基本的に手紙も同じです。正式な手紙には適した便せんと封筒があり、気軽な手紙には自由に選べるデザインが数多く出回っています。

季節によって衣替えをするように、そのときどきに合った色、デザインを選ぶのもよいでしょう。季節感あふれる絵柄は受け取った方も嬉しいものです。レターグッズ選びの基本は、相手に対する思いやり。ＴＰＯに合わせて失礼のないものを選びましょう。

封筒

POINT
弔事にNGのタイプなど、細かな決まりごとに注意しましょう。

白無地の洋封筒

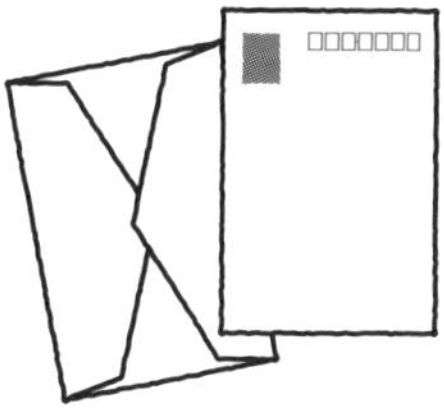

フォーマル度 ★★★

すべての手紙に使える。カードを入れる招待状、案内状などに適している。ただし、縦書きの郵便番号欄があるタイプは、とじ目を逆にする不祝儀の場合、表側と上下が逆になるのでNG。

白無地の和封筒

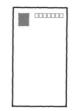

フォーマル度 ★★★

すべての手紙に使える。ただし、裏紙がある二重タイプの封筒は、忌み言葉と同じ「重なる」意味合いから、弔事やお見舞いの手紙、結婚式のお祝いの手紙などには使わないように。

茶封筒

フォーマル度 ★☆☆

事務的な手紙に多く使われる。請求書や領収書、書類を送るなど事務的なイメージが強いので、あらたまった相手や儀礼的な手紙には不適切。親しい相手にも使用は控えたほうが無難。

色、柄入りの封筒

フォーマル度 ★☆☆

親しい相手への手紙に使う。正式な手紙にはNGだが淡い色の無地ならば、あらたまった相手にも使ってかまわない。基本的に便せんも封筒も、色・柄入りのものは親しい友人だけに送るほうが無難。

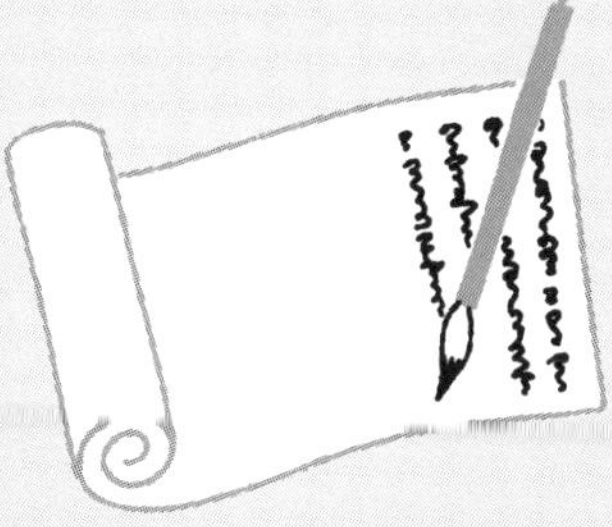

手紙を楽しむアイディア

手紙の楽しみ方のひとつとして、レターグッズを手作りしてみてはいかがでしょう。

例えば、数枚の和紙と和紙を貼り合わせ、くるくると巻きつけると、巻物のような便せんが完成。使うときは、少しずつ紙を引き出しながら、心の赴くままに筆で手紙をつづり、気分次第で絵手紙風のイラストを描いても。使う道具を手作りすることで、味のある手紙になります。

頭語・結語の使い方

頭語と結語はセットで用い男女による使い分けにも注意

手紙を書くとき、頭語と結語はセットで用い、状況や相手に応じて使い分けるのがマナーです。

例えば一般的な手紙では「拝啓－敬具」が最もよく使われますが、あらたまった手紙では「拝啓－敬具」よりも敬意の度合いが高い「謹啓－謹言」がよく使われます。前文を省略して書く場合は「前略－草々」などを用います。緊急の手紙では「急啓－敬具」などを用い、これも前文を省略します。

また、「かしこ」のような文章をやわらげる、女性特有の言い回しもあります。ただし、ビジネスの手紙では、「かしこ」は避け、「拝啓－敬具」などの使用が適しています。なお、「かしこ」は、頭語を省略した場合に単独でも使うことができます。

関連するページ
手紙の基本構成と便せんの使い方▼P12

手紙の種類	頭語（頭語に相当する書き出し）	結語
一般的な手紙	拝啓／拝呈 [女] こんにちは／一筆申し上げます／ハガキで失礼いたします	敬具／拝具 [女] かしこ／ごめんくださいませ
同等以下・親しい人への発信	啓 [女] こんにちは ※あらたまった手紙の場合は「拝啓」を使用	敬具／ではまた／いずれまた [女] かしこ／さようなら
ていねいな発信	謹啓／恭啓 [女] 謹んで申し上げます ※普段の手紙で使うと、よそよそしい印象に	謹言／敬白／頓首 [女] かしこ

※[女]は女性特有の言い回し

初めて出す手紙	謹啓／恭啓／拝啓 女 初めてお便りを差し上げます 突然お手紙を差し上げる失礼をお許しください	謹言／敬白／敬具 女 かしこ
時期をおかない重ねての手紙	再啓／再呈／追啓 女 重ねて申し上げます 度々失礼とは存じますが、お手紙をお送りいたします ○月○日付のお手紙、ご高覧いただけましたでしょうか	敬具／謹言／頓首 女 かしこ
一般的な返信	拝復／復啓 女 お手紙拝見いたしました	敬具 女 かしこ
ていねいな返信	謹復／謹答 女 お手紙謹んで拝読いたしました 玉章（芳簡）ありがたく拝読いたしました	謹言／敬白 女 かしこ
返信が遅れたとき	あいにく雑用に取り紛れ 折悪しく出張中のため 数日病気で寝ており 生来の筆不精のため 考えがまとまらず ―お返事が遅れて申し訳ありません	敬具／謹言／敬白 女 かしこ
緊急の発信	急啓／急白／急呈 女 取り急ぎ申し上げます 早速ですが／突然で恐縮ですが	敬具／不一／不備／草々 女 かしこ
前文省略のとき	前略／冠省／略啓 女 前文お許しください	不一／不備／草々 女 かしこ

時候の挨拶

一月
January
睦月（むつき）

風物詩

●風物―初日の出、初詣、おみくじ、初夢、事始め、年賀状、門松、しめ飾り、お雑煮、お屠蘇、お年玉、年始回り、松竹梅、初富士、初売り、初荷、箱根駅伝、初場所

●気候―寒波、寒気、霜柱、吹雪、雪晴れ、冬晴れ、氷

●動物―鶴、白鳥、寒雀

●植物―南天、福寿草、寒椿、寒牡丹、葉牡丹、寒菊、寒梅

季節の言葉 ※候は折、みぎりでも可

●初春の候 ●新春の候 ●厳寒の候
●仲冬の候 ●大寒の候 ●酷寒の候
●寒冷の候 ●烈寒の候 ●猛寒の候
●隆寒の候 ●孟冬の候 ●極寒の候

暦

1日◆元日
2日◆初夢、書き初め
4日◆官庁御用始め
6日頃◆小寒（寒の入り）
7日まで◆松の内
7日◆七草がゆ
10日頃◆宮中歌会始、初釜
11日◆鏡開き
第2月曜日◆成人の日
15日◆小正月
16日◆やぶ入り
20日頃◆大寒
26日◆文化財防火デー

あらたまった時候の挨拶

書き出しの言葉

●皆様お揃いで、よき新年をお迎えのことと存じます。

●皆様ご壮健で、おだやかなお正月をお迎えのこととお喜び申し上げます。

●厳しい寒さが続きますが、いかがお過ごしでいらっしゃいますでしょうか。

●寒の入りも過ぎ、いよいよ寒さも本番を迎えました。皆様、お風邪など召されていらっしゃいませんでしょうか。

結びの言葉

●本年一年の、ますますのご健勝とご活躍をお祈り申し上げます。

●本年もご多幸な年となりますよう、祈念いたします。

●時節柄、お風邪などひかれませんよう、くれぐれもご自愛ください。

●寒さ厳しき折から、ご自愛のうえご活躍のほどお祈り申し上げます。

気軽な時候の挨拶

書き出しの言葉

●明けましておめでとうございます。今年は初日の出を見に行かれましたか。

●ご家族揃って新春を祝われたことと思います。

●例年になく寒い日が続いております。皆様お元気でいらっしゃいますか。

●大寒の折、寒さが身にしみ入ります。風邪などひかれていませんか。

●例年になくおだやかな寒の入りとなりました。お変わりありませんか。

結びの言葉

●実り多い一年となりますよう、お互いに頑張りましょう。

●皆様がお元気で充実した一年を送られますように。

●寒さはこれからが本番。くれぐれもお身体を大切に。

●厳しい寒さが続きます。風邪などひかれませんようご自愛ください。

二月

如月（きさらぎ）

February

風物詩

●風物― 節分、豆まき、鬼、恵方巻き、バレンタインデー、チョコレート、さっぽろ雪祭り、受験、合格発表、雪見、針供養、スキー、スケート、雪合戦、かまくら、なまはげ、雪だるま、鍋物、梅見

●気候― 寒明け、残寒、余寒、三寒四温、残雪、凍解、氷解、薄氷

●動物― キタキツネ、うぐいす、わかさぎ

●植物― 梅、紅梅、黄梅、水仙、クロッカス、ヒヤシンス、ねこやなぎ、ふきのとう、雪割草、いぬふぐり、カタクリの花、雛菊、春菊

季節の言葉 ※候は折、みぎりでも可

●晩冬の候 ●余寒の候 ●春寒の候
●残寒の候 ●向春の候 ●立春の候
●梅花の候 ●残雪の候 ●軽暖の候

暦

1日◆プロ野球キャンプ解禁、テレビ放送記念日
3日◆節分
4日頃◆立春
7日◆北方領土の日
8日◆針供養
11日◆建国記念の日
11日頃◆初午
14日◆バレンタインデー
15日◆涅槃会《ねはんえ》
16日◆確定申告～3月15日頃
19日頃◆雨水
22日◆猫の日
23日◆天皇誕生日
29日◆うるう日（4年に一度）

あらたまった時候の挨拶

書き出しの言葉

●立春を迎え、ますますご清祥のこととお喜び申し上げます。

●立春とは名ばかりの厳しい寒さが続きますが、いかがお過ごしでいらっしゃいますか。

●立春とはいえ、寒さなかなか衰えを見せぬ毎日でございます。皆様お変わりなくお過ごしでいらっしゃいますか。

●残寒いまだ去らぬ毎日が続きますが、皆様にはますますご壮健のことと存じます。

結びの言葉

●余寒厳しき折から、くれぐれもご自愛ください。

●天候不順の折から、御身を大切にお過ごしください。

●三寒四温の時節柄、お身体を大切になさってください。

●寒の戻りで冷え込むこともございます。くれぐれもお気をつけくださいませ。

●まだまだ寒い毎日です。ご自愛専一にお過ごしください。

気軽な時候の挨拶

書き出しの言葉

●暦のうえではもう春なのに、あいかわらず冬の寒さです。いかがお過ごしですか。

●節分も過ぎましたのに、冷え冷えとした毎日です　お変わりありませんか。

●残寒の中にも、どこかしら春の気配が感じられるようになりました。お元気ですか。

●梅がほころび、吹く風にも春の香りが感じられる季節となりました。

結びの言葉

●雪解けも間近です。もう少し辛抱いたしましょう。

●春はもうすぐそこまで来ています。暖かくなったらこちらにもお出かけください。

●日差しも日ごとに暖かくなってきている気がします。春本番まで、お互いに風邪などひかないようにしましょうね。

●春の訪れを待ちつつ、寒さを乗り越えましょう。

三月
March
弥生（やよい）

風物詩

●風物―桃の節句、雛祭り、お雛様、白酒、雛あられ、ひしもち、植木市、お彼岸、ぼたもち、お墓参り、桜前線、卒業式、卒業証書、蛍の光、合格発表、進学、就職、春休み、転勤、転職、異動、ホワイトデー、確定申告、春の甲子園、花粉症、春眠、はまぐり、白魚

●気候―早春、春寒、春暖、春霞、春の嵐、黄砂

●動物―ツバメ、猫の恋

●植物―桃、こぶし、沈丁花、彼岸桜、蕨（わらび）、ぜんまい、つくし、よもぎ、菜の花、スイートピー、れんげ、たんぽぽ、馬酔木（あせび）

季節の言葉 ※候は折、みぎりでも可

●早春の候 ●初春の候 ●浅春の候
●浅暖の候 ●春分の候 ●解氷の候
●春寒の候 ●弥生の候 ●孟春の候
●春陽の候 ●春色の候 ●萌芽の候

暦

3日◆雛祭り
6日頃◆啓蟄
7日◆消防記念日
8日◆国際女性の日
12日◆東大寺二月堂お水取り
14日◆ホワイトデー
15日頃◆確定申告期限
18日頃◆春の彼岸の入り
21日頃◆春分の日
23日◆世界気象デー
24日頃◆彼岸明け
31日◆年度末

あらたまった時候の挨拶

書き出しの言葉

●日増しに春めいてまいりました。ますますご清祥のこととお喜び申し上げます。

●初春の折から、皆様にはお健やかにお過ごしの由、何よりと存じます。

●心浮き立つ季節となりました。お元気でご活躍のことと存じます。

●暑さ寒さも彼岸までと申します。皆様お変わりなくお過ごしでしょうか。

結びの言葉

●季節の変わり目です。ご自愛のうえご活躍のほどお祈り申し上げます。

●春寒の折から、体調をおくずしになりませんよう、おいたわりください。

●春まだ浅い時節、朝夕の冷え込みにお気をつけて、お身体を大切になさってください。

●桜の便りもすぐそこまで届いています。何卒ご自愛専一に。

気軽な時候の挨拶

書き出しの言葉

●春光おだやかな季節となりました。お元気でしょうか。

●残寒もすっかりぬるみ、春の気配が感じられる今日この頃です。皆様お元気ですか。

●春霞が漂う季節となりました。お変わりありませんか。

●春になり街も明るい色に染まってきました。いかがお過ごしですか。

●気持ちがのびのびするような、おだやかな陽気の日が続きますね。お元気ですか。

結びの言葉

●暖かいといっても季節の変わり目、体調にご注意ください。

●朝夕は冷え込みます。油断は禁物。お身体を大切に。

●今しばらく春の過ごしやすい陽気が続きそうです。お互いに元気で頑張りましょう。

●あと一歩で桜もほころぶようです。ご一緒に花見に出かけましょうね。

四月

April
卯月（うづき）

風物詩

●風物― お花見、花見団子、草もち、桜もち、桜前線、花吹雪、潮干狩り、入学式、ランドセル、新入生、進級、進学、就職、入社式、新入社員、エイプリルフール、朧月夜（おぼろづきよ）、ゴールデンウィーク、桜鯛、花見鯛、さざえ、ほたるいか、たけのこ、うど、ふき、ぜんまい、たらの芽、アスパラガス

●気候― 花冷え、菜種梅雨、春雨、花曇り

●動物― ひばり、ツバメ、おたまじゃくし、チョウチョ

●植物― 桜、山桜、八重桜、チューリップ、山吹、キンポウゲ、もくれん、レンギョウ

季節の言葉

※候は折、みぎりでも可

●春爛漫の候 ●春暖の候 ●仲春の候
●陽春の候 ●桜花の候 ●清和の候
●春風の候 ●桜花爛漫の候
●麗春の候 ●春風駘蕩の候

暦

1日◆エイプリルフール
5日頃◆清明
7日◆世界保健デー
8日◆花祭り（釈迦誕生日）
初旬◆イースター（復活祭）、春の全国交通安全運動
20日◆郵政記念日
20日頃◆穀雨
下旬◆ゴールデンウィーク
29日◆昭和の日
30日◆図書館記念日

あらたまった時候の挨拶

書き出しの言葉

●春暖の候、皆様にはご健勝のこととお喜び申し上げます。

●桜花爛漫の折、お変わりなくご活躍のこととお喜び申し上げます。

●花便りが聞かれる時節となりました。お変わりなくお過ごしでいらっしゃいますか。

●春風駘蕩のみぎり、ますますご清祥の段、大慶に存じます。

●若葉萌えいずる頃、皆様、ご機嫌いかがですか。

結びの言葉

●春は何かと体調をくずしやすい季節でございます。くれぐれもご自愛くださいませ。

●花冷えの時節でございます。何卒ご自愛専一に、お風邪などお召しにならぬようにお気をつけくださいませ。

●天候さだまらぬ時節柄、お身体、おいといください。

●春爛漫を満喫なさって、ご活躍のほどお祈り申し上げます。

気軽な時候の挨拶

書き出しの言葉

●うららかな春日和になりました。皆様お元気ですか。

●春爛漫の季節となりました。いかがお過ごしですか。

●先月までの寒さがうそのような暖かい毎日が続いています。そちらはいかがですか。

●春たけなわ、お花見にはお出かけになりましたか。

●うららかな日差しに誘われて、コートなしで遠出がしたくなります。お元気ですか。

結びの言葉

●まだまだ花冷えの日もあります。お身体を大切に。

●来週花見を計画しています。桜の下で、ぜひ一献おつきあいください。

●春日のどかな好季節、お互い、存分に春を楽しみましょう。

●よき季節に誘われて、久しぶりにお会いしたいですね。近いうちにランチでもご一緒しましょう。

五月

May

皐月（さつき）

風物詩

●風物―メーデー、労働者集会、八十八夜、茶摘み、田植え、大型連休、ゴールデンウィーク、端午の節句、鯉のぼり、かぶと、柏もち、武者人形、菖蒲湯、ちまき、母の日、カーネーション、浅草三社祭、博多どんたく、初鰹、とびうお

●気候―五月晴れ、走り梅雨、薫風

●動物―ツバメ、かっこう、ほととぎす、おたまじゃくし

●植物―若葉、新緑、緑陰、しゃくなげ、牡丹、藤、バラ、菖蒲、あやめ、カーネーション、ライラック、アカシア、つつじ、すずらん、クレマチス

季節の言葉 ※候は折、みぎりでも可

●新緑の候 ●若葉の候 ●惜春の候
●暮春の候 ●残春の候 ●老春の候
●晩春の候 ●青葉の候 ●立夏の候
●軽夏の候 ●梅夏の候 ●薄暑の候

暦

1日◆メーデー
2日頃◆八十八夜
3日◆憲法記念日
4日◆みどりの日
5日◆こどもの日
6日頃◆立夏
8日◆世界赤十字デー
10日～◆愛鳥週間
第2日曜日◆母の日
15日◆沖縄本土復帰記念日
21日頃◆小満
31日◆世界禁煙デー

あらたまった時候の挨拶

書き出しの言葉

●新緑の候、ご健勝にてご活躍のこととお喜び申し上げます。

●若葉のみぎり、ますますご清祥の由、何よりと存じます。

●風薫る季節となりました。皆様にはお元気でお過ごしのことと存じます。

●若葉の緑が目にしみる好季節、ご機嫌麗しくお暮らしのことと拝察いたします。

●惜春の折から、皆様には大変ご無沙汰いたしております。

結びの言葉

●過ごしやすい季節ですが、くれぐれもお身体を大切になさってください。

●立夏が過ぎたとはいえ肌寒い日が続いております。御身おいといくださいませ。

●梅雨入りも間近なようでございます。ご自愛のうえご活躍のほど祈念いたします。

●雨の多い五月でございます。どうかご自愛専一に。

気軽な時候の挨拶

書き出しの言葉

●風薫る五月、お元気でお暮らしのことと思います。

●日中は汗ばむ陽気になりました。いかがお過ごしですか。

●梅雨前のさわやかな季節、お元気でいらっしゃいますか。

●爽快な五月晴れが続きます。ゴールデンウィークはいかがでしたか。

●今年は○○くんの初節句ですね。おめでとうございます。

結びの言葉

●連休疲れが出やすい頃です。お互いに睡眠を十分にとって身体をいたわりましょう。

●連休明けでお仕事もお忙しいでしょうが、お身体を大切に。

●季節もよくなってきました。今度ぜひ山登りにご一緒しましょう。

●今度○○くんの初節句のお写真を見せてくださいね。

●梅雨入りが近いようです。ご体調をくずされませんように。

六月

June

水無月（みなづき）

風物詩

●風物—衣替え、夏服、クールビズ、田植え、青田、麦刈り、農繁期、傘、長靴、てるてる坊主、ほたる狩り、すだれ、鮎解禁、父の日、白いバラ、結婚式、ジューンブライド、ボーナス、薪能、虫歯予防デー、そら豆、さくらんぼ

●気候—梅雨、入梅、梅雨寒、空梅雨、梅雨の中休み、梅雨の晴れ間、長雨、蒸し暑さ、湿気、じめじめ

●動物—かたつむり、あめんぼ、ほととぎす、仏法僧、かわせみ、蛙、アマガエル、ほたる

●植物—さつき、あやめ、紫陽花、かきつばた、芍薬（しゃくやく）、栗の花、くちなし、アマリリス

季節の言葉 ※候は折、みぎりでも可

●入梅の候 ●梅雨の候 ●初夏の候
●向夏の候 ●薄暑の候 ●首夏の候
●青葉の候 ●麦秋の候 ●孟夏の候
●溽暑の候

暦

1日◆衣替え
2日◆横浜開港記念日
4日～◆歯と口の健康週間
5日◆環境の日
6日頃◆芒種
第1日曜日◆プロポーズの日
10日◆時の記念日
11日頃◆入梅
16日◆和菓子の日
第3日曜日◆父の日
21日頃◆夏至
23日◆オリンピックデー
28日◆貿易記念日
30日◆大祓（夏越の祓）

あらたまった時候の挨拶

書き出しの言葉

●長雨が続きますが、皆様お健やかにお過ごしでしょうか。
●梅雨に入り、うっとうしい毎日でございますが、体調は万全でお過ごしでしょうか。
●今年は空梅雨ぎみの暑い日が続いております。いかがお過ごしでしょうか。
●今年も半年を過ぎてしまいました。ご無沙汰しております。

結びの言葉

●心ふさぐような梅雨空が続きます。何卒お身体を大切にお過ごしください。
●梅雨明けには今しばらくの辛抱です。ご壮健にてお過ごしになられますよう、お祈り申し上げます。
●雨模様の中にも初夏の気配は漂ってまいります。お元気でご活躍くださいませ。
●まだまだ蒸し暑い日が続きます。くれぐれもお身体ご自愛くださいませ。

気軽な時候の挨拶

書き出しの言葉

●紫陽花の色の移ろいが見事な季節、皆様お元気でしょうか。
●衣替えの季節となりましたがいかがお過ごしですか。
●鮎解禁の時季、夏の解禁も待たれる毎日ですが、お変わりありませんか。
●こちらは今日まさに梅雨入り、御地はいかがですか。
●梅雨明けが待たれる今日この頃、気分を変えようと新しい夏服を買いました。

結びの言葉

●しばらくはうっとうしい毎日ですが、お互い体調に気をつけて夏を待ちましょう。
●例年にない梅雨寒ですが、風邪などひかれませんようにご自愛ください。
●湿っぽい梅雨は嫌ですが、久しぶりにおしゃべりでもして気分を晴らしましょう。
●梅雨が明けたら、ぜひご一緒にお出かけしましょう。

七月

July

文月（ふづき）

風物詩

●風物─海開き、山開き、七夕、笹の葉、織姫、彦星、短冊、願いごと、天の川、夏休み、海水浴、水着、夏祭り、盆踊り、花火、花火大会、お中元、暑中見舞い、浴衣、うちわ、扇子、風鈴、ビアガーデン、土用の丑、うなぎ、かき氷、すいか、アイスクリーム、そうめん、冷や麦、枝豆、生ビール

●気候─梅雨明け、入道雲、雷、落雷、夕立、虹、夏霧、夏日、熱帯夜

●動物─かぶと虫、くわがた、蝉、蚊、雷鳥

●植物─朝顔、夕顔、ひまわり、ハイビスカス、ブーゲンビリア、ダリア、グラジオラス、月見草

季節の言葉

※候は折、みぎりでも可

●大暑の候 ●炎暑の候 ●猛暑の候
●酷暑の候 ●烈暑の候 ●極暑の候
●激暑の候 ●甚暑の候 ●仲夏の候
●盛夏の候

暦

1日◆海開き、富士山山開き、博多祇園山笠～15日、京都祇園祭～31日
2日頃◆半夏生
7日◆七夕
7日頃◆小暑
9日◆浅草ほおずき市～10日
15日◆お盆（新暦）
第3月曜日◆海の日
第3土曜日◆勤労青少年の日
20日頃◆土用の入り
23日◆ふみの日
23日頃◆大暑
25日◆大阪天神祭
下旬◆土用の丑
最終土曜日◆隅田川花火大会

あらたまった時候の挨拶

書き出しの言葉

●梅雨も明け、夏本番となりました。ご健勝でお過ごしのこととお喜び申し上げます。

●本格的な夏を迎え、ますますご清祥のことと存じます。

●今年の暑さは格別に感じられますが、皆様お元気でお過ごしでしょうか。

●寝苦しい夜が続いておりますが、お変わりなくお過ごしでしょうか。

結びの言葉

●しのぎ難い暑さが続きますが、何卒ご自愛くださいますようお祈りいたします。

●酷暑のみぎり、夏バテしないように体調には十分ご留意くださいませ。

●夏の夜はつい寝不足になりがちです。ご壮健にてこの暑さを乗り越えられますよう祈念いたします。

●猛暑の折から、皆様のご健康をお祈り申し上げます。

気軽な時候の挨拶

書き出しの言葉

●待ちに待った梅雨明け、山開き海開きのシーズンですね。お元気ですか。

●梅雨が明けて、日ごとに炎暑が増しております。そちらはいかがですか。

●連日の熱帯夜に閉口する今日この頃、お元気でしょうか。

●真夏日が続いています。暑さに負けてはいませんか。

●生ビールがおいしい季節です。飲んでますか。

結びの言葉

●高温続きの毎日です。適切に冷房を使って、熱中症にはくれぐれもご注意ください。

●食の進まない暑さが続きます。お互い健康に気をつけて夏を乗り切りましょう。

●毎日の猛暑は身体にこたえます。うなぎで精でもつけて、ますますご活躍ください。

●実りある夏休みのためにも、体調にはお気をつけて。

八月

葉月（はづき）

August

風物詩

●風物―夏休み、宿題、夏の甲子園、お盆、帰省、帰省ラッシュ、迎え火、送り火、お墓参り、精霊流し、残暑見舞い、麦わら帽子、プール、日焼け、日焼け止め、日傘、蝉しぐれ、くらげ、怪談、きもだめし、線香花火、トマト、とうもろこし、ゴーヤ、ぶどう

●気候―夕立、真夏日、台風、スコール、土用波、残暑、処暑

●動物―かぶと虫、くわがた、蚊、ひぐらし、つくつくぼうし、とんぼ、ひとで、空蝉

●植物―百日紅（さるすべり）、夾竹桃（きょうちくとう）、カンナ、山百合、りんどう、芙蓉、鳳仙花

季節の言葉

※候は折、みぎりでも可

●残暑の候 ●残炎の候 ●避暑の候
●晩夏の候 ●季夏の候 ●納涼の候
●暮夏の候 ●立秋の候 ●向秋の候
●秋暑の候 ●新涼の候 ●早涼の候

暦

2日◆青森ねぶた祭り～7日
3日◆秋田竿燈まつり～6日
6日◆広島原爆の日、仙台七夕まつり～8日
8日頃◆立秋
9日◆長崎原爆の日、高知よさこい祭り～12日
11日◆山の日
12日◆徳島阿波おどり～15日
13日◆郡上おどり～16日
15日◆終戦記念日、旧盆
16日◆京都五山送り火
23日頃◆処暑
26日◆富士山お山閉じ

あらたまった時候の挨拶

書き出しの言葉

●晩夏の候、ますますご清祥のこととお喜び申し上げます。

●残暑ひときわ身にしむ昨今、皆様お変わりなくお過ごしのことと存じます。

●立秋とは名ばかりの厳しい暑さが続いておりますが、皆様お元気でいらっしゃいますか。

●涼しい季節が待ち遠しい今日この頃、お健やかにお過ごしのことと存じます。

結びの言葉

●もうしばらくは残暑の毎日のようでございます。なお一層のご自愛をお祈りいたします。

●今年の暑さは例年に増して長く残るようでございます。何卒ご自愛専一に。

●夏のお疲れが出る時節と存じます。くれぐれもご体調にはお気をつけくださいませ。

●過ごしやすい季節もすぐそこです。皆様のご健康をお祈り申し上げます。

気軽な時候の挨拶

書き出しの言葉

●残暑お見舞い申し上げます。夏バテや食欲不振に注意が必要な時節ですが、お変わりありませんか。

●例年にない猛暑を記録しています。お元気でしょうか。

●夏休みも中盤戦に入りました。○○ちゃんの宿題の進み具合はいかがですか。

●ようやく酷暑も峠を過ぎました。今年もお盆は故郷へ帰られましたか。

結びの言葉

●残暑もいよいよ最終段階、もうひと踏ん張り無事に夏を乗り切りましょう。

●まだ暑い日が続くようですが、お互い健康に留意して過ごしましょう。

●夏休みがなんとか無事に終わるまで、お互い気を抜かずに頑張りましょう。

●秋風が吹けばしのぎやすくなるでしょう。お元気で。

九月

長月（ながつき）

September

風物詩

● 風物― 新学期、十五夜、月見、月見団子、お彼岸、おはぎ、墓参り、台風、秋祭り、豊作、いわし、さんま、ぶどう、梨、新そば、なす、秋の七草、食欲の秋、味覚狩り、芸術の秋、虫の声

● 気候― 秋日和、秋晴れ、いわし雲、野分、秋の長雨（秋雨、秋霖）

● 動物― とんぼ、赤とんぼ、鈴虫、きりぎりす、こおろぎ、かまきり、みのむし、くつわ虫、うすばかげろう

● 植物― 秋の七草、鶏頭、りんどう、彼岸花、コスモス、菊、きんもくせい、おみなえし、蕎麦の花

季節の言葉 ※候は折、みぎりでも可

●新涼の候 ●秋涼の候 ●初秋の候
●新秋の候 ●早秋の候 ●清涼の候
●孟秋の候 ●白露の候 ●秋冷の候
●秋晴の候 ●爽秋の候

暦

1日◆防災の日
1日頃◆二百十日
8日◆国際識字デー
8日頃◆白露
9日◆重陽の節句（菊の節句）
13日◆世界の法の日
中旬◆十五夜
第3月曜日◆敬老の日
20日頃◆秋の彼岸の入り
20日～◆動物愛護週間
23日頃◆秋分の日
24日◆清掃の日
24日～◆結核予防週間
26日頃◆彼岸明け

あらたまった時候の挨拶

書き出しの言葉

●残暑厳しい今日この頃、ますますご壮健のこととお喜び申し上げます。

●いつまでも暑さが去りやらぬ毎日ですが、皆様お元気でいらっしゃいますか。

●秋らしい晴天が続いております。お元気でしょうか。

●朝夕はようやくしのぎやすくなりました。お元気でご活躍のことと存じます。

結びの言葉

●まだまだ涼秋とはいいにくい残暑でございます。くれぐれもご自愛ください。

●立秋とは名ばかりの残暑が続いております。お身体、十分にご自愛ください。

●過ごしやすい季節となりました。皆様のますますのご健康とご活躍を祈念いたします。

●心地よい秋空の下、さわやかな秋を満喫されますことをお祈り申し上げます。

気軽な時候の挨拶

書き出しの言葉

●九月になっても残暑厳しい毎日が続きますが、皆さんお元気でしょうか。

●新学期が始まってほっと一息ですね。お子さんたちはお元気ですか。

●九月も半ばを過ぎ、ようやく秋めいてまいりました。いかがお過ごしでしょうか。

●すがすがしい秋晴れの毎日です。好季節を満喫していらっしゃいますか。

結びの言葉

●夏バテが出やすいのはこの時期です。お互いに体調をくずさないようにしましょう。

●秋の長雨が続きます。くれぐれもお身体お大事に。

●まさに食欲の秋です。お互いオーバーウエイトに気をつけましょうね。

●味覚狩りの季節です。今度ぜひご一緒にぶどう狩りにでも出かけましょう。

十月

神無月（かんなづき）

October

風物詩

●風物— 運動会、スポーツの秋、栗拾い、稲刈り、かかし、きのこ狩り、紅葉狩り、紅葉、菊人形、読書の秋、行楽の秋、まつたけ、しめじ、新米、新酒、さつまいも、柿、ざくろ、すだち、ゆず、きんかん、だいだい、落花生、秋さば

●気候— いわし雲、秋晴れ、秋の長雨（秋雨、秋霖）、そぞろ寒、秋の風

●動物— むくどり、つぐみ、きつつき、めじろ、もず、うずら、むくどり、いなご、ばった、鹿、猪

●植物— コスモス、あざみ、鶏頭、きんもくせい、りんどう、菊、マリーゴールド、すすき、ガーベラ

季節の言葉

※候は折、みぎりでも可

●仲秋の候 ●清秋の候 ●爽涼の候
●秋冷の候 ●秋晴の候 ●秋麗の候
●夜長の候 ●秋雨の候 ●菊香の候
●紅葉の候 ●錦秋の候 ●錦繍の候
●朝寒の候 ●寒露の候 ●霜降の候
●初霜の候

暦

1日◆衣替え
第2月曜日◆スポーツの日
9日◆世界郵便デー
9日頃◆寒露
10日◆目の愛護デー
13日◆さつまいもの日
14日◆鉄道の日
15日〜◆新聞週間
24日◆国連デー
24日頃◆霜降
27日〜◆読書週間（2週間）
31日◆ハロウィン

あらたまった時候の挨拶

書き出しの言葉

●菊薫る時節、皆様ご清祥のこととお喜び申し上げます。

●秋晴れの好天が続いております。お変わりなくお過ごしのことと存じます。

●柿の実の色づく季節となりました。ますますご壮健にてご活躍の段、何よりと存じます。

●澄み渡る秋の空の下、皆様にはご健勝のことと拝察いたします。

結びの言葉

●朝晩は冷えてまいりました。何卒ご自愛専一にお過ごしくださいませ。

●昼夜の寒暖の差が激しい時節です。お風邪など召しませんようお気をつけくださいませ。

●気候も味覚もこのうえない好季節、実り多い秋を満喫されますようお祈り申し上げます。

●お身体にご留意なさって、快適な季節を心ゆくまでお楽しみください。

気軽な時候の挨拶

書き出しの言葉

●日増しに秋の気配が色濃くなってきました。お元気ですか。

●こちらは例年になく暖かい日が続いています。そちらはいかがですか。

●すがすがしい秋空の毎日、皆様いかがお過ごしでしょうか。

●野山も色づいてすっかり秋の装いです。もう紅葉狩りには行かれましたか。

●読書の秋です。何かおすすめの本はありますか。

結びの言葉

●朝晩は冷え込む毎日です。風邪などひかぬようご自愛ください。

●過ごしやすい季節ですが、油断して体調をくずさぬようお気をつけください。

●行楽には絶好の季節です。楽しい計画をお立てください。

●秋の夜長と申します。お互い宵っぱりにならないよう、睡眠不足に注意しましょう。

十一月

霜月（しもつき）
November

風物詩

●風物―文化勲章、秋の叙勲、七五三、お宮参り、千歳飴、菊花展、酉の市、熊手、狩猟解禁、暖房、こたつ、ストーブ、落ち葉、たき火、鍋物、おでん、湯豆腐、白菜、牡蠣、たら、ふぐ、ぎんなん、みかん、りんご、熱燗、雪囲い、雪吊り、ボジョレー・ヌーボー

●気候―小春日和、初しぐれ、木枯らし、木枯らし一号、初霜、霜枯れ、初雪、氷雨

●動物―わし、とび、はやぶさ、たか

●植物―いちょう、プラタナス、冬紅葉、菊、さざんか、枯れ尾花、ひいらぎ

季節の言葉 ※候は折、みぎりでも可

●晩秋の候 ●季秋の候 ●暮秋の候
●深秋の候 ●落葉の候 ●菊花の候
●残菊の候 ●向寒の候 ●夜寒の候
●初霜の候 ●初雪の候 ●冷雨の候

暦

1日◆灯台記念日、計量記念日
3日◆文化の日
4日◆ユネスコ憲章記念日
7日頃◆立冬
11日◆世界平和記念日、介護の日
15日◆七五三
第3木曜日◆ボジョレー・ヌーボー解禁
22日頃◆小雪
22日◆いい夫婦の日
23日◆勤労感謝の日
26日◆ペンの日
27日◆ノーベル賞制定記念日

あらたまった時候の挨拶

書き出しの言葉

●初霜の便りも聞かれる今日この頃、いよいよご清祥のこととお喜び申し上げます。

●立冬とは申せ、暖かい晩冬でございます。皆様いかがお過ごしでしょうか。

●おだやかな小春日和が続いております。ますますご活躍の段、大慶に存じます。

●秋も深まり、朝夕の冷え込みもひとしおです。お元気でいらっしゃいますでしょうか。

結びの言葉

●日に日に寒さがつのってまいります。お健やかに冬を迎えられますよう祈念いたします。

●深冷の候、お風邪など召しませんよう、ご自愛専一に。

●師走に向けて、お忙しい時期を迎えられることと存じます。お身体を大切に、ご活躍をお祈り申し上げます。

●向寒の折から、くれぐれもご自愛くださいませ。

気軽な時候の挨拶

書き出しの言葉

●日ごとに秋が深まってまいりました。ご機嫌いかがですか。

●うららかな小春日和が続いています。お元気ですか。

●こちらでは朝夕暖房を入れる毎日となりました。そちらはいかがですか。

●日だまりの恋しい季節です。風邪などひいていませんか。

●暦のうえではもう立冬です。お変わりなくお過ごしですか。

結びの言葉

●日を追うごとに寒さが厳しくなっています。お身体にお気をつけください。

●めっきり冷え込むようになりました。風邪など召しませんように。

●これから師走に向けて忙しくなります。お互い健康に気をつけて頑張りましょう。

●いよいよ日本酒の季節到来。今度鍋でもつつきながら一杯やりましょう。

十二月

師走（しわす）
December

風物詩

●風物―お歳暮、ボーナス、クリスマス、クリスマスツリー、サンタクロース、トナカイ、プレゼント、イルミネーション、冬休み、忘年会、帰省ラッシュ、年末ジャンボ宝くじ、年賀ハガキ、冬至、ゆず湯、もちつき、大掃除、大みそか、おせち料理、紅白歌合戦、年越し蕎麦、除夜の鐘

●気候―初雪、木枯らし、寒波、空気の乾燥、山おろし、氷柱、氷結、霜柱、霧氷

●動物―うさぎ、雷鳥、キタキツネ、白鳥、水鳥、鴨

●植物―シクラメン、ひいらぎ、ポインセチア、ビオラ、福寿草

季節の言葉

※候は折、みぎりでも可

●師走の候 ●歳末の候 ●年末の候
●歳晩の候 ●初冬の候 ●寒冷の候
●初雪の候 ●新雪の候 ●孟冬の候
●寒気の候 ●季冬の候 ●霜夜の候

暦

1日◆映画の日
2日◆秩父夜祭～3日
3日◆カレンダーの日
4日～◆人権週間
7日頃◆大雪
13日◆すす払い
14日◆赤穂義士祭
15日◆年賀特別郵便取扱い開始
17日◆浅草寺羽子板市～19日
22日頃◆冬至
24日◆クリスマスイブ
25日◆クリスマス、スケートの日
28日◆官庁御用納め
31日◆年末ジャンボ宝くじ抽せん会、大みそか、大祓（年越の祓）

あらたまった時候の挨拶

書き出しの言葉

●年末ご多忙の折、皆様お元気にお過ごしでいらっしゃいますでしょうか。

●師走を迎え、ますますご活躍のことと拝察いたします。

●師走に入り、寒さも本格的になってまいりました。いかがお過ごしでしょうか。

●木枯らしの冷たさが身にしみる今日この頃、皆様お変わりございませんか。

結びの言葉

●気ぜわしい毎日ですが、くれぐれもお身体を大切に、ご健康をお祈り申し上げます。

●寒さ厳しき折から、お風邪など召しませんようにお気をつけください。

●師走のみぎり、ご家族揃っておだやかな新年をお迎えください。

●皆様お元気で、よい新年をお迎えになることを祈念しております。

気軽な時候の挨拶

書き出しの言葉

●十二月の寒さはさすがに厳しいですが、お元気ですか。

●年の瀬とともに大寒波襲来、風邪などひいていませんか。

●今年は例年にない暖かい年の瀬ですね。皆様お変わりありませんか。

●今年も残すところあとわずかとなりました。お正月の準備はいかがですか。

●年の瀬も迫り、何かとお忙しい毎日と存じます。

結びの言葉

●ますます寒さが厳しくなってきます。くれぐれもお身体を大切に。

●何かと多用な年末です。お互いに体調を整えて頑張りましょう。

●忘年会のシーズン、お互い飲みすぎ食べすぎには注意しましょうね。

●お互い来年こそは飛躍の年にしましょう。

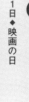

手紙文の決まった言い回し

覚えると便利な挨拶文

手紙には伝統的によく使われる挨拶文があります。安否を尋ねる挨拶、感謝の挨拶、主文の起こし言葉など、ある程度パターン化された手紙独特の言い回しなので、中から選んで使うとよいでしょう。あらたまった手紙のときは、それらの言い回しを前文や末文にあてはめることで失礼のない手紙を書くことができます。よく使われるフレーズを覚えておきましょう。

前文

相手の安否を尋ねる挨拶

皆様
皆々様
ご一同様
ご家族様
〇〇様

↓

には
におかれましては

← いかがお過ごしですか
いかがお暮らしですか
お変わりございませんか
お元気でお過ごしでしょうか

↓

ますます
いよいよ

その後 ← いかがお過ごしですか／いかがお暮らしですか／お変わりございませんか／お元気でお過ごしでしょうか

↓

ご活躍
お元気
ご清祥
ご壮健
ご清栄
ご隆昌
ご健勝

↓

の由
の趣
のことと承り
のことと拝察いたし

← 心から
心より
衷心より

↓

お喜び申し上げます
大慶に存じます
慶賀いたします
慶賀の至りに存じます

何よりと存じ上げます

（ご活躍～ご健勝 ↓）
のことと存じます
のことと拝察いたします

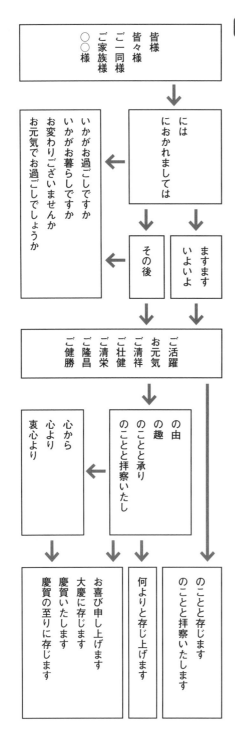

前文

自分の安否を伝える挨拶

- 私事ではございますが
- 私事で恐縮ですが

↓

- おかげ様で
  ↓
  - 当方
  - 私ども
  - 家族
  ↓
  - 一同
  - いずれも
  - 皆
- 私も
  ↓
  - 相変わらず

↓

- 平穏にしております
- 大過なく暮らしております
- 健康な毎日を過ごしております
- 元気で働いております

↓

- ので、ご安心ください
- ので、（他事ながら・何卒）ご休心（放念）ください

前文

感謝の挨拶

- いつも
- 日頃は
- 平素は
- 永年
- 常々
- いつぞやは
- 過日は
- 先般は
- 先日は
- 先だっては

↓

- いろいろと
- 何かと
- 格別の
- 並々ならぬ

↓

- お世話になり
- お心配りをいただき

または

- ご高配
- ご厚誼
- ご厚情
- ご指導
- ご鞭撻
- ご激励

↓

- を賜り
- にあずかり

↓

- （誠に）ありがとうございます
- （厚く・心より）御礼申し上げます
- （深く）感謝しております
- 深謝申し上げます

前文

謝罪の挨拶

本日は
いつぞやは
過日は
先日は
先般は
先だっては

↓

不本意にも時間に遅れ
思わぬ長居をしてしまい
お手数をおかけして
ご無礼を働き
ご好意を無にしてしまい
ご高恩に背くことになり
ご迷惑をおかけし

↓

誠に申し訳ございません
深く反省しております
心よりお詫び申し上げます
お詫びの申し上げようもございません
誠にあいすみません
合わせる顔がございません
万死に値します

↓

どうかお許しください
何卒ご容赦ください
ご海容いただければ幸いです

前文

無沙汰の挨拶

平素は
ついつい
日頃は
久しく
長らく

←

ご無沙汰
ご無音

↓

いたしまして
のみにて
に打ち過ぎ
の段

↓

(大変) 申し訳ございません
お許しください
(誠に) 恐縮に存じます
悪しからずご容赦くださいませ
ご海容ください

起語

主文の起こし言葉

さて／ところで／ついては／つきましては／このたび
時に／早速ですが／突然ですが／いささか唐突ですが
ほかでもありませんが／前便でお伝えしましたように
すでにご存知かと思いますが
すでにお耳に達しているとは存じますが
承りますれば
かねてお話のありました○○の件につきまして

末文

結びの挨拶

※傍線部は代替できる語

用件を結ぶ挨拶

●まずは、お知らせ（ご依頼・お願い・御礼・お祝い・お見舞い・ご忠告・お詫び・お悔やみ）（まで・のみ）申し上げます
●右取り急ぎご依頼（ご通知・ご報告・ご返事・ご案内）（まで・のみ）申し上げます
●まずは、用件のみにて失礼いたします（ごめんください）
●以上、くれぐれも（何卒）よろしくお取り計らいくださいませ
●それでは甚だ勝手（不躾）ですが、以上よろしくお願いいたします
●では、お越しを心より（楽しみに）お待ち申し上げます
●詳しくはお目にかかったときにお伝えいたします
●詳細はお目もじのうえで（「詳しくはお会いしてから」という意味）
●詳細後便（「詳しくはあとの手紙で」という意味）

返事を求める挨拶

●ご（お）返事をお待ち申し上げております
●ご多用中恐縮ですが、ご連絡をお待ちしております
●会場準備の都合がございますので、恐れ入りますが○月○日までにご返事をいただければ幸甚に存じます
●来週末にお電話を差し上げますので、その際ご返事を頂戴できれば幸いに存じます

伝言を依頼する挨拶

●それでは皆様によろしくお伝えください（ご伝声ください）
●末筆ながら奥様によろしくお伝えください
●あなた様からもその点くれぐれもよろしくご説明ください
●以上、恐縮ですが先様にご伝声くださるようお願いいたします

健康と無事を祈る挨拶

●時節柄くれぐれもご自愛くださいますように
●天候不順（酷寒・盛夏）の折からお身体（御身）を大切に
●末筆ではございますが、ご自愛専一に
●それでは、なお一層のご健勝をお祈り申し上げます
●皆様（ご家族様）のご多幸（ご多祥）を心よりご祈念申し上げます

今後に関する挨拶

●今後とも、何卒よろしくお願い申し上げます
●今後ともよろしくご指導（ご鞭撻・ご教示・ご配慮・ご支援）くださいますようお願い申し上げます
●この先も倍旧のご厚情を賜りますよう、謹んでお願い申し上げます
●旧に倍するご支援のほど、切にお願い申し上げます

敬語の基本

敬語の種類は三つ 間違えやすいパターンに注意！

敬語は一般的に「尊敬語」「謙譲語」「ていねい語」の三つに分けられます。尊敬語は相手をもち上げて自分を下におく言葉、謙譲語はへりくだることで自分を下におく言葉、ていねい語はていねいな言葉で相手を敬う言葉です。これらを正しく使い分けることが敬語の基本です。例えば、謙譲語の「拝読」を相手に対して「拝読してください」などと使うのは間違い。尊敬語の「ご覧ください」を使うのが正しい表現です。逆に尊敬語を自分に対して使うことや、「おっしゃる」のような「おっしゃられた」と「～られる」を使った過剰敬語などにも注意しましょう。

敬語の種類と作り方

敬語	種類
尊敬語	相手側の動作・人・物などを尊敬していうことにより、敬意を表す語。
謙譲語	自分側の動作・人・物などをへりくだっていうことにより、相手が上位者、自分が下位者という上下関係をはっきりさせて敬意を表す語。
ていねい語	上下関係の区別はつけず、相手に対しててていねいにいうことで直接敬意を表す語。

敬語の例

普通の表現	敬語：尊敬語	敬語：謙譲語	敬語：ていねい語
手紙	お手紙 貴書 芳書 玉章 貴墨	拙書 卑文 寸書 拙墨	お手紙
家	貴家 貴邸 貴宅 お宅 尊宅	宅 拙宅 我が家	おうち
言う	おっしゃる 言われる	申す 申し上げる	言います
聞く	お聞きになる 聞かれる	伺う 拝聴する	聞きます
作り方	➡名詞に「お・ご・芳・貴・尊」などをつける。「お手紙／尊宅」 ➡独特の形の動詞の尊敬語を使う。「おっしゃる」 ➡「お～になる」「お～なさる」「お～くださる」などの形にする。「お聞きください」 ➡尊敬の助動詞「れる・られる」をつける。「言われる」 ➡尊敬語＋ていねい語の形で敬意を強める。「読まれますか」	➡名詞に「拙・卑・愚・小・粗・弊」などをつける。「拙宅／小社」 ➡独特の形の動詞の謙譲語を使う。「拝見する」「存じ上げる」 ➡「お～する」「ご～する」などの形にする。「お送りします」「ご案内します」 ➡「お～いたす」「お～申す」「お～申し上げる」など、ていねい語+謙譲語の形で敬意を強める。「お迎えいたします」「お待ち申し上げます」	➡名詞に「お・ご」をつける。「お酒／ご祝儀」 ➡名詞に「です／でございます」をつける。「りんごです」「あれが東京タワーでございます」 ➡形容詞や形容動詞に「です／でございます」をつける。「楽しいです」「さわやかでございます」 ➡動詞に「ます」をつける。「行きます」「来ます」

※平成十九年二月二日付け文化審議会答申「敬語の指針」では、敬語を説明する際の用語としてこれまで用いられてきた「へりくだる」を「(相手を)立てる」という表現に変更しています。ここでは、旧来の表現になじんだ読者が多いと判断し、あえて「へりくだる」を使用しています。

普通の表現	敬語		
	尊敬語	謙譲語	ていねい語
行く	いらっしゃる　行かれる	伺う　参る	行きます
来る	いらっしゃる　お見えになる	伺う　参る	来ます
会う	お会いになる　会われる	お目にかかる　お会いする	会います
食べる	召し上がる　お食べになる	いただく　頂戴する	食べます
見る	ご覧になる　見られる	拝見する	見ます
読む	お読みになる　読まれる	拝読する	読みます

間違いやすい敬語の例

誤用や不自然な例	適切な敬語表現	解説
来週は来られますか	いらっしゃいますか	「れる・られる」は尊敬・可能・受け身のいずれかの意味か紛らわしいので避ける。
ご一緒に参りませんか	おいでになりませんか	「参る」は謙譲語。相手の動作には使わない。

お聞きになられますか	お聞きになりますか	「お〜になる」と「〜られる」の二重敬語。
ご時間（ご暇）はありますか	お時間（お暇）	一般的には和語には「お」、漢語には「ご」をつける。
拝見してください	ご覧になってください	「拝見」は謙譲語。相手の動作には使わない。
申されました	おっしゃいました	「申す」は謙譲語。相手の動作には使わない。
お待ちしてください	お待ちになってください	「お〜する」は謙譲表現。尊敬表現は「お〜になる」。
おやりになりますか	なさいますか	「やる」は自分の動作を表す語。「お〜になる」の表現にしても敬語にならない。
伺ってください	お尋ねください	「伺う」は謙譲語。相手の動作には使わない。
愚妻が選んだ粗品ですが	妻が選んだ品	「愚」「粗」「拙」などの謙譲表現がすぎると卑屈な印象になってしまうこともあるので注意する。
雨が降っております	降っています	誤りではないが、「おります」は本来自分の動作につける謙譲語。
見られてみてください	ご覧になってください	間違いではないが、より適切な敬語を選んで使うのがよい。
十分にお焼きになってからお召し上がりください	焼いてから	過剰敬語はぎこちなく不自然になることがある。

尊称と卑称

敬語と同じように混同して使わないように注意

相手側のものに敬意を表した言葉が「尊称」、自分側のものをへりくだっていうときに使うのが「卑称」です。日常会話ではあまり使わない難しい言葉もありますが、尊称も卑称も手紙の中ではよく用いられるものです。敬語と同じように、間違った使い方をしないように注意しましょう。例えば、相手側の場所を指して「当地は寒いですか」などと書くのは誤り。「御地は寒いですか」とするのが正しい使い方です。また、よく使われる「お」と「ご」は、例外もありますが基本的に「お」は訓読み、「ご」は音読みの言葉につくと覚えておくとよいでしょう。

	尊称	卑称
場所	御地・錦地・ご地方・ご町内・ご市内・貴県・尊地・貴地・貴国・貴村	弊地・寒地・僻地・当町内・当県下・国元・当地・当所・当方・当県・本村
住まい	お宅・貴邸・貴家・尊宅・尊家・尊邸・尊堂	拙宅・拙家・茅屋・小宅
店舗	貴店・お店	弊店・弊舗・当店
手紙	芳翰《ほうかん》・尊簡・玉章・芳信・貴墨・華墨・貴封	書状・寸書・卑簡・一筆・手翰・寸箋

	尊称	卑称
父	お父上様・ご尊父様	父・老父
母	お母上様・ご母堂様	母・老母
妻の父	ご外父様・ご岳父様	外父・岳父・義父・舅
妻の母	ご外母様・ご岳母様	外母・岳母・義母・姑
祖父	ご祖父様	祖父
祖母	ご祖母様	祖母
夫	ご主人様・ご夫君	夫・主人・宅
妻	御奥様・ご令室様	妻・愚妻・女房・家内

授受	ご笑納・ご査収・ご領収・ご入手	拝受・落掌・入手・頂戴・受納・ご送付
会社銀行	貴社・御社・貴行	本社・小社・弊社・当社・本行・弊行・当行
訪問	ご訪問・ご来光・ご来臨・ご来車	ご訪問・お訪ね・お伺い・拝趨《はいすう》
意見	ご意見・ご高見・ご卓見・ご名案・仰せ	愚考・愚案・愚見・私見・僻見・卑見・所感
安否	ご清栄・ご健勝・ご多祥・ご無事・ご精穆《せいぼく》・ご清福	無事・無異・健在・頑健・消光
学校官庁病院団体	貴校・貴大学・貴省・御庁・貴署・貴院・貴協会・貴会・貴組合	本校・当校・本学・本院・当院・本協会・当会・当組合
品物	美酒・美果・佳肴《かこう》・佳品・尊影（相手を写した写真）・結構なお品	粗品・粗菓・粗酒・粗肴《そこう》・小照（自分を写した写真）

兄	御兄上様・ご令兄様	兄・兄貴・長兄・次兄
弟	ご令弟様	弟・舎弟
姉	御姉上様・ご令姉様	姉
息子	ご令息様・ご子息様	倅・愚息・息子・子ども
娘	ご令嬢様・お嬢様	娘・拙女・子ども
おじ	御伯父様・御叔父様	伯父・叔父
おば	御伯母様・御叔母様	伯母・叔母
甥	甥御様・ご令甥様	甥・愚甥・小甥
姪	姪御様・ご令姪様	姪・愚姪・小姪
孫	貴孫・ご高孫・ご愛孫	孫・小孫
先生	先生・御師匠様	我師・師匠
弟子	ご門弟・お弟子	門下・門弟・門下生
友人	ご朋友・お友達	友人・友達
大人数	諸賢	私ども
親族	ご一門・ご親族	親戚・親族
家族	皆々様・ご一統様	一同・一統
上役	貴社社長・ご上司・貴局局長・貴部部長・貴課課長	社長・上司・専務・部長・課長・係長

手紙のマナーQ＆A

Q 便せん一枚だけは失礼ですか？

A 昔は一枚だけで送るのは失礼とされ、用件が一枚で終わった場合でも白紙の便せんを添えて出す習慣がありました。最近は無駄を省くという観点からも、一枚で十分とする考え方が一般的です。ただし、短すぎるのは失礼です。一枚でも文章が便せんの半分以上にわたるよう工夫しましょう。

Q 誤字脱字は修正液や二重線で消せばOK？

A 気楽な内容の手紙なら、修正液や二重線で訂正してもかまいませんが、あらたまった手紙では失礼にあたります。書き損じたり、書き終わってから誤字脱字を発見したら、新しいもので書き直しましょう。なお、宛名や住所を書き損じた場合は、内容や相手にかかわらず新しい封筒で書き直すのが礼儀です。

Q パソコンで手紙を書くときはどうしたらいいの？

A 基本的なマナーは手書きと同じ。読みやすさ、美しさが大事です。書式や印刷の設定を調整し、行間や字間が狭すぎて読みにくくなったり、余白が広すぎて間が抜けた印象になったりしないように注意しましょう。あらたまった手紙では書体は「明朝体」、インクは黒が基本。カジュアルな書体やカラー文字を使うのはNGです。なお、パソコンで手紙を書いた場合は、署名を直筆にするとていねいです。

Q テープで封をしてもいいの？

A 封筒は糊づけして閉じるのがマナーです。セロハンテープやホチキスで閉じるのは、手間を省いた分だけ相手に対する敬意が薄れてしまいます。最近はワンタッチで封ができる口糊がついた封筒がほとんどですが、口糊がついていない封筒でも、手間を惜しまずにきちんと糊づけしましょう。

Q 相談ごとに対する返事が欲しいときは？

A 相談ごとの手紙に限らず、相手に「返事が欲しい」と要求することは、相手に手間と時間をとらせ、回答を強要しているのと同じことなので失礼にあたります。相談ごとの返事が欲しいときは、「後日こちらから連絡して伺います」などと伝え、込み入った話ならば直接会って返事を聞く姿勢を示すほうがよいでしょう。

第2章

手紙の文例

- 季節の挨拶の手紙
- お祝いの手紙
- お礼の手紙
- お詫びの手紙
- 通知・報告の手紙
- 招待・案内の手紙
- 依頼・相談の手紙
- 承諾の手紙
- お断りの手紙
- 問い合わせの手紙
- 苦情・催促の手紙
- お見舞いの手紙
- 弔事の手紙
- そのほかの手紙

季節の挨拶の手紙

季節の挨拶の手紙は四季を愛でる日本人の心

季節の変わり目や節目に相手の安否を気遣い、移りゆく四季をともに味わう季節の挨拶の手紙は、日本人が昔から大切にしてきた風習です。年賀状や暑中見舞いに限らず、お世話になった人や無沙汰をしている人に、近況報告を兼ねた季節の手紙を書きましょう。

言いそびれてしまったお礼や日頃の感謝をさり気なく伝えたい場合も、季節の手紙ほど都合のいいツールはありません。「四季折々に挨拶を交わす」という名目で、相手との距離を縮めたり、おつきあいの幅を広げたりすることができるとても便利なツールです。

季節感あふれる言葉と明るい話題を選ぶ

スピード社会に生きる私たちは、日々の生活が多忙であるほど、季節感を失いがちです。だからこそ、そのときどきに合った季節の手紙は相手にとって嬉しいサプライズとなります。四季を愛でる言葉とともに、明るい話題や相手が喜びそうな話題を選んで楽しい文面を心がけましょう。季節の手紙は「もらって嬉しい内容」が基本です。手紙を書きながら折々の自然に目を向け、相手を思いやることで、忙しい日々の合間にもふと立ち止まって周囲を見渡すゆとりが、自分自身の中にも生まれるのではないでしょうか。

期間内に出すマナーと二十四節気の表現

季節の手紙に難しいルールはありませんが、年賀状や暑中見舞いなど時期が決まっているものは、期間内に出すのがマナーです。

また、日本には春夏秋冬のほかに、旧暦を元にした「二十四節気」という季節の分類があります（P49）。ニュースなどで「今日は立春です」などと報じられ、耳にする機会もあると思います。現代の暦とは一致しないため、実際の季節感とずれを感じるかもしれませんが、二十四節気は季節を表す言葉として手紙の中でも頻繁に使われるので、覚えておくとよいでしょう。

CHECK
- 折々の自然を盛り込み季節感を出す
- 明るい話題で相手に喜びを届ける
- 適した時期を外さないように出す

季節の挨拶の手紙 基本の流れ

前文
- 頭語　●時候の挨拶
- 相手の健康・安否を尋ねる
- 自分の健康・安否を伝える
- 無沙汰を詫びる

主文
- 近況報告
- お礼
- 日頃の厚情に対する感謝
- 季節の行事を盛り込んだ話題、共通の話題など
- 今後の交誼を願う言葉
- 相手の繁栄を祈る言葉

末文
- 結びの言葉　●結語

※気候に合わせて相手の体調を気遣うなど、なるべく季節をからめて結びたい

気をつけたい マナーのポイント

暗い話題 深刻な話は書かない

四季を味わい、相手に喜びを届けるはずの季節の手紙に、暗い話題や深刻な話は不向きです。読んで不安や心配を与える内容、込み入った話や刺激の強い話題は避けましょう。

自分のことだけに 終始するのはNG

久しぶりに会った人に、自分のことばかりを一方的に話して相手のことを尋ねないのは失礼ですが、手紙も同じです。近況報告は軽くすませ、相手に関連した事柄や、双方に共通する話題を選んで書くようにしましょう。

季節感がずれた絵柄の ハガキや便せんは使わない

季節の手紙は、四季を愛でる日本の美しい風習です。備え置きがないからといって、桜の絵柄の便せんを秋に使う、スイカのイラストのハガキを冬に使うなど、季節感がちぐはぐなものを使用するのはやめましょう。

二十四節気の名称と日にちの目安

二十四節気は太陰太陽暦の一年を二十四等分したものです。

1月	6日頃◆小寒	20日頃◆大寒
2月	4日頃◆立春	19日頃◆雨水
3月	6日頃◆啓蟄	21日頃◆春分
4月	5日頃◆清明	20日頃◆穀雨
5月	6日頃◆立夏	21日頃◆小満
6月	6日頃◆芒種	21日頃◆夏至
7月	7日頃◆小暑	23日頃◆大暑
8月	8日頃◆立秋	23日頃◆処暑
9月	8日頃◆白露	23日頃◆秋分
10月	9日頃◆寒露	24日頃◆霜降
11月	7日頃◆立冬	22日頃◆小雪
12月	7日頃◆大雪	22日頃◆冬至

季節の挨拶の手紙

春の近況報告 Formal

to 知人

ていねいさ ●●●
相手との親しさ ●●○

関連する文例
就職祝いのお礼（本人から）▼P86
新築祝いのお礼▼P90

POINT
●卒業、就職、引越しなどでお世話になった人に、その後の報告も兼ねて送りたい
●厚情に対するお礼を述べ、近況を報告す

拝啓　❶八十八夜も過ぎ、誰もが活動的で意欲みなぎる好季節となりました。角野様におかれましては、ますますご清祥のこととお喜び申し上げます。

その節は私の就職のためにお骨折りいただき、誠にありがとうございました。内定を得た際にご報告申し上げましたが、あいかわらずの筆不精で、その後すっかりご無沙汰してしまいました。お許しください。

おかげ様で、無事に新入社員研修も終え、連休明けから正式に営業部へ配属となりました。

書き換え例

❶**八十八夜も過ぎ、誰もが活動的で意欲みなぎる好季節となりました**
したたるばかりの緑が目に鮮やかな季節です／吹く風にも初夏の香りが感じられる今日この頃です／さわやかな五月晴れの毎日が続いております

❷**木の芽時期は体調を崩しやすい季節と申します**
季節の変わり目でございます／例年になく天候不順のようでございます／立夏が過ぎたとはいえ肌寒い日が続いております／御地ではまだ冷え込むこともおありでしょう

まだ右も左もわからず、連日上司と先輩に鍛えられておりますが、社会人として一人前になった姿を角野様にお見せできるように努力する所存です。どうぞこれからも、変わらぬご指導のほどお願い申し上げます。

❷木の芽時期は体調を崩しやすい季節と申します。連休疲れなどが出ませんよう、ご自愛をお祈り申し上げます。

まずは書中にて、お礼かたがたご報告申し上げます。

敬具

シーン別文例

恩師へ家族の近況報告を兼ねて

◉同窓会でご心配いただいた長男も、おかげ様で希望の高校に合格し、今は毎日部活動に夢中です

◉年賀状で転居のお知らせをいたしましたが、新しい生活にもすっかり慣れ、主人も子どもたちものびのびと過ごしております

元上司へ転職の報告を兼ねて

◉いつも気にかけていただき、ありがとうございます。おかげ様で再就職先も見つかり、仕事への意欲も高まるばかりです

こんなときはどうする?

時候の慣用句だけでなくもっと季節感を出したいとき

文例▼（植物の変化を伝える）沈丁花がそこかしこで香っています。

文例▼（気温の変化を伝える）季節はすっかり春めいて、日増しに暖かくなってまいりました。

よくあるNG例

●相談ごとや心配ごとをもちかける

季節の手紙で相談ごとや心配ごとをもちかけられても、相手は困惑してしまうだけ。相談したいことがあるなら、改めて別の手紙を書くか、会って話すのがよいでしょう。弱音や愚痴、会社や学校をやめたいなどという後ろ向きの話も書かないのがマナーです。

Advice

親しくない相手には、「新緑の候」などの一般的な時候の挨拶を用いるのが無難です。自分の言葉で季節を表現すると、なれなれしいと思われることもあるので注意します。

冬の近況報告 to 友人（同窓生）

Casual

勝子さん、久しぶりですがお元気でしょうか。❶日ごとに気温が下がり、厚手のコートが手放せない季節になってきましたね。今年は例年になく冷え込みが激しいようですが、皆様風邪などひいていませんか。❷ついついご無沙汰ばかりでごめんなさい。

こちらは、皆元気にしています。悠介さんは最近ゴルフに目覚め、みどりはこの冬からフィギュアスケート教室に通う予定です。

私はといえば、なんと先月から飲食店の厨房で働いています。今はパートですが頑張れば正社員登用もあるので、毎日主婦パワー全開で張り切っています。前に相談したとき、勝子さんが「主婦のスキルは立派な武器よ」と言ってくれたでしょう。あの言葉がとても励みになっています。ありがとう。

ていねいさ ●●○○
相手との親しさ ●●●●

POINT

● 安否以外の楽しい話題を交えるのもよい
● 無沙汰を詫びるとともに、次回に会う心づもりを伝えると相手との距離が縮まる

書き換え例

❶日ごとに気温が下がり、厚手のコートが手放せない季節になってきましたね

朝夕は暖房を入れる毎日となりました／初霜の便りも聞かれる時節となりました／当地では初雪が降りました／日だまりの恋しい時節となりました

❷ついついご無沙汰ばかりでごめんなさい

あいかわらずのご無沙汰ばかりをお許しください／長い間、ご連絡もせず、失礼しました／すっかりご無沙汰してしまい申し訳ありません

シーン別文例

友人へ出産の報告を兼ねて

◉ご無沙汰してしまいましたが、皆さ

ところで、実は今、昌子さんとクラス会を計画中です。久しぶりに高校時代のメンバーで集まって楽しく過ごせたらいいねという話になっています。詳細が決まったら、近いうちにまたご連絡します。

葵ちゃんの中学受験もいよいよ追い込みになってきましたね。もうひと頑張りです。親子ともども身体に気をつけて、ご主人にもくれぐれもご自愛専一にとお伝えください。

かしこ

んお変わりありませんか。我が家では夏に元気な男の子が誕生しました。よかったらぜひ会いにきてください

友人へ展示会のお知らせを兼ねて

◉お久しぶりです、テニススクールは続いていますか。私も写真サークルを続けています。今度グループ展を開くことになったので、お時間があればぜひいらしてください

こんなときはどうする?

近いうちに会って話したい旨を伝えるとき

文例▼お忙しいことと思いますが、今度近いうち、ご一緒にランチでもいかがでしょう。そのときに近況をご報告したいと思っています。○○さんのお話も聞かせてくださいね。

よくあるNG例

●悩みごとを長く書き連ねる

久しぶりに出す友人への手紙は報告したいことが多くて、ついつい悩みごとまで漏らしてしまうという場合があります。しかし、基本的に挨拶を交わすのが目的である季節の手紙に、愚痴っぽい話は不向き。気軽に読める明るい話題を選びます。

Advice

相手に不要な心配をかけないために、近況報告で病苦や事故や災難の報告をするのは、できるだけ避けます。

お祝いの手紙

CHECK
- タイミングを逃さずに書く
- 素直に喜びを表現する
- 相手の気持ちになって祝う

お祝いの手紙はタイミングが命

お祝いの手紙は、知らせを受けた直後に出すのが理想的です。結婚や出産などの知らせを受けたときには、できるだけ早めにお祝いの気持ちを伝えましょう。祝福の手紙をもらうことは、誰にとっても嬉しいものです。特に喜びのさなかにいるときに受け取る手紙は、嬉しさが倍増します。なお、突然の祝いごとなら、親しい相手には前文を省いて「おめでとう」などと書き出すのもいいでしょう。「知らせを聞いてすぐに書いた」という印象を与えると、相手に強い祝意を伝える効果があります。

一方、予定のわかっている祝いごとの場合は二、三週間前から当日までに手紙を出し、祝いごとが過ぎてからのお祝いにならないようにしましょう。

相手を思いやりともに喜ぶ気持ちで書く

お祝いの手紙は、おめでたいできごとを「ともに喜んでいる」という姿勢で書くことが大切です。相手をたたえ、自分のことのように喜び、祝いごとを盛り立てるつもりで書きましょう。ただし、誰に出すのか、相手との関係をふまえて書くことも重要です。夫の上司などに出すフォーマルなお祝いの手紙は、冒頭に時候の挨拶を入れ形式にのっとった書き方に従うのが基本です。

友人や同僚に出すカジュアルな手紙なら、あまり形式にとらわれず自分の言葉で素直に表現するのが一番です。相手の両親宛てに出す場合は、ねぎらいの言葉も忘れずに。入学や合格祝いなどを本人宛てに出すなら、これまでの努力をたたえてあげましょう。身内や親しい人に出す場合、普段あまり使い慣れないような美辞麗句を並べる必要はありません。率直にお祝いの言葉を述べ、喜びを伝えましょう。気分が高まっている相手には多少大げさにお祝いしたほうが、気持ちが伝わりやすいです。また、入学・卒業祝いなど予定のわかっている祝いごとの場合は、その日を待ち望むような少々はしゃいだ表現がしっくりきます。

お祝いの手紙 基本の流れ

前文
- 頭語　●時候の挨拶
- 相手の健康・安否を尋ねる

※親しい相手には前文を省いて書き出してもよい

主文
- お祝いの言葉
- お祝いごとについての感想や感慨などを伝える
- ねぎらいの言葉
- 今後の発展を祈る言葉
- お祝いの品について伝える

※お祝いの品がない場合、将来を期待する言葉を添えてもよい

末文
- 結びの言葉　●結語

※あらためてお祝いの言葉を述べ、結ぶのもよい

気をつけたい マナーのポイント

自分と比べるような表現はしない

自分を引きあいに出すような表現は、相手をほめるつもりであっても、ねたみやひがみと受け取られかねません。特に入学、就職、昇進、栄転、新築などの祝いごとでは気をつけましょう。

そっけない印象にならないよう注意！

相手によっては「ご出産おめでとう」「ご入学おめでとう」だけでは、お祝いの言葉として不十分な場合があります。「待ちに待ったベビーの誕生、感激もひとしおでしょう」「難関突破、夢に向かって大きな前進ですね」など、相手の喜びのツボを押さえた言葉を添える工夫をしましょう。

お祝いの品のことは控え目に触れる

お祝いの品がある場合、文末でさり気なく伝えるのがスマート。品物について長々と説明したり、こだわりなどを押しつけたりしないようにしましょう。

お祝いごとの忌み言葉

不吉なことを連想させる「忌み言葉」は、お祝いの手紙に使わないように注意しましょう。

◆**結婚祝い**
別れる、切れる、去る、帰る、終わる、流れる、冷える、短い、戻る、繰り返す、重ね重ね、再び、皆々様、近々、またまた

◆**懐妊・出産祝い**
流れる、落ちる、失う、蹴る、死ぬ、弱い、苦しむ、破れる

◆**入学・就職・昇進・栄転祝い**
落ちる、流れる、やめる、崩れる、壊れる、消える、変更

◆**新築祝い**
焼ける、燃える、倒れる、壊れる、流れる、火、煙、傾く

◆**開店・開業祝い**
倒れる、傾く、閉じる、つぶれる、さびれる、負ける、失う

◆**長寿祝い**
枯れる、朽ちる、死、病気、ぼける、寝る、根づく、倒れる

結婚祝い

関連する文例

結婚祝いと披露宴出席のお礼▼P80
結婚披露宴の招待（本人から）▼P150

結婚祝い（披露宴欠席の返事）

to 夫の上司

Formal

ていねいさ ◉◉◉
相手との親しさ ◉◉◉

POINT
- 礼をつくして、お祝いの気持ちを伝える
- 欠席の理由は詳しく述べない
- 不参の非礼を詫びる

拝啓　新緑の候、ご尊家ご一同様にはますますご壮健のこととお喜び申し上げます。平素は格別のご高配を賜り、厚く御礼申し上げます。

さて、ご息女一美様にはこのたびめでたくご結婚がお決まりになったとのこと、心よりお祝い申し上げます。ご婚礼に際しましては、私どもまでお招きいただき、大変光栄に存じます。ぜひともお祝いにかけつけ一美様の晴れ姿を拝見したく存じますが、当日はあいにく変更できない先約があり、誠に申し訳ございませんがお伺いできません。

挙式当日は当地にてお二人の末永き幸せをお祈りいたします。なお、ささやかながらお祝いを同封させていただきますので、どうかお納めください。

まずは略儀ながら書中にてお祝いと不参のお詫びを申し上げます。

敬具

シーン別文例

息子の結婚の場合
◉ご令息／ご長男／ご次男

欠席理由の書き換え
◉前々からはずせない用向きがあり
◉身内の結婚式と重なってしまい
◉よんどころない事情により、どうしても参列できず

披露宴出席の場合
◉夫婦揃って喜んで出席させていただきます
◉お嬢様の花嫁姿を楽しみにしております
◉お二人の晴れ姿を楽しみにしております

結婚祝い（知らせを受けた返事）

to 友人

Casual

ていねいさ ●●●
相手との親しさ ●●●

ご結婚おめでとうございます。お知らせを受け、まるで自分のことのように晴れがましい気持ちでいっぱいです。

常日頃、仕事が恋人だと話していた聡美さんに、とうとう理想の男性が現れたのですね。お相手も、同じ業界で働く優秀なビジネスマンと伺っています。お互いによき理解者として力を合わせ、これから素敵な家庭を築いていかれるのでしょう。ぜひ今度、のろけ話を聞かせてくださいね。

新生活に役立つものは何がよいかと迷いましたが、こだわりもあるでしょうから、失礼ながら心ばかりのお祝いを同封させていただきました。お納めください。

お二人の末永い幸せをお祈りし、まずはお祝いまで。

POINT

- 書き出しは「おめでとう」でよい
- お祝いの品だけ贈るのはNG
- カードでもよいので気持ちを伝える

シーン別文例

披露宴をしない友人へ

◉披露宴は行わないと伺いました。堅実なお二人にふさわしい選択だと思います

◉どうか今度、友人みんなでお祝いの席を設けさせてくださいね

再婚の場合

◉素敵な選択をされたのですね。この日がくると信じていました

◉琴美ちゃんのためにも、やさしいお母さんが見つかればよいと願っていました

Advice

結婚は人生の一大事。厳粛な祝いごとなので親しい相手にも、くだけすぎないようにすることが大切です。

出産祝い

関連する文例

出産祝いのお礼▼P82
出産の報告▼P141

出産祝い（あらたまった相手に）

to 上司

Formal

ていねいさ ◉◉◉
相手との親しさ ◉◉○

謹啓　早春の候、ご家族様にはますますご清祥のこととお喜び申し上げます。

このたびは奥様がご長男を出産されたとのこと、謹んでお祝い申し上げます。お元気なご愛弟の誕生に、お姉様もさぞお喜びでしょう。お二方ともにご健康で産後の経過も順調とのこと、何よりと安堵いたしております。

なお、別便にてささやかながらお祝いの品をお送りいたしました。お納めいただければ幸いです。気候不順の折、奥様にはくれぐれもご自愛くださいますようにとお伝えくださいませ。

謹言

POINT

- 家族の喜びを思いやった言葉を述べる
- 「男の子でよかった」「女の子でよかった」などの表現は避ける

シーン別文例

上司の娘の出産の場合

◉このたびは、めでたくお嬢様が男児をご出産されたとのこと

◉待望の初めてのお孫さんのご誕生、ご感激もひとしおかと存じます

男児女児どちらかわからない場合

◉元気な赤ちゃんのご誕生…

◉二世のご誕生に、皆様の喜びも格別なものと拝察いたします

Advice

あらたまった相手へのお祝いでも、時候を省いて、お祝いの言葉から始めてかまいません。ただし、頭語と結語は必要です。

出産祝い（本人へ）

to 友人

Casual

あなたが元気いっぱいの男の子を出産したと山田さんから聞いて、すぐにお祝いが言いたくてペンを走らせています。

本当におめでとうございます。生まれるまでは何かと不安が多いと話していたので、健やかな赤ちゃんの顔を見た瞬間はたとえようもない喜びと安心に包まれたことと思います。私も今、自分のことのように心からほっとしています。

あなたの好みにもぴったりのかわいいベビー服を見つけたので、退院して落ち着いた頃お祝いに伺います。産後の肥立ちが大切です。決して無理をせず、ご主人に甘えてゆっくり身体をいたわってくださいね。お二人の宝に会える日を楽しみにしています。

ていねいさ ●●●
相手との親しさ ●●●

POINT

● 喜びとほっとした気持ちを述べる
● カードやハガキでもよい。お祝いの言葉を真っ先に伝える気持ちが大事

シーン別文例

初産の場合

◉ 初産で心配していましたが、赤ちゃんもあなたも元気で何よりです
◉ 初産で心配も多かったと思いますが、安産だったと聞いて安堵しました

早産の場合

◉ 予定日より一ヶ月も早かったと聞いて驚きましたが、母子ともに健康とのこと何よりです
◉ うちも一人目が早産でしたが、すくすくと健康に育っています

赤ちゃんの様子を聞く

◉ 赤ちゃんはどちら似ですか？
◉ 赤ちゃんに初めて会った印象はどうでしたか？
◉ 赤ちゃんはよく泣きますか？

入園・入学・合格祝い

関連する文例
卒業・就職祝い（あらたまった相手に）▼P62
息子の入学祝いのお礼▼P85

入学祝い（あらたまった相手に）

to 上司

Formal

ていねいさ ◉◉◉
相手との親しさ ◉◉◉

POINT

● 成長の喜びを思いやる言葉を述べる
● 育てた親の苦労をねぎらう
● 子どもの将来にふれ前途を祝福する

拝啓　仲春の折から、皆様お変わりなくお過ごしのことと存じます。

この四月から、ご長女の美穂様がいよいよ小学生とのこと、ご入学おめでとうございます。以前、初節句のときのお写真を見せていただいたことがあります。月日の経つのは早いものです。ご家族の皆様のお喜びもさぞかしと存じます。

お嬢様にたくさんお友達ができて、お元気に登校されることをお祈りしています。

ご入学のお祝いに別便にて心ばかりの品を送らせていただきました。

ご笑納いただけたら幸いです。

敬具

シーン別文例

入園祝いの場合

◉お嬢様の幼稚園ご入園おめでとうございます

◉ご子息様が楽しく幼稚園に通園されることを願っています

学校名を入れる場合

◉ご次男の○○大学ご入学おめでとうございます

◉○○小学校へご入学されるとのこと、心よりお祝い申し上げます

Advice

親の胸中は、周囲の人が想像する以上の喜びでいっぱいです。その大きな喜びに共感する気持ちが大切です。

合格祝い（本人へ）

to 甥

Casual

ていねいさ ●○○

相手との親しさ ●●●

POINT

- 本人の努力をたたえる
- 両親の喜びを思いやる言葉を述べる
- 期待感にあふれた言葉をかける

弘君、○○高校合格おめでとう。合格の知らせは、この春一番の何より嬉しい便りでした。

これまでの猛勉強と努力で受験という大きな試練を乗り越え、見事に栄冠を勝ち取ったのですね。県内でも有数の進学校への入学が決まり、ご両親もさぞかしお喜びのことでしょう。

これからかけがえのない三年間が始まりますね。希望に満ちた未来へのびのびと羽ばたき、いろいろなことで活躍してください。

ご両親と一緒に、お祝いのお食事会をしたいと思っています。都合のいい日にちを相談してお返事をくださいね。

まずは取り急ぎお祝いとお誘いまで。

シーン別文例

合格が第一志望でなかった場合

◉受験勉強、よく頑張りましたね

◉受験という試練を乗り越え、成長されたことでしょう

※「難関突破」「見事合格」などの表現は避けたほうがよい

両親宛ての場合

◉このたびは○○君の○○高校合格おめでとうございます

◉○○君の猛勉強を一家揃って支えた強い願いが、見事にかなったのですね

◉朗報を受けるまでは、さぞかし緊張した毎日でしたでしょう

※「○○君はできがよい」「頭がよい」などの表現は、ひがみっぽく聞こえることもあるので避ける

卒業・就職祝い

卒業・就職祝い（あらたまった相手に）

to 恩師

Formal

ていねいさ ◉◉◉
相手との親しさ ◉◉◎

関連する文例
合格祝い（本人へ）▼P61
就職祝いのお礼（本人から）▼P86

拝啓　日増しに春めいてまいりました。ご家族の皆様には、お健やかにお過ごしのことと拝察いたします。

さて、このたびはご令嬢町子様のご卒業、ご就職おめでとうございます。ご就職先は、かねて希望されていた広告会社とか。狭き門の採用試験に見事合格するとは、❶誠に喜ばしい限りです。❷ご両親様も本当にお疲れ様でした。努力家の町子様ですから、❸すばらしい未来が待ち受けていることでしょう。

ご卒業と新しい門出を祝い、ささやかなお祝いの品を同封しました。お気に召すと嬉しいのですが。

末筆ながら、町子様にもよろしくお伝えくださいませ。

敬具

POINT

● 本人宛てに出すのが理想。本人と面識がない場合は両親宛てに
● 社会に出る相手にエールを贈る

書き換え例

❶誠に喜ばしい限りです
誠に誇らしいことです／本当によかったですね／心よりお祝い申し上げます

❷ご両親様も本当にお疲れ様でした
ご両親様のご満足もさぞかしと存じます／ご両親様も感慨深いことでしょう／ご両親様もほっとひと安心ですね

❸すばらしい未来が待ち受けていることでしょう
これからも夢に向かって着実に歩まれていくでしょう／社会人として大いに活躍されることでしょう

就職祝い（本人へ）

to 後輩

Casual

絵里さん、ご就職おめでとうございます。かねてから希望していたオーケストラの楽団員とのこと。喜びもひとしおでしょう。知らせを聞いて私も今、自分のことのように感動しています。

高校の吹奏楽部の後輩だったあなたが、音大でコンクールに入賞したときもとても嬉しかったけれど、あのとき以上の喜びでいっぱいです。夢をあきらめずに自分を信じて努力を続け、見事にチャンスを掴み取ったのですね。度胸の据わった絵里さんのことだから、プロのステージでも素敵な演奏を聴かせてくれることでしょう。

昔の仲間もみんな喜んでいて、祝賀会を開こうと盛り上がっています。ぜひオーディションの裏話を聞かせてくださいね。

ていねいさ ●○○
相手との親しさ ●●●

POINT
- 本人の努力をたたえ、成果をほめる
- 社会に出る相手を勇気づけ、励ます
- さり気なく助言を添えるのもよい

シーン別文例

家業を継ぐ場合

◉お父様の跡を継いで漁師になるとのこと。よく決心しましたね

◉家業継承のため修業に出るそうですね。ご両親もさぞかしお喜びのことでしょう

助言を添える場合

◉大した経験はありませんが、何でも相談してくださいね

◉休日は趣味なども楽しんで、充実した社会人生活を送ってくださいね

Advice

アドバイスをつけ加えるのはよいのですが、苦言や将来を不安視するような内容は禁物です。

新築・引越し祝い

新築祝い（あらたまった相手に）

to 上司

Formal

ていねいさ ◉◉◉
相手との親しさ ◉◉◉

関連する文例

新築祝いのお礼▼P90
引越しの通知▼P130

POINT

- 環境、交通の便、設計などをほめる
- 相手の満足を思いやる言葉を述べる
- 新居を訪ねたい旨を伝える

拝啓　爽涼の候、皆様にはお変わりなくお過ごしのことと存じます。

さて、このたびは待望のご自宅のご竣工、誠におめでとうございます。お子様方のために自然に恵まれた環境をお選びになり、設計やインテリアは奥様のご意見を尊重してお決めになったと伺っております。さぞかし住み心地のよいご新居に、皆様もさぞかしお喜びのことでございましょう。ぜひ一度、ご新居を拝見したいと存じます。

心ばかりのお祝いの品を別便にて送らせていただきました。ご笑納いただければ幸いです。

まずは書面にてご新邸完成のお祝いまで申し上げます。

敬具

シーン別文例

招待のお礼を兼ねた手紙の場合

◉先日は新居にお招きいただき、ありがとうございました

◉木の香り漂う純和風のすばらしいお住まいでした

◉またおじゃまさせていただくことを楽しみにしております

※ぜひまた伺いたいと、ひと言添えるのが礼儀

Advice

新築は人生の一大事です。親しい相手には、前文を省いて、いきなりお祝いの言葉から始め、ストレートに祝意を示すのも、場合によっては効果的です。

引越し祝い（本人へ）

to 友人

Casual

ていねいさ ●●●
相手との親しさ ●●●

佳代子さん、引越しの準備で忙しくされている時期だと思いますが、お変わりありませんか。

亜由美が幼稚園の頃から親しくさせていただいたあなたが、ご主人の転勤で北海道へ行くことになったと聞いたとき、とてもびっくりしました。親しくおしゃべりできる友人が遠くへ行ってしまうのは残念です。今後はＳＮＳで連絡を取り合いましょう。

新しいお住まいは、近くに温泉や公園もあって暮らしやすそうなところですね。新天地でより一層充実した毎日が送れますように。落ち着いた頃、ぜひ遊びに伺わせてくださいね。

ご主人様や彩香ちゃんにも、どうぞよろしくお伝えください。

POINT

- 転居先の環境などにふれ、そこでの暮らしを思いやる言葉を述べる
- 新天地での活躍を祈る言葉で結ぶ

シーン別文例

新築と引越し祝いを兼ねる場合

◉新居へのお引越し、おめでとうございます

◉念願のマイホームの完成、おめでとう

引越し後に出す場合

◉引越しの片づけなどで忙しくされていると思いますが、お元気でしょうか

◉新しい街の住み心地はいかがですか。大きな商店街もあって、暮らしやすそうなところですね

Advice

相手が自慢したいポイント、満足している部分を的確に想像しながら、お祝いすることが大切です。

昇進・栄転祝い

関連する文例

夫の栄転祝いのお礼▼P87
本社転勤の通知▼P132

昇進祝い（あらたまった相手に）

to 取引先

Formal

ていねいさ ◉◉◉
相手との親しさ ◉◉◉

POINT
- 相手の努力と才能をたたえる
- 日頃の交誼に対するお礼を述べる
- 今後の活躍や健康を祈る

謹啓　桜花爛漫のみぎり、ますますご活躍の由、お喜び申し上げます。

平素は格別のご厚誼にあずかり、深く御礼申し上げます。

このたびの取締役営業本部長への❶ご昇進、誠におめでとうございます。これまでの❷ご実績が正当に評価されてのことと、ご同慶の至りに存じます。今後は役員として❸一段とお忙しい毎日になるかと存じます。

お身体を大切にされ、ますますご活躍されることをお祈りいたします。

なお、ささやかながらお祝いの品を別便にてお送りいたしました。

ご笑納いただければ幸いです。

まずは略儀ながら、書中にて心よりお祝い申し上げます。

敬白

書き換え例

❶**ご昇進**
ご昇格／ご就任／ご抜擢

❷**ご実績**
ご手腕／仕事に対する真摯なお取り組み／すぐれた指導力／卓越した統率力／リーダーシップ

❸**一段とお忙しい毎日になる**
より一層の重責を担われる／ご苦労もひとしお

Advice

昇進理由を想像して昇進を祝うのが一般的です。しかし高位者に対しては、昇進理由の想像が僭越な行為となる場合もあるので注意します。

栄転祝い（あらたまった相手に）

to 会社の先輩

Formal

ていねいさ ◉◉◎
相手との親しさ ◉◉◎

POINT
● これまでお世話になった感謝を述べる
● 今後の活躍や健康を祈る
● 親しい先輩でも頭語と結語は必要

拝啓　このたびは東京本社企画開発部へのご栄転、本当におめでとうございます。心よりお祝い申し上げます。

ご在職中、北島先輩には公私にわたってたくさんのことを教えていただき、感謝の気持ちでいっぱいです。先輩のご栄転は私にとっても大変喜ばしいことであり、同じ中途採用組として誇らしくこれからの目標にもなります。

かねてから望んでおられたプロジェクトのリーダーに抜擢され、より一層ご手腕を発揮されると思いますが、どうかこれまで以上にご自愛ください。

こちらに出張の際には、ぜひともご連絡くださいね。たまには私にお食事をおごらせてください。

敬具

シーン別文例

夫の上司宛てに出す場合

◉このたびの本社営業部へのご栄転、謹んでお祝い申し上げます
◉横浜支社長ご就任の由、誠におめでとうございます
◉奥様もさぞかしお喜びのことでしょう
◉〇〇様の日頃のご精進と、ご家族の皆様のお支えがあってのことと拝察いたします

※家族へのねぎらいの言葉を添えると、温かみのある文面になる

Advice

プライベートでもお世話になったときは、あえてそのことも伝えると、一層ていねいな印象となります。

受勲・受賞・当選祝い

当選祝い（あらたまった相手に）

Formal

to 恩師

ていねいさ ◉◉◉
相手との親しさ ◉○○

関連する文例
受賞祝賀会参列のお礼▼P93

POINT
- 受賞・当選などの名称を正確に記す
- 相手の栄誉をたたえる
- 今後の活躍や健康を祈る

謹啓　盛夏の候、皆様ご健勝でお過ごしのこととお喜び申し上げます。

　このたびは東京都○○○区議会議員にご当選の由、おめでとうございます。謹んでお祝い申し上げます。

　先生はもとより、奥様とご家族をはじめ、ご後援会の皆様におかれましてはさぞかしお喜びのことと拝察いたします。教職を退かれた先生が区政で活躍されることは、私ども教え子たちにとっても誇らしいことであり、これほど嬉しいことはございません。

　今後はご健康に十分留意され、区の教育改革にお力を発揮してくださいますようお願い申し上げます。

　まずはひと言心よりのお祝いまで申し上げます。

敬白

シーン別文例

受勲祝いの場合
◉このたびは黄綬褒章のご受章、誠におめでとうございます
◉文化勲章叙勲の栄に浴されたとのこと、謹んでお祝い申し上げます

受賞祝いの場合
◉このたびは○○賞ご受賞とのこと、心よりお喜び申し上げます
◉○○展のご入選心からお祝い申し上げます

Advice
「由」をさらにていねいにすると「御由《おんよし》」となります。「こと」も「御事」とすると、敬意がアップします。

開業・開店祝い

開業祝い（本人へ）

to 友人

Casual

関連する文例

開店祝いのお礼▼P91
開店の通知▼P137

ていねいさ ◉◉◎
相手との親しさ ◉◉◎

POINT
- 開業までの苦労をねぎらう
- 相手の手腕や才覚をたたえる
- 明るい展望を想像して激励する

このたびは会計事務所のご開設、誠におめでとうございます。お勤めしながらコツコツと勉強を重ね、税理士の国家試験に合格された経緯を知っている友人のひとりとして、これまでの苦労と努力に頭が下がります。税理士試験合格からわずか五年で独立開業とは、ご両親もさぞかしお喜びのことでしょう。中小企業の社長さんや自営業の方々の力になりたいと常日頃話していた前原さんですから、多くのお客様に愛される経営者になることでしょう。これからも明確な目標に向かって突き進み、すばらしい仕事を展開されることを期待しています。

晴れの門出をお祝いし、ささやかなお祝いの品を送ります。

前原会計事務所の末永いご繁栄をお祈りいたします。

シーン別文例

開店祝いの場合

◉このたびは○○店のオープン、誠におめでとうございます

◉念願の○○店をオープンされるとのこと、心よりお祝い申し上げます

◉あなたの明るい笑顔があれば、お店の繁盛は間違いなし

◉あなたのセンスをもってすれば、人気店になると確信しています

◉オープンに先立ち、お花をお贈りします

Advice

お祝い状は一種のご祝儀ですから、明るい未来だけを語り、繁栄、繁盛を心から願います。

お祝い
受勲・受賞・当選祝い／開業・開店祝い

退院・快気祝い

退院祝い（あらたまった相手に）to 上司

Formal

ていねいさ ◉◉◉
相手との親しさ ◉◉◉

拝啓　ご退院おめでとうございます。ご看護に専念されましたご家族様にもお祝いを申し上げます。

営業部一同、ご病状を案じておりましたが、中村部長の精神力の前に病魔も早々に退散したようでございます。ご退院の吉報を受け、社内も大きな喜びに包まれております。

当面は、ご自宅で療養されると伺っております。しばらくはお身体第一に、ゆっくりご静養なさってください。

元気なお姿を拝見できる日を心待ちにしております。

まずは退院のお祝いを申し上げます。

敬具

POINT
- 明るい文面で喜びを伝える
- 本復を祈る言葉でまとめる
- 職場復帰を促す表現は避ける

シーン別文例

上司の妻宛ての場合

◉ご主人様におかれましては、ご全快にてご退院とのこと、誠におめでとうございます
◉奥様もお疲れが出ませんよう、どうぞご自愛ください

リハビリが必要な相手に

◉どうか気長にかまえて、リハビリに取り組んでくださるようお願い申し上げます
◉リハビリには十分な時間をかけ、どうか焦らずにご療養なさってください

※リハビリの大変さを強調するような表現は避け、十分な養生を促す

関連する文例
病気お見舞いのお礼▼P88
退院の報告▼P146

記念日・長寿祝い

還暦祝い（あらたまった相手に）

Formal

to 恩師

ていねいさ ●●●
相手との親しさ ●●○

関連する文例
米寿祝いのお礼▼P92
父の古希祝いへの招待▼P156

POINT
- 相手の健康や若々しさをたたえる
- 「元気で長生きしてください」という気持ちを込めて、末永い健康を祈る

謹啓　若葉の候、先生にはこのたびめでたくご還暦をお迎えとのこと、謹んでお祝いを申し上げます。

　三年前に同窓会でお会いしたときも変わらぬ若々しさに驚きました。❶いつもおしゃれで笑顔が輝いていらっしゃる先生は、私ども教え子たちの憧れです。ぜひ今度、ご壮健の秘訣をご伝授いただきたく存じます。

　気持ちばかりのお祝いの品を別便にてお送りしました。お気に召せば幸いです。

　これを機にますます若返られ、❷私たちの理想の恩師であり続けていただきたいと願います。

　略儀ながら本状にてお祝いまで申し上げます。

敬白

書き換え例

❶いつもおしゃれで笑顔が輝いていらっしゃる先生は
今なお第一線でご活躍の先生は／いつも好奇心を忘れない素敵な生き方は／いつもお元気で周囲を明るくしてくださる先生は

❷私たちの理想の恩師であり続けて〜
いつまでもお元気でご活躍ください／喜寿、米寿、白寿とご長寿を重ねられますよう、お祈りしております

Advice
高齢者は、健康は喜んでも高齢を喜んではいないことも。それをふまえ、さらなる健康を祈るのが効果的。

お礼の手紙

お礼の手紙は一に鮮度、二に中身

お礼の手紙は、厚意を受けたその日のうちに書くのがベストです。誰かにお世話になったり、贈り物をいただいたりしたときは、気持ちが熱いうちに感謝の手紙を書きましょう。特にお中元やお歳暮などの礼状は「確かに届きました」という報告の意味もあるため、受け取ってすぐに出すことが大切です。「うまく書こう」とか、「気の利いたことを書かなくては」と気張る必要はありません。嬉しい気持ちでいっぱいの心を、素直に文字にしましょう。その際、喜びや感想をなるべく具体的に示すことがポイントです。家族が喜んでいる様子を書いたり、贈り物の気に入ったところを述べたりすると、相手に強い感謝の気持ちが伝わります。

ハガキと封書で送るお礼の二段攻撃も効果的

お礼の手紙は封書で出すのが基本ですが、即日ハガキで礼状を出し、後日あらためて封書で送る「お礼の二段攻撃」も効き目があります。就職先や人を紹介してもらったときなどは、まずハガキで礼状を出し、結果がわかったあとに報告を兼ねて封書でていねいにお礼をするとよいでしょう。よい結果が得られたときはもちろん、うまくいかなかった場合にも必ず礼状を書くようにします。

お祝いに対しての礼状は謙虚さを大切に

結婚、出産、合格、就職などでお祝いを受けた場合の礼状は、相手が気にかけてくれていたことに対してまず謝意を示しましょう。「おかげ様で」という謙虚な姿勢でお礼を述べ、近況や心境を報告すると好感のもてる、すがすがしい文面になります。お祝い金をもらった場合は使い道を報告し、贈り物をもらった場合は使い勝手のよさや見立てのセンスをほめます。

礼状は相手との関係によっては形式的になりがちですが、日頃の感謝を伝えるよい機会ととらえ、真心や誠意が伝わる文面を心がけましょう。

CHECK

- ✓即日か、遅くとも三日以内に書く
- ✓感謝の気持ちを具体的に述べる
- ✓謙虚な姿勢で真心と誠意を示す

お礼の手紙 基本の流れ

前文
- 頭語 ●時候の挨拶
- 相手の健康・安否を尋ねる

※親しい相手には前文を省いて書き出してもよい

主文
- お礼の言葉
- 贈り物や世話になったことなど相手の厚意を挙げ、感謝や感想、使い道などをなるべく具体的に伝える
- 祝いごとへの感慨や今後の抱負などを述べる
- 相手の今後の発展を祈る言葉

末文
- 結びの言葉 ●結語

※あらためてお礼の言葉を述べ、結ぶのもよい

気をつけたい マナーのポイント

お礼以外の用件は書かない

お礼の手紙に別の用件を書くことは、失礼にあたります。用件のついでにお礼をしているという印象を与えてしまうため、たとえ親しい相手であっても別件を書くことは控えましょう。

「お返しに」という表現は避ける

お祝いの品をもらったときは、お返しが必要な場合があります（下表参照）。その際「お返しに」と書くと、義務でお返しをしているような印象になってしまうので注意しましょう。

お返しの金額とお返しの期間の目安

お返しの金額は、いただいた金品の三分の一から二分の一が目安とされています。お返しの期間は内祝いの場合、やや時間をおいて送るのが一般的。出産祝いは一ヶ月以内、七五三祝いは一週間以内、快気祝いは全快後一、二週間以内が目安とされています。

お礼のマナー

さまざまなお礼について、シチュエーション別に表書きとポイントをおさえておきましょう。

種類	表書き	ポイント
お中元 お歳暮	不要	礼状を出す
結婚祝い	内祝	披露宴に招待していない場合、夫婦連名で送る
出産祝い	内祝	赤ちゃんの名前を書いて送る
七五三祝い	内祝	子どもの名前で赤飯やお菓子などを送る
入園・入学祝い	不要	礼状を出す
卒業祝い	不要	礼状を出す
栄転祝い	不要	礼状を出す
病気見舞い	快気内祝	完治していない場合は「御見舞御礼」と書く
災害見舞い	不要	落ち着いた頃、礼状を出す
新築祝い	内祝	新築披露に招待していない場合、一、二ヶ月以内に送る
開店・開業祝い	開店記念 開業記念	記念品を送る
長寿祝い	内祝	記念品を送る

お中元・お歳暮のお礼

お中元のお礼（名産品や消耗品）

Formal

to 知人

ていねいさ ●●●
相手との親しさ ●●○

拝啓　大暑のみぎり、ご家族の皆様にはお変わりなくお過ごしのこととお喜び申し上げます。

このたびは、こちらではなかなか手に入らない立派な岩牡蠣の❶ご恵贈＊にあずかりまして、誠にありがとうございます。❷わざわざ産地にご手配いただいたそうで、恐縮するばかりです。

早速主人と、晩酌のご馳走としていただきました。味に敏感な主人も、さすがに天然ものは旨味が違うと相好をくずして喜んでおりました。ミネラルたっぷりの牡蠣は、夏バテにもよいと聞きます。滋養のあるものをいただいて、元気の源になりました。本

POINT

●心遣いに感謝を示し、お礼を述べる
●通りいっぺんの言葉は避け、喜びや感想をできるだけ具体的に書く

関連する文例
特産品の贈り物のお礼▼P95
贈り物のお礼▼P292

書き換え例

❶**のご恵贈にあずかりまして**
をご恵贈くださいまして／をご恵送賜りまして／をお届けいただきまして／を頂戴いたしまして／をお送りいただき

❷**誠にありがとうございます**
ご芳志ありがたく御礼申し上げます／感謝申し上げます／大変嬉しく存じます／厚く御礼申し上げます／お心遣い痛み入ります／いつもながらのお気遣いに感謝申し上げます

❸**お心遣い**
ご配慮／ご厚情／ご厚志／お気遣い

当にご馳走様でした。

私どものほうこそご面倒をおかけしておりますのに、いつも過分なお心遣い❸を賜り感謝の気持ちでいっぱいです。

暑さもいよいよ厳しくなってまいりますので、どうぞくれぐれもご自愛くださいませ。近藤様ご一家が素敵な夏を過ごされますよう、心よりお祈りしております。

まずは書中にて、御礼申し上げます。

敬具

こんなときはどうする？

今後のお中元・お歳暮を辞退したいとき

文例▼こちらのほうがお世話になっているのに、いつもいただくばかりでお礼の申し上げようもありません。どうか今後は、このようなお気遣いはなさいませんようにお願い申し上げます。

よくあるNG例

●安否を尋ねる

お中元やお歳暮が送られてきたということは、相手が元気に過ごしている証拠。「お元気ですか」などと尋ねることは失礼にあたります。「お元気でお過ごしの由、大慶に存じます」など、相手の息災を喜ぶ言葉に置き換えるようにしましょう。

シーン別文例

名産品の場合

◉さすがに当地で求めるものとは鮮度と風味が格段に違います
◉久々に懐かしい郷里の味を楽しむことができました

消耗品の場合

◉毎日使うものなので、本当にありがたいです
◉食べ盛りの長男が揚げ物が大好きなので、食用油のいただきものは何よりです
◉汚し盛りの子どもがいる我が家には、洗剤は大助かりです

言葉の意味・解説

＊恵贈…人から物を贈ってもらうことを敬っていう言い方

Advice

尾崎紅葉は松茸をもらい、「来た！ 来た 来た!! 有難うございまする」と返信。歓喜は感謝を伝えます。

お中元（ビール）のお礼

to 親戚

Formal

拝啓　梅雨も明け、夏本番となりました。ご家族の皆様にはご健勝のこととお喜び申し上げます。

　このたびはお心の込もったお中元を頂戴いたしまして、誠にありがとうございます。地ビールの詰め合わせ、早速主人と毎晩楽しませていただいております。夫婦揃って大のビール党の私どもには、夏場にはこのうえない何よりのプレゼントです。

　厳しい暑さになりそうなこの夏、皆様夏バテなどなさいませぬよう、どうかお元気でお過ごしください。

　取り急ぎ書中にて、御礼申し上げます。

敬具

ていねいさ　◎◎◎
相手との親しさ　◎◎◎

POINT

- 「大好物」「○○党」などの言葉で、贈り物がいかにありがたいかを伝える
- 季節に合った贈り物に感謝を示す

シーン別文例

ジュースの場合

◉りんごジュースは我が家の子どもたちの大好物です

◉野菜ジュースは身体にもよいので、主人も大喜びです

日本酒の場合

◉夏は冷酒が一番。ガラスの片口に注いで涼味を楽しんでおります

◉日本酒党の主人も、さわやかな飲み口に驚いておりました

ワインの場合

◉果汁の香味あふれる国産ワインのおいしさは格別です

◉ボルドーは主人の大好物です

Advice

いただいたものを喜ぶだけでなく、どのようにして楽しんでいるかを具体的に伝えると感謝が増します。

お中元（フルーツ）のお礼 to 友人

Casual

ていねいさ ●●●
相手との親しさ ●●●

伊藤さん、ご実家の立派な巨峰をありがとう。本日お中元のご挨拶をいただきました。

今年の巨峰は一段と出来がよいようですね。みずみずしい大粒のぶどうの甘さを楽しみながら、家族全員で争うようにしていただきました。義母もおいしいと喜んで、暑さで忘れていた食欲を取り戻したようです。いつもお心遣い、本当に感謝しています。

毎日の猛暑は身体にこたえます。お互いによく食べて、夏を乗り切りましょうね。ご実家にお帰りの際にはお父様、お母様によろしくお伝えください。

まずはお礼まで。

POINT
●旬の味覚のありがたさを表現する
●親しい相手には「確かに届いた」という報告と、お礼の言葉から始めてもよい

シーン別文例

ゼリーの場合
◉ひんやり冷えたフルーツゼリーは、夏の暑さも忘れさせてくれる幸せの味ですね
◉さわやかな酸味の青梅ゼリーは、夏の疲れを一気に吹き飛ばしてくれるようです

水ようかんの場合
◉甘いものが大好きな私どしには何よりのプレゼントです
◉黒砂糖のコクのある甘みがよいと、主人も喜んでいます

アイスクリームの場合
◉やはり牧場のアイスクリームはコクとなめらかさが違いますね
◉これほど果汁たっぷりのジェラートは、初めての味わいです

お歳暮（食品）のお礼

to 知人

Formal

ていねいさ ◉◉◉
相手との親しさ ◉◎◎

拝啓　初冬のみぎり、ご家族ご一同様にはますますご清祥の由、何よりと存じます。平素は格別のご指導を賜り、心より御礼申し上げます。

このたびはご丁重なお歳暮の品を頂戴しまして、誠にありがとうございました。わたくしはもとより妻も子どもも大喜びで、めったにない豪華な食事になりました。本当にご馳走様でした。

年末ご多忙の折、お風邪など召しませんよう、ご自愛のほどお祈り申し上げます。

まずはお礼のみにて、失礼いたします。

敬具

POINT
- 一年間の感謝を込めて書く
- お歳暮をもらった本人から出す。やむを得ない事情がない限り、代筆はNG

シーン別文例

相手からのお歳暮が先に届いてしまった場合

◉こちらのほうから先にご挨拶申し上げねばならないところ、大変恐縮に存じます

◉日頃は私どもが大変お世話になっておりますのに、このようなお心遣いをいただき、申し訳なく存じております

◉遅くなりましたが、新潟の実家から、今年の新酒をお送りいたしました

◉大変遅くなりましたが、当方からもご挨拶させていただきます

Advice

めずらしい食品をいただいたときは、その味をほめそやすだけでなく、その品を選ぶための努力や苦労を想像すると、より心の込もった礼状となるでしょう。

お歳暮のお返しが届いたお礼

to 夫の友人

Formal

ていねいさ ●●●
相手との親しさ ●●●

拝啓　師走の候、皆様にはお元気でお過ごしのことと、お喜び申し上げます。

本日はごていねいなお歳暮の品をいただきまして、誠にありがとうございました。❶日頃より主人がお世話になっておりますお礼のご挨拶でしたのに、❷かえって気を遣わせてしまったようで、❸申し訳なく思っております。

奥様にくれぐれもよろしくお伝えください。

寒さ厳しき折、ご自愛専一に、皆様お揃いでおだやかな新年をお迎えになられますよう、お祈り申し上げます。

かしこ

POINT
- 相手に気を遣わせてしまい、心苦しく思う気持ちを示す
- 「お返しが届いた」と書くのはNG

書き換え例

❶日頃より主人がお世話になっておりますお礼のご挨拶でしたのに
ほんの心ばかりのご挨拶のつもりでしたのに／季節のご挨拶に、心ばかりのおしるしをお贈りしただけでしたのに／日頃よりご高配を賜っておりますす感謝のおしるしでしたのに

❷かえって気を遣わせてしまったようで
かえってお気遣いいただくことになってしまい／思いがけず心の込もったご配慮を賜り

❸申し訳なく思っております
心苦しく思っております／大変恐縮に存じます／大変恐れ入ります／痛み入ります

結婚祝いのお礼

結婚祝いと披露宴出席のお礼

to 上司

Formal

ていねいさ ●●●
相手との親しさ ●●○

関連する文例

結婚祝い（披露宴欠席の返事）▼P56
スピーチ依頼のお断り▼P195

POINT
- 祝辞を述べてもらった場合は、祝辞に対する感謝の言葉も添える
- 将来の抱負や新生活への決意を示す

謹啓　このほどはご多忙のところ私どもの結婚式にお運びくださり、誠にありがとうございました。また、温かなご祝辞ならびに結構なお祝いの品を頂戴し、厚く御礼申し上げます。

❶未熟な二人ではございますが、心に響くお言葉を忘れずに❷一致協力して明るく楽しい家庭を築いていく所存です。仕事のうえではもちろんのこと、夫婦生活においても優れた先輩として❸末永くお導きいただければ幸甚に存じます。

略儀失礼ながら、まずは書中にてお礼まで。

敬白

書き換え例

❶**未熟な二人ではございますが**
ふつつかな私どもではございますが／何かと至らぬ私どもではございますが

❷**一致協力して**
お互いに支え合って／お互いを尊重し、助け合いながら／二人手を取り合って／○○部長のご家庭を見習って

❸**末永くお導きいただければ幸甚に存じます**
今後ともご指導、ご助言のほどお願い申し上げます／お力添えを賜りますようお願い申し上げます

スピーチのお礼

to 友人

Casual

裕美さん、先日はお忙しい中、私たちの結婚式に出席してくださり、心温まるスピーチまでいただきありがとう。

和仁さんとの出会いの頃から、私たちのおつきあいを見守ってくれていた裕美さん。これまで相談してきたいろいろなことが一気に蘇って、涙をこらえることができませんでした。家族も「すばらしいお友達に恵まれてよかったね」と、感激していました。晴れの日の感動を忘れずに、これから二人で力を合わせて頑張っていこうと思います。

どうぞ末永くおつきあいくださいね。

今度ぜひ、新居に遊びにきてください。お待ちしています。

まずは取り急ぎお礼まで。

かしこ

ていねいさ ●●●
相手との親しさ ●●●

POINT
- できるだけ詳しいエピソードを挙げて感謝の気持ちを示す
- 将来の抱負や二人の決意を述べる

シーン別文例

司会のお礼の場合

◉このたびは私たちの無理なお願いをご快諾くださり、本当にありがとう
◉ユーモアをまじえた○○さんの見事な司会によって、披露宴を盛り上げてくださり、心から感謝しています

余興のお礼の場合

◉すばらしい映像作品を制作くださり、感謝で胸がいっぱいです。たくさん笑って泣けるあのような感動作品は、二人にとっての一生の宝物です
◉伝統の応援歌と踊りに、みんなからの愛情と祝福を感じて胸が熱くなりました

Advice

スピーチのお礼は、批判めいたことは、一切書いてはいけません。

出産祝いのお礼

出産祝いのお礼 to 上司

Formal

拝啓　このたび私どもの長女・葵の誕生に際しましては、早々にごていねいなご祝詞と過分なるお心遣いを賜り、誠にありがとうございました。

❶おかげ様で安産にて、母子ともに経過は順調です。❷まだまだ不慣れな親ではございますが、これからは❸二人協力して育児に励んでまいりたいと存じます。今後ともよろしくご指導くださいますよう、お願い申し上げます。

なお、心ばかりの内祝いのしるしをお送りいたしましたので、ご笑納いただければ幸いです。

末筆ながら、皆様のご多幸をお祈り申し上げます。

敬具

ていねいさ ●●●
相手との親しさ ●●○

POINT

- 感謝の言葉を述べ、母子の健康状態や近況を伝える
- 「お返しとして」などの表現はNG

書き換え例

❶おかげ様で安産にて、母子ともに経過は順調です

幸い産後の肥立ちもつつがなく、母子ともに元気に過ごしております／幸い母乳の出もよく、おかげ様で順調に発育しています

❷まだまだ不慣れな親ではございますが

初めての子育てではございますが／初めての子育てにとまどうこともありますが

❸二人協力して

夫婦二人三脚で／二人で力を合わせて

関連する文例
出産祝い（あらたまった相手に）▼P58
出産の報告▼P141

出産祝いのお礼

to 同僚

Casual

先日は長女誕生のお祝いに、とてもかわいらしいベビー服を送ってくださり、ありがとうございました。お母様とお二人で、この季節にぴったりな色合いの服を選んでくださったそうですね。早速使わせていただき、お出かけ用に大活躍しております。

初めての赤ちゃんは泣き声の大きなよく動く子で、夫も私もとまどうことばかりですが、振り回されながらも❶親になれた喜びをだんだんと実感する毎日です。

なお、❷心ばかりの内祝いをお送りいたしましたのでお納めください。

産休がすむまでご面倒をおかけしますが、課の皆様にもくれぐれもよろしくお伝えください。

まずはお礼まで。

ていねいさ
相手との親しさ

POINT

- 形式にとらわれず、親になった感慨などを素直な言葉で伝える
- 親しい相手にはハガキでもＯＫ

書き換え例

❶親になれた喜びをだんだんと実感する毎日です

親として一歩一歩成長していけたらと思っています／親としての夫婦の絆も強まっているような気がいたします

❷心ばかりの内祝いをお送りいたしましたのでお納めください

ささやかな内祝いのしるしをお届けいたしますので、お納めください／内祝いを同封させていただきます。ご笑納ください／内祝いの品を別便にてお送りいたしました。どうかお納め（ご笑納、ご受納）ください／内祝いとして○○をお送りいたしました。お使いいただければ幸いです

初節句祝いのお礼

娘の初節句祝いのお礼

to 知人

Formal

ていねいさ ◎◎◎
相手との親しさ ◎◎◎

拝啓　春光おだやかな季節となりました。皆様にはお健やかにお過ごしのこととお喜び申し上げます。

　このたびは長女花江の初節句に温かいお心遣いを頂戴し、誠にありがとうございました。いただいたお祝いで、一歳児の脳の発育によいという知育玩具を購入させていただきました。おしゃべりはまだ喃語ですが、おかげ様でこちらの話は少しずつ理解できるようになりました。今後も折節に娘の成長をご報告させていただきます。

なお、内祝いを同封させていただきます。どうかご受納ください。

末筆ながら、皆様のご健康をお祈り申し上げます。

敬具

関連する文例
出産祝い（本人へ）▼P59
出産の報告▼P141

POINT
● 感謝の言葉を述べ、お祝いの品の感想やお祝い金の使い道などを報告する
● 子どもの成長や現在の様子を伝える

シーン別文例

お祝いの品の感想を伝える場合

◉ いただいたおもちゃで夢中になって遊んでいます
◉ いただいた靴がとても気に入ったようで、毎日履いて出かけたがっています

七五三祝いのお礼の場合

◉ このたびは長男○○の七五三に際し、心の込もったお祝いをいただき、ありがとうございます
◉ 長女○○も七歳になり、おませさんぶりを発揮しています
◉ ○○がここまで成長したのは、皆様方の愛情のおかげです

入園・入学・合格祝いのお礼

関連する文例
入学祝い（あらたまった相手に）▼P60
合格祝い（本人へ）▼P61

息子の入学祝いのお礼

to 叔父

Formal

ていねいさ ◉◉◉
相手との親しさ ◉◉◉

POINT

●心遣いとお祝いの金品に感謝を示す
●中学生以上なら本人からも礼状を出し、幼児の場合は絵や字を添えるとよい

春霞の漂う季節となりましたが、皆様にはお元気でお過ごしのご様子、お喜び申し上げます。

このたびは息子真一の小学校入学にあたりまして、素敵な腕時計をお贈りいただき、ありがとうございました。大好きな恐竜のデザインがとても気に入ったようで、お出かけのときには欠かさず着け、大人の仲間入りをしたつもりになって喜んでおります。腕時計を着けた得意気な姿をご覧いただきたいと思い、写真を同封いたしました。今後とも真一の成長を見守ってくださるよう、お願い申し上げます。

典子叔母様にもよろしくお伝えください。

まずは書中にて御礼申し上げます。

シーン別文例

合格祝いのお礼の場合

◉なんとか希望の学校に進学できることになり、○○も張り切っております
◉幸いにも現役で合格でき、主人と二人ほっとしております
※控え目な言葉にとどめ、子どもの自慢にならないように注意する

子どもの礼状も送る場合

◉○○本人からのお礼の手紙も同封させていただきます
◉○○もお礼の手紙を書くと申しております。後日あらためてお送りさせていただきます

卒業・就職祝いのお礼

就職祝いのお礼（本人から）

to 恩師

Formal

ていねいさ ●●●

相手との親しさ ●●●

関連する文例

卒業・就職祝い（あらたまった相手に）▼P62

就職の報告▼P138

拝復　林先生のお心の込もったお手紙、ありがたく拝見いたしました。私の就職を祝ってくださる先生の温かいお気持ちが本当に嬉しく、感激しております。

❶先生のゼミでは専門的な知識だけでなく、社会で活躍するために必要なコミュニケーション能力を授けていただいた気がいたします。社会人になっても❷先生の教えを忘れることなく、❸よりよい人間関係を築けるように努力したいと思っております。

これからも変わらぬご指導のほど、よろしくお願い申し上げます。

まずは略儀ながら、お礼かたがたご挨拶申し上げます。

敬具

POINT

- お礼とともに日頃の感謝も伝える
- 社会人となる決意や抱負を述べる
- 今後の指導、鞭撻を願う

書き換え例

❶先生のゼミでは専門的な知識だけでなく

就職活動中にはさまざまなご助言をくださり／先生には教室以外でもいろいろなお話をお伺いし

❷先生の教えを忘れることなく

先生のご助言を胸に／先生の教えを糧に

❸よりよい人間関係を築けるように努力したい

成人として恥ずかしくない行動をとれるようになりたい／精一杯頑張っていきたい／一人前の大人として責任をもって歩んでいきたい

昇進・栄転祝いのお礼

夫の栄転祝いのお礼

to 元上司

Formal

ていねいさ ●●●
相手との親しさ ●●○

関連する文例
昇進祝い（あらたまった相手に）▼P66
栄転祝い（あらたまった相手に）▼P67

POINT

- 「栄転」「就任」と書くのはNG。役職名などは書かず「転任」「着任」と書く
- 感謝を伝え今後の抱負や決意を述べる

拝啓　孟春の折、ご清祥のこととお喜び申し上げます。

このたびの村井の転任に際しましては、お祝いの宴席を開いていただいたうえに、過分なご芳志を頂戴し、恐縮の極みでございます。

竹内様には在任中、村井が格別のご高配を賜り、また家族ぐるみで大変親しくさせていただきました。これまでの公私にわたる数々のご恩に対し、心より深く感謝申し上げます。

❶転任先ではこれまで以上に、❷社業の発展に向けて奮励努力する所存と村井は申しております。❸どうか変わらぬご高誼を賜りますよう、お願い申し上げます。

末筆ながら奥様にもくれぐれもよろしくお伝えくださいませ。

敬具

書き換え例

❶転任先では
新任地においては／新しい職場では／新しい勤務地では

❷社業の発展に向けて奮励努力する所存
一層の努力を重ねてまいる所存／社業発展に精励する覚悟／皆様の期待に添えるよう誠心誠意努力していく所存

❸どうか変わらぬご高誼を賜りますよう
何卒倍旧のご高庇を賜りますよう

お見舞い・快気祝いのお礼

関連する文例
退院祝い（あらたまった相手に）▼P70
地震のお見舞い▼P227

病気お見舞いのお礼

to 母の知人

Formal

ていねいさ ●●●
相手との親しさ ●●●

POINT
●家族が代筆する場合も含め、返事はゆっくりでＯＫ
●感謝の気持ちや病気の経過を伝える

拝啓　新秋の候、皆様にはご清祥のこととお喜び申し上げます。

母、絹江の入院中はいろいろとご心配をいただき、誠にありがとうございました。おかげ様で○月○日に無事退院し、日一日と元気を取り戻しつつあります。いつも健康だけが取り柄だと申しておりました母も、今回のことで健診や検査の大切さを痛感したようです。

心ばかりではございますが、快気内祝いの品を同封いたしましたので、どうぞご受納くださいませ。

まずは書中にて御礼申し上げます。

敬具

シーン別文例

本人が書く場合

◉こうしてペンがとれるほど回復いたしました。ご心配をおかけして申し訳ありませんでした
◉何度もお見舞い状をいただきながら、満足にご返事できず申し訳ありませんでした。おかげ様で無事退院し、順調に回復に向かっております

本人が仕事に復帰する場合

◉職場の皆様には何かとご迷惑をおかけいたしました
◉職場復帰のあかつきには、ご恩返しをさせていただく所存です

災害お見舞いのお礼

to 知人

Formal

謹啓　このたびの土砂災害に際しましては、早々にご丁重なるお見舞いをいただき、誠にありがとうございました。

猛烈な豪雨によるすさまじい土石流が、あっという間に近隣区域まで迫り、逃げるだけで精一杯でした。我が家も流され被害は甚大ですが、家族全員が無事に避難できましたことが何よりの救いです。

しばらくは不便な状態が続きますが、市の災害救済給付金なども受けられるようですので、家族一丸となって復旧に精励する所存です。どうぞご安心くださいますようお願い申し上げます。

いずれまた詳しくお手紙を差し上げたく存じます。

まずは書中にて御礼申し上げます。

頓首

ていねいさ ●●●
相手との親しさ ●●○

POINT
- 災害後一ヶ月ほど経ったら、報告を兼ねて感謝の気持ちを伝える
- 前向きな言葉で相手を安心させる

シーン別文例

台風被害の場合

◉このたびの大型台風の猛威は恐るべきものでしたが、屋根が吹き飛ばされるだけですんだのは不幸中の幸いでした

◉駐車場に大量の水が流れ込み車が動かなくなったものの、母屋の方は床下浸水ですみました

火災被害の場合

◉類焼は離れの一部で食い止め、家族全員がやけどひとつ負わずに無事避難できました

地震被害の場合

◉あのような大きな地震は体験したことがありませんでしたが、日頃の訓練の成果もあり、家族全員が無事に避難できました

お礼

お見舞い・快気祝いのお礼

新築・引越し祝いのお礼

関連する文例
新築祝い（あらたまった相手に）▼P64
引越し祝い（本人へ）▼P65

新築祝いのお礼

to 先輩

Formal

ていねいさ ●●●
相手との親しさ ●●○

POINT

- お祝いの品の感想を具体的に述べる
- 新居の自慢話はNG
- 「お立ち寄りください」と伝える

拝啓　麗春の候、ご家族の皆様にはお元気でお過ごしのこととお喜び申し上げます。

　このたびは拙宅の新築に際しましては、お心の込もったお祝いの品を賜り、誠にありがとうございました。❶頂戴しました掛け時計は我が家のリビングにぴったりでした。大切に使わせていただきます。

　おかげ様で❷新居での生活にもようやく慣れてまいりました。❸お近くにお出かけの際は、ぜひご家族お揃いでお立ち寄りくださいますよう、あらためてご案内申し上げます。

　取り急ぎお礼のみにて失礼いたします。

敬具

書き換え例

❶**頂戴しました掛け時計は我が家のリビングにぴったりでした**
頂戴しました鉢植えを飾らせていただいたところ、新居がパッと明るくなりました／新しい家で新しい食器が使えることがとても嬉しく、家族も大喜びです

❷**新居での生活**
新しい住まい／新生活／新しい土地／こちらでの暮らし

❸**お近くにお出かけの際は**
お暇な折に一度／こちらにお出かけの折には／お泊まりいただける部屋もございますので

開業・開店祝いのお礼

開店祝いのお礼 to 取引先

Formal

ていねいさ ●●●
相手との親しさ ●○○

関連する文例
開業祝い（本人へ）▼P69
開店の通知▼P137

謹啓　青葉の候、ますますご清祥のこととお喜び申し上げます。平素はひとかたならぬご高配を賜り、厚く御礼申し上げます。

さて、このたびは「レストラン○○○○」の開店にあたり、ごていねいなお祝いの言葉とお祝いのお品を頂戴しまして、誠にありがとうございました。おかげ様で❶順調な第一歩を踏み出すことができました。これもひとえに、皆様の温かいご支援あればこそと深く感謝いたしております。❷お客様に末永く愛される店になりますよう、❸スタッフ一同精励する決意です。どうぞ今後とも変わらぬお力添えを賜りますよう、お願い申し上げます。

まずは略儀ながら、書中にてお礼を申し上げます。

敬白

POINT

● お祝いのお礼を伝え、日頃の厚誼に対する感謝を示す
● 抱負を述べ、今後の指導・支援を請う

書き換え例

❶順調な第一歩を踏み出すことができました
予想を上回る好調なスタートとなりました／開店のよき日を迎えられました／開店以来客入りも順調に推移しております

❷お客様に末永く愛される店になりますよう
地元の皆様に親しまれる店になりますよう／地域一番店を目指して

❸スタッフ一同精励する決意です
一丸となって努力していく所存です／一歩一歩着実に歩んでまいりたいと存じます

お礼
新築・引越し祝いのお礼／開業・開店祝いのお礼

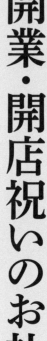

長寿祝いのお礼

関連する文例

還暦祝い（あらたまった相手に）▼P71
父の古希祝いへの招待▼P156

米寿祝いのお礼

to 父の友人

Formal

ていねいさ ◉◉◉
相手との親しさ ◉◉◎

POINT

●感謝を伝え、明るい話題で近況報告を
●親が高齢で体調がすぐれなくても、相手を心配させるようなことは書かない

拝復　錦秋の候、皆様にはご清祥のこととお喜び申し上げます。

このたびは父の米寿に際しまして、お心の込もったご祝詞ならびにご芳志を賜り、厚く御礼申し上げます。おかげ様で米寿を迎えたとは思えないほど元気にしており、最近は社交ダンスサークルの活動が何よりの生きがいのようです。父がこれまで健康に過ごしてこられましたのも、皆様のご厚情の賜物と感謝いたしております。

なお、内祝いのしるしに、心ばかりの品をお送りしました。ご受納いただければ幸いに存じます。

まずは書中にてお礼のご挨拶を申し上げます。

敬具

シーン別文例

本人が書く場合

◉おかげ様で至って健康で、定年を機に始めた毎日のウォーキングを続けております
◉かくなるうえは健康に留意して、残りの人生も実りあるものにしたいと思っております
◉おかげ様でこの年まで長生きできた喜びをかみしめております

米寿以外の場合

◉父の還暦に際しまして
◉古希を迎えるにあたりまして
◉父の喜寿（卒寿）に際し
◉母の白寿（百賀）の祝いに

叙勲・受賞・当選祝いのお礼

関連する文例
当選祝い（あらたまった相手に）▼P68

受賞祝賀会参列のお礼

to 祝賀会参列者

Formal

ていねいさ ◉◉◉
相手との親しさ ◉◎◎

POINT
- 謙虚な姿勢で感謝の意を伝える
- 素直に受賞の喜びを表現する
- 今後の決意を示し、指導・支援を請う

拝啓　季秋の候、ますますご隆盛のこととお喜び申し上げます。

　このたびはお忙しい中、私の○○賞受賞の祝賀会に❶ご臨席いただき、誠にありがとうございました。

　皆様よりお心の込もったお祝いのお言葉を頂戴し、❷生涯忘れることのできない嬉しい一日となりました。
　❸今後はこれを励みとし、これまで以上に精進して制作活動に励みたいと存じます。どうぞこれからも、より一層のご指導、ご支援を賜りますようお願い申し上げます。
　まずは書中にてお礼のご挨拶を申し上げます。

敬具

書き換え例

❶ご臨席いただき
お越しいただき／ご参列賜りまして

❷生涯忘れることのできない嬉しい一日となりました
無上の喜びをかみしめることができました／今までの苦労が報われたような気持ちでいっぱいになりました／少しずつ受賞の実感が湧いてきて、このうえない喜びがこみあげました

❸今後はこれを励みとし
今回の結果を糧に／この受賞におごることなく／皆様のご期待にそむかぬよう

贈り物のお礼

旅行のお土産のお礼

to 知人

Formal

関連する文例

お中元のお礼（名産品や消耗品）▼P74
お歳暮（食品）のお礼▼P78

ていねいさ ●●●
相手との親しさ ●●●

POINT
● 旅先での心遣いに感謝を示し、気にかけていてくれたことへの礼を述べる
● 贈り物に対して具体的な感想を述べる

拝啓　新緑が鮮やかに照り映える季節となりました。中原様におかれましては、お健やかにお過ごしのこととお喜び申し上げます。
さて、本日おみやげのボルドーワインを頂戴いたしました。今年の三月にご主人様がめでたく定年を迎えられ、ご夫婦でフランスを旅していらしたそうですね。❶楽しい旅行の最中にこまやかなお心遣いをいただき、誠にありがとうございました。❷我が家の重要な記念日にいただくつもりで、大事に保管しております。
❸これからはますますお元気で、ご夫婦のゆったりとした時間を大切に過ごされますようお祈り申し上げます。
取り急ぎお礼のみにて失礼いたします。

敬具

書き換え例

❶**楽しい旅行の最中に**
大事な記念の旅の最中にもかかわらず／何かとお忙しい旅先で私どもにまで／プライベートなご旅行の合間に

❷**我が家の重要な記念日にいただくつもりで、大事に保管しております**
お二人の素敵な旅のご様子を思い浮かべながら大事にいただきました／週末のホームパーティーでいただこうと、今から楽しみにしております

❸**これからはますますお元気で**
くれぐれもご自愛のうえ／これからはなお一層健康に留意され

特産品の贈り物のお礼

to 親戚

Casual

ていねいさ ●●○○
相手との親しさ ●●○

POINT
● ありがたい気持ちを前面に出し、お礼の言葉から述べると強い謝意が伝わる
● 特産品の感想を具体的に述べる

拝啓　掘りたての筍、今日届きました。❶いつも嬉しいお心遣い、ありがとうございます。

　叔父様が掘った朝掘りの筍を、その日のうちに送ってくださったそうですね。❷今年はまた特別量が多くて、箱を開けたときにびっくりしました。早速大鍋で湯がいて、今晩は筍づくしのご馳走です。ちょうど連休中で和志も大学の寮から帰省しているので、久しぶりに好物の筍ご飯が食べられると大喜びでした。

　過ごしやすい季節になりましたが、まだまだ朝晩は冷え込みます。❸身体に十分気をつけて、風邪など召さぬよう、皆様にもくれぐれもよろしくお伝えください。

敬具

書き換え例

❶いつも嬉しいお心遣い
毎年旬の味覚を／毎年嬉しい季節の味を／名産地ならではの格別な品を／こちらではなかなか手に入らない新鮮な味覚を

❷今年はまた特別量が多くて、箱を開けたときにびっくりしました
春の香りが立ち込めて嬉しくなりました／今年は一段と立派でびっくりしました／久々に土の匂いをかいで懐かしくなりました

❸身体に十分気をつけて、風邪など召さぬよう
ご自愛専一にお元気で過ごされますよう／油断して体調を崩さぬよう／健康に留意して充実した連休を過ごされますよう

頼みごとに関するお礼

借金を承諾してもらったお礼

to 知人

Formal

ていねいさ ◉◉◉
相手との親しさ ◉◉◉

POINT
● 誠心誠意、恐縮の気持ちを込めて書く
● 時候などの前文は不要
● 必ず具体性のある返済計画を明記する

拝啓　先日は突然の厚かましい申し入れにもかかわらず、快くお引き受けいただきご援助してくださいましたこと、誠にありがたく、心より御礼申し上げます。

おかげ様でなんとか支払いをすませ、危機を脱することができました。仕入が確保できたことで営業再開の目処も立ち、従業員一同安堵しております。

これもひとえに岡田様のご厚情のおかげです。再来月の三月二十日には入金がありますので、先日お渡ししました借用書のとおり、確かにご返済申し上げる所存です。

略儀ながら取り急ぎ書中にて、深い感謝の意をお伝え申し上げます。

敬具

シーン別文例

保証人承諾のお礼の場合

◉このたびは身元保証人というやっかいなお願いをお引き受けくださいまして

◉ご誓約いたしましたとおり、○○様にご迷惑をおかけするようなことは決していたしません

物品借用承諾のお礼の場合

◉このたびはとても貴重な○○をお貸しくださり、心から御礼申し上げます

◉取り扱いには細心の注意を払い、使用させていただきました。月末までにはご返却いたします

関連する文例

息子の就職先紹介の依頼▼P164
借金の依頼▼P172

就職先を紹介してもらったお礼

to 学生時代の先輩

Formal

ていねいさ ◉◉◎
相手との親しさ ◉◉◎

POINT
●尽力に感謝し、結果を報告する
●抱負を述べ、今後の指導を願う
●不成立の場合もきちんとお礼をする

拝啓　このたびは私の就職に際しまして、ご多忙中にもかかわらず、大変ご面倒なお願いをお聞き入れくださいまして、誠にありがとうございました。おかげ様で希望どおり、〇〇社に就職が決まりました。これもひとえに岩本様のお力添えの賜物と深く感謝申し上げます。

岩本様のご信頼を裏切ることのないよう、精一杯努力して仕事に取り組むことをお誓い申し上げます。今後ともご指導くださいますよう、よろしくお願いいたします。

あらためてご挨拶に伺う所存でございますが、まずは書中にて心より御礼申し上げます。

敬具

シーン別文例

不成立の場合

◉せっかくご紹介いただきましたが、私の力が及ばず採用はかないませんでした

◉大変なお骨折りをいただきましたのに、私の力不足のため内定を得ることができませんでした

◉〇〇様のお力添えを生かすことができず、申し訳ございません

◉〇〇様にご迷惑をおかけすることとなり、お詫び申し上げます

◉このような結果になってしまいましたが、今回は大変貴重な体験をさせていただきました

※不成立でも面接試験まで進めた、人事部長に会えたなど、前向きなことを報告するとよい

お礼
頼みごとに関するお礼

お世話になったお礼

旅先でお世話になったお礼

to 旅先の恩人

Formal

ていねいさ ◉◉◉
相手との親しさ ◉◉◉

拝啓　イタリア旅行の折にご親切を賜り、ローマからナポリ港までご同行いただいた秋山翔太と申します。

私のためにわざわざ途中下車して港までご一緒くださり、誠にありがとうございました。おかげ様で無事にカプリ島へ着くことができました。

春川様から受けたご恩は、初めて訪れたイタリア旅行の思い出とともに、一生忘れられない温かな記憶になることと存じます。

心ばかりのお礼のしるしを、別便にてお送りさせていただきました。ご笑納いただければ幸いです。

敬具

関連する文例

訪問先への忘れ物の問い合わせ▼P204
海外旅行先からの旅信▼P258

POINT

- 面識のない相手だった場合、どこで何をしてもらった者かを冒頭で述べる
- 感激や感謝の気持ちを率直に伝える

シーン別文例

案内を受けたお礼の場合

◉先日はお忙しい中、終日御地をご案内いただきまして、誠にありがとうございました

◉○○様にご案内いただきましたおかげで、効率よく名所をめぐることができました

物を借りたお礼の場合

◉先日貴家の前で傘をお借りした○○です。おかげ様で雨に濡れずに観光が楽しめました

◉キャンプ場で寝袋をお借りした○○です。おかげ様で子どもが風邪を引かずにすみました

遺失物を拾ってもらったお礼

to 拾い主

Formal

ていねいさ ●●●
相手との親しさ ●●●

POINT
● 相手の親切に心からの感謝を示す
● 拾ってもらったことで、どれほど助かったかを述べる

拝啓　❶突然お手紙を差し上げます失礼をお許しください。

先日、財布を拾っていただいた山根佳子と申します。○○警察署で藤田様のご住所を伺い、お礼を申し上げたくお便りさせていただきました。

このたびは誠にありがとうございました。❷中には現金以外にも貴重品を入れておりましたので、藤田様のご親切のおかげで本当に助かりました。❸心から感謝いたしております。

なお、お礼のしるしとしてほんの心ばかりの品ですが、同封させていただきました。どうかお納めください。

まずは取り急ぎ、書中にてお礼まで申し上げます。

敬具

書き換え例

❶**突然お手紙を差し上げます失礼をお許しください**
突然のお便り失礼いたします／初めてお便り申し上げます

❷**中には現金以外にも貴重品を入れておりましたので**
紛失したら大変困る大事な領収書も入っておりましたので／運転免許証や健康保険証も入れておりましたので

❸**心から感謝いたしております**
ただただ感謝の気持ちでいっぱいです／何とお礼を申し上げればよいか言葉もありません／感謝の限りです／このご恩は一生忘れません

家族がお世話になったお礼

子どもの宿泊のお礼

to 姑

Casual

ていねいさ ●●○
相手との親しさ ●●○

お母様、今年も智樹とゆかりが一週間もお世話になり、本当にありがとうございました。
❶そちらでの日々が楽しくて仕方がなかったようで、帰ってから二人ともおしゃべりに夢中です。トウモロコシとトマトの収穫をお手伝いしたと、得意気に話していました。親から離れて過ごし、❷二人に少しだけ自立心が芽生えた気がしております。有意義な夏休みを過ごさせていただき、心から感謝いたします。
秋の連休には、どうかお父様とお二人でこちらに泊まりにいらしてください。英彦さんと家族四人で、首を長くしてお待ちいたします。

まずは取り急ぎ、私からお礼まで。

かしこ

POINT

- 身内や親戚にも、きちんと礼をつくす
- 本人の様子や感想を具体的に伝える
- 自分の家や環境と比べる表現はしない

関連する文例

娘の初節句祝いのお礼▼P84
息子の入学祝いのお礼▼P85

書き換え例

❶そちらでの日々が楽しくて仕方がなかったようで
いろいろな経験と思い出を胸に刻んできたようで／めずらしい体験と楽しい思い出ばかりだったようで／都会ではできない遊びをたくさん体験してきたようで

❷二人に少しだけ自立心が芽生えた気がしております
二人ともひと回り大きくなって戻ってきた気がします／心なしか、たくましくなったようで嬉しく感じております／誰かの役に立つ嬉しさを覚えたようです

ご馳走になったお礼

関連する文例

食事の誘いを断ったお詫び▼P120

自宅に招待されたお礼

to 恩師

Formal

ていねいさ ●●●
相手との親しさ ●●○

POINT

- 料理や家の様子を素直な言葉でほめる
- 自分の家と比べる表現はしない
- 「また訪問したい」旨を書くのが礼儀

拝啓　昨日は、久々に長谷川先生にお目にかかることができまして、楽しく有意義な時間を満喫させていただきました。誠にありがとうございました。

奥様のお心づくしのお手料理の数々は、食材の使い方も器もすばらしく、春の花が咲いたようなお膳に今思い出してもうっとりしてしまいます。ぜひまたおじゃまさせていただきたく存じます。

奥様にもくれぐれもよろしくお伝えくださいませ。なお、別便にて心ばかりのお礼の品をお送りいたしましたのでご笑納ください。

まずは書中にて御礼まで申し上げます。

敬具

シーン別文例

飲食店でご馳走になった場合

◉先日は結構なフランス料理店にお招きいただき、ありがとうございました

◉ハイクラスな和食の名店にお招きにあずかり、お礼の申し上げようもございません

◉名店の佳肴を堪能でき、夢のような時間でございました

◉先生のワインのセレクトもすばらしく、今なお至福の余韻に酔いしれております

※歓待のお礼は多少大げさなくらいの称賛でよい

新しい生活様式での

お祝いへのお礼

出産の内祝いへのお礼

to 会社の先輩

Casual

関連する文例

出産祝いのお礼▼P82
結婚の報告▼P140

ていねいさ ●●●
相手との親しさ ●●●

POINT

●内祝いを受け取ったことの報告とお礼
●品物への感想とともに、赤ちゃんや贈り主への言葉を添える

❶本日、送っていただいたカタログギフトを受け取りました。気持ちばかりのお祝いでしたのに、気を遣わせてしまって申し訳ありません。赴任先でのひとり暮らしで足りないものも多く、ありがたい限りです。いただいたカタログには魅力的なものが多く、何を選ぼうか迷ってしまっています。

〇〇ちゃん、目元が先輩にそっくりですね。子ども好きの先輩のことだから、さぞかしかわいくて仕方ないことでしょう。

最近は本社とのやりとりもほとんどテレワークとなり、なかなかそちらに伺う機会がありませんが、またお会いできるのを楽しみにしています。

奥様にもくれぐれもよろしくお伝えください。まずはお礼まで。

書き換え例

❶本日、送っていただいた〜

本日、送っていただいた〇〇を受け取りました。ごていねいにありがとうございます／お送りいただいた贈り物、本日受け取りました。お気遣い誠にありがとうございます／先日は、めずらしいお菓子を送っていただきありがとうございました。早速家族（みんな）でおいしくいただきました

Advice

お礼を述べるときは「内祝い」「お返し」など、お返しの意味がある言葉は用いずに、感謝の気持ちを伝えます。

結婚祝いのお礼（披露宴を行わない場合）

to 親戚

Formal

ていねいさ ●●●
相手との親しさ ●●○

POINT

- 結婚祝いへのお礼と内祝いを送った報告
- 披露宴を行わなかった理由と、新生活の近況や今後の抱負を伝える

拝啓　風薫る季節となりましたが　お健やかにお過ごしのこととお慶び申し上げます

このたびは　私どもの結婚に際し過分なお祝いを賜り　誠にありがとうございました　本来なら披露宴にお招きしてふたりの門出に立ち会っていただくべきところ　残念ながら感染症拡大時のため宴席を設けることができず　お電話でのご報告となり申し訳ございません

❶ささやかではございますが　お礼のしるしに心ばかりの品を贈らせていただきましたので　どうぞお納めください

新しい生活に慣れないことも多い毎日ですが　これからはふたりで支え合い　明るい家庭を築いていこうと思っております

❷これからも温かく見守っていただけましたら幸いです

敬具

書き換え例

❶ささやかではございますが〜

ささやかながら　心ばかりの品を贈らせていただきました　ご笑納いただければ幸いです／ささやかではございますが　心ばかりの品を別便にてお贈りいたしましたので　どうぞお納めください

❷これからも温かく見守っていただけましたら幸いです

これからも変わらずご指導くださいますようお願い申し上げます／末永くお力添えを賜りますようお願い申し上げます

Advice

結婚は人生の一大事。厳粛な祝いごとなので親しい相手にも、くだけすぎないようにすることが大切です。

お詫びの手紙

CHECK
- 苦情を受ける前に一刻も早く出す
- 言い訳をせず、こちらの非を認める
- 理由は簡潔に説明し、心から謝る

お詫びの手紙は早ければ早いほど効果的

お詫びの手紙は、遅くなるほど書きにくくなってしまいます。遅くなってから謝った場合、誠意が伝わるどころか相手の怒りの炎に油を注ぎ、謝罪を受け入れてもらえないことさえあります。誰かに迷惑をかけたときには、一刻も早くお詫びの手紙を出します。タイミングを逃さず「叱られる前に謝る」ことが、事態を早く収束させるポイントです。子どもが不始末をした際など事後のお詫びはもちろん、借金の返済が間に合わない場合などの事前のお詫びも、迷惑がかかるとわかった時点で、早めに謝罪するのが礼儀です。

説明はしても言い訳はしない

なぜお詫びをする事態になったのかを相手に理解してもらうためには、経緯の説明が必要です。このとき、ある程度の理由は説明しても、言い訳に聞こえないように注意することが大切です。例えば「友達同士で遊びに夢中になっていて」「予定していた入金が遅れて」といった表現は問題ありませんが、「子どもがやったことだから勘弁してください」「入金が遅れて自分も困っています」などと、責任逃れをするような書き方は禁物。「仕事が忙しい」という説明も、言い訳がましく聞こえるので控えたほうが無難です。

怒りにまかせて理不尽な暴言を吐かれるなど、いささか納得のできないことがあったとしても、謝るときには自分の非を認めて全面的に謝ることが原則です。そして、弁償などが必要な場合は善後策についてもふれ、心からの誠意を示します。最後は、同じような過ちは二度と繰り返さないと誓約して信頼関係の回復に努めましょう。

お詫びの手紙 基本の流れ

前文
- 頭語

※時候の挨拶は省略するのが一般的。頭語を使う場合は「拝啓」「急啓」などを用い、「前略」は使わない

主文
- 謝罪の言葉
- 事態の説明
- 善後策や対処法の提示
- 誓約の言葉
- あらためて謝罪の言葉

末文
- 結びの言葉
- 結語

※結語は頭語に対応する「敬具」などを用い、「草々」は使わない

気をつけたい マナーのポイント

許しを請う気持ちばかりを押し出すのはNG

反省し、許しを請うことはもちろん大事ですが、そればかりでは誠意は伝わりません。心からのお詫びの気持ちを全面に出し、「許してもらえなくても謝りたい」というくらいの心づもりで書くようにしましょう。

失言や失態を蒸し返して説明しない

失言や失態で相手に迷惑をかけた場合、そのことを具体的に挙げ連ねて書くのは控えましょう。誰しも自分に対する不快な言動は思い出したくないものです。「乱暴な言葉で傷つけてしまい」「お恥ずかしい態度を見せてしまい」程度の表現にとどめましょう。

自分を正当化するような表現は控える

やむを得ない事情があったとしても、「自分は悪くない」という態度は禁物です。誠意をもってひたすらお詫びしましょう。

好印象なお詫びの仕方六ヶ条

一．叱られる前に謝る。怒りの火種は小さいうちに消し止めることが肝心。

二．全面謝罪、平謝りが原則。相手に多少の非があっても平身低頭の姿勢を貫く。

三．言い訳をしない。他人のせいにしない。責任逃れをしない。三つの「しない」を厳守する。

四．相手に事態を理解してもらうためには、事情の説明も大事。くどくどと書かず、簡潔に。

五．対処法を示し、善後策について、お伺いを立てるかたちで相手の意向を仰ぐ。

六．最後に同じ過ちを繰り返さないことを誓い、今後の交誼を願う一文を添える。

子どもの不始末のお詫び

関連する文例

子どもの宿泊のお礼▼P100
借用品紛失のお詫び▼P115

けがをさせたお詫び

to 同級生の親

Formal

ていねいさ ●●●
相手との親しさ ●●◐

POINT

- 親として反省し、至らなさを詫びる
- 本人も反省していると、ひと言添える
- 家族としての今後の対処法を示す

急啓　このほど息子の大祐が、大切なご子息様に❶とんでもないご迷惑をおかけしてしまい、本当に申し訳ありませんでした。

　喧嘩の事情を本人に聞いてみましたところ、うちの子どもが先に手を出して浩紀さんにけがを負わせてしまったとのこと。❷何とお詫びを申し上げてよいのか言葉もございません。親としてのしつけの至らなさを痛感し、二度とこのようなことを繰り返さないようにと言い聞かせました。本人も❸大層後悔し、浩紀さんに謝罪して仲直りをしたいと申しております。近日中に息子と一緒にお詫びに伺いまして、治療費のことなどをご相談させていただきたく存じます。

まずは書中をもちまして、お詫び申し上げます。

敬具

書き換え例

❶とんでもないご迷惑をおかけして
大変なおけがを負わせて／大変な不調法をして／不始末をしでかして／愚行を働いて大けがをさせて

❷何とお詫びを申し上げてよいのか言葉もございません
弁解の余地もなく、お恥ずかしい限りです／ふがいなさに恥じ入るばかりです

❸大層後悔し
申し訳ないことをしたとしょげかえり／悪いことをしたと自覚し／軽はずみな行動だったと反省し

ものを壊したお詫び

to 担任

Formal

拝啓　このたびは息子の陽一が、教室のガラスを割ってしまい、本当に申し訳ありませんでした。

教室内でお友達と、サッカーボールを蹴り合っていたとのこと。学校の規則に従わず❶乱暴なまねをしたうえ、このようなことになってしまい、❷親としての責任を痛感しております。今後同じようなことをしたらサッカークラブには通わせないと、❸厳しく言い聞かせました。本人もさすがに反省の色を濃くし、規則を破る行為は二度としないと約束しました。後日あらためてお詫びに伺い、ガラスの修理代金についてご相談させていただきたく存じます。

まずは取り急ぎお手紙でお詫び申し上げます。

敬具

ていねいさ ●●●
相手との親しさ ●○○

POINT

- 親としての反省、本人の反省を伝える
- 弁償代は「ご相談させてください」などの表現にとどめ、直接会って交渉する

書き換え例

❶**乱暴なまね**
粗暴な行為／軽はずみな行動／乱暴なふるまい／軽率な行動

❷**親としての責任**
私どものしつけの至らなさ／親としての管理不足／私どもの子育てが甘かったこと／子どもを甘やかして育ててしまった保護者としての責任

❸**厳しく言い聞かせました**
きつく叱責しました／厳しく注意しました／諭して聞かせました

Advice

本人の反省を伝えること、手紙だけでお詫びがすむと思わないこと、この二点がとても大切です。

お詫び

子どもの不始末のお詫び

ペットの粗相のお詫び

関連する文例

騒音の苦情へのお詫び▼P112
ペットへの苦情▼P208

猫が庭を荒らしたお詫び Formal

to 近所の家の人

ていねいさ ◉◉◉
相手との親しさ ◉◉○

POINT
● 苦情を受けてのお詫びは、こちらが気づかなかったことをまず謝罪する
● しつけを徹底するなどの対処法を示す

取り急ぎ申し上げます。私どもの飼い猫が松本様のお庭を荒らしたうえ、たびたび粗相をしているとのこと。そのようなご迷惑をおかけしているとはまったく気づかず❶、大変申し訳ありませんでした。

長い間ご不快な思い❷をさせてしまいましたこと、深く反省しており❸ます。猫は同じ場所で排泄行為を繰り返す習性がありますので、今後は完全室内飼いを徹底し、二度と松本様にご迷惑をおかけしないようにしっかりと管理する所存です。

何卒ご容赦くださいますよう、お願い申し上げます。

まずはお詫びのみにて失礼いたします。

かしこ

書き換え例

❶まったく気づかず
思いもよらず／考えもおよばず

❷不快な思い
嫌な思い／不愉快な思い

❸深く反省しております
お詫びの申し上げようもございません／飼い主として不徳のいたすところでございます／非礼このうえなく、謹んでお詫び申し上げます

Advice

ただ詫びるだけでなく、再び迷惑がかからないようにする手だて、しつけの方法などを具体的に示します。

犬が子どもを泣かせたお詫び

to 友人

Casual

ていねいさ ●●●
相手との親しさ ●●●

愛子さん、先日はうちの犬がまなみちゃんに吠えかかり、❶怖い思いをさせてしまってごめんなさい。

せっかく遊びにいらしてくれたのに、❷私の注意が行き届かなかったばかりにご迷惑をおかけして、本当に申し訳ありませんでした。

まなみちゃんの背丈と変わらないくらいの大型犬だから、突然大きな声で吠えられてさぞかしびっくりしたのでしょうね。

これからは無駄吠えをしないようにしつけを徹底しますので、今回ばかりはお許しください。
❸これに懲りずに、ぜひまた遊びに来てください。
取り急ぎお詫びまで。

POINT

- 飼い主として注意が行き届かなかったことを詫びる
- 怖い思いをした子どもの気持ちを慮る

書き換え例

❶怖い思いをさせて
驚かせて／泣かせて

❷私の注意が行き届かなかった
私の目配りが足りなかった／私が注意を怠った／飼い主として私が至らなかった

❸これに懲りずに、ぜひまた遊びに来てください
どうかこれに懲りずに、引き続き仲よくしてください／どうかお気を悪くなさらずに、今後ともおつきあいください

Advice

加害者側には想像しにくい大きなダメージが被害者側にはあります。その落差を配慮したお詫びが大切です。

借金返済遅延のお詫び

関連する文例
借金の依頼▼P172
借金依頼のお断り▼P191

借金返済遅延のお詫び（一部返済）

to 知人

Formal

ていねいさ ●●●
相手との親しさ ●●○

POINT
●遅れる理由を説明し、謝罪する
●返済期日や返済計画をきちんと示したうえで、借金返済の猶予を申し入れる

謹啓　先日は無理なお願いをご承諾いただき、誠にありがとうございました。おかげ様で無事に家賃の支払いをすませることができました。あらためて御礼申し上げます。

本来であれば、このお手紙でご返済のご報告をいたすはずでしたが、❶実は実家からの送金が遅れ、来月入金の予定です。今月末にお返しするとお約束しましたのに、大変申し訳ございません。一部ではございますが、本日三万円のみお振込みさせていただきました。身勝手なお願いで誠に恐縮ですが、残金は来月末ということで❷ご猶予をいただけませんでしょうか。どうか❸ご容赦のほどお願い申し上げます。　謹言

書き換え例

❶**実は実家からの送金が遅れ**
予定しておりました入金が遅れ／今月も会社の給与が遅配となり／〇〇保険の手続きが遅れ

❷**ご猶予をいただけませんでしょうか**
今しばらくお待ちいただけないでしょうか／延期していただくわけにはまいりませんでしょうか

❸**ご容赦のほど**
ご理解を賜りますよう／寛容なご処置を賜りますよう／ご容赦くださいますよう

借金返済遅延のお詫び（催促を受けて）

to 友人

Formal

ていねいさ ●●●
相手との親しさ ●●○

POINT

- 連絡もせず、返済期日を過ぎてしまったことをていねいに詫びる
- 遅れた理由を説明し、返済期日を明示

急啓　昨日はお手紙ありがとうございました。❶期日までにご返済のお約束が果たせないばかりか、ご連絡もせず、ご迷惑とご心配をおかけしてしまったこと、❷ただただ恥じ入るばかりでございます。本当に申し訳ありませんでした。

実は医療保険の申請が遅れ、治療費の給付金がおりるのが来月になってしまいました。❸大変心苦しいのですが、来月末には必ずご返済しますので、今しばらくご猶予をいただけないでしょうか。

ご迷惑ばかりおかけしてお詫びの言葉もございませんが、どうかお聞き届けいただけますようお願い申し上げます。

敬具

書き換え例

❶**期日までにご返済のお約束が果たせないばかりか**
ご返済が遅れているにもかかわらず／ご返済期日を守れないばかりか／お約束の期日を過ぎてしまったというのに／本来こちらから事情をご説明すべきところ

❷**ただただ恥じ入るばかりでございます**
弁解の余地もございません／面目次第もございません

❸**大変心苦しいのですが**
ご厚情に甘えたうえに厚かましいお願いで申し訳ないのですが／さらに身勝手なお願いを申し上げ誠に恐縮ですが／ご立腹のことと存じますが

苦情・催促へのお詫び

騒音の苦情へのお詫び

to 階下の住人

Formal

ていねいさ ●●●
相手との親しさ ●●●

関連する文例

工事騒音への苦情▼P213
貸与品返却の催促▼P216

拝啓　先日はご指摘いただき、誠に恐縮に存じます。

　子どもの走り回る足音が森田様のお部屋に響き、ご迷惑をおかけしているとのこと。大変失礼をいたしました。親として深く反省しております。子どもが元気に遊ぶのは自然のことだからと、これまで寛容なお心で受け止めてくださっていた森田様のご厚情にも気づかず、長い間ご不快な思いをさせてしまいましたこと、心よりお詫び申し上げます。

　これからは、日中はなるべく外で遊び、家の中で走り回ることはやめるよう、厳しく言い聞かせました。子どもたちも理解した様子ですので、何卒お許しくださいませ。

　取り急ぎ書中にてお詫び申し上げます。

敬具

POINT

- 「教えてくれてありがとう」という謙虚な気持ちを示す
- 非を認め、謝罪し、対処法を伝える

シーン別文例

楽器の騒音の場合

◉娘のヴァイオリン練習の音がご近所の騒音になっているとのこと。今後は家の窓を全てきっちりと閉め、時間を決めて練習するように言い聞かせました

◉子どものピアノの練習音についてですが、今後は消音機を取りつけ、ヘッドホンをして練習させることにいたしました

工事の騒音の場合

◉あと○○ほどで改装工事も終了しますので、今しばらくご辛抱くださいませ

借用品返却催促へのお詫び

to 友人

Casual

ていねいさ ●●●
相手との親しさ ●●●

明美さん、おすすめくださった韓国ドラマのＤＶＤ、長い間お借りしたままになってしまっていて、ごめんなさい。ご連絡をいただき、❶反省しきりです。

明美さんがお話しになっていたように、胸が熱くなるとても素敵なドラマでした。あとでじっくり見直すために、今しばらく手元に置いておきたいと思っていたら❷ついお返しするのが遅くなってしまいました。私の方こそ謝らなければいけないのに、「催促するみたいでごめんなさい」だなんて、心苦しい思いでいっぱいです。

今日、宅配便でお送りしましたので、明日には届くはずです。❸長い間ありがとう。本当に申し訳ありませんでした。

POINT
- 返却が遅れたことを詫び、遅れた理由を相手が納得できるように説明する
- 借用品の効果を伝え、返却日を知らせる

書き換え例

❶反省しきりです
申し訳なく思います／大変失礼しました／自分でもうっかりしていたことに気づきました

❷ついお返しするのが遅くなってしまいました
つい何日も日延べしてしまった次第です／すっかり失念してしまっていました／日常の雑務に取り紛れ、ついそのままになってしまいました

❸長い間ありがとう。本当に申し訳ありませんでした
甘えて借りっぱなしになっていたこと、深くお詫びいたします／ご返却がすっかり遅くなり、大変ご迷惑をおかけしました

破損・紛失のお詫び

関連する文例
問い合わせへの回答遅延のお詫び▼P118
不良品販売のお詫び▼P124

配送中の商品破損のお詫び

to 顧客

Formal

ていねいさ ●●●
相手との親しさ ●●●

拝啓　平素より弊社化粧品をご愛用いただきまして、誠にありがとうございます。このたび、お客様にお届けいたしました商品に一部破損があったことを確認させていただきました。深くお詫び申し上げます。❶早急に新しい商品を送らせていただきましたので、ご希望の日時にはお手元にお届けできると存じます。ご迷惑をおかけして、大変申し訳ございませんでした。

弊社では環境保全のため外箱をなくした簡易包装に切り替え、緩衝材を詰めて商品を発送させていただいております。❷調査の結果、今回の容器のひび割れは、配送中の取り扱いにより生じてしまったようです。今後は❸梱包方法の改善に努め、細心の注意を払う所存です。

何卒変わらぬご愛顧のほどよろしくお願い申し上げます。　敬具

POINT
- 謝罪し、代替品の発送について伝える
- 破損が起きた理由を説明し、会社としての今後の対応策を示す

書き換え例

❶早急に新しい商品を送らせていただきましたので
ただちに良品との交換を手配いたしましたので／早急に代替品を発送いたしましたので

❷調査の結果
配送センターに確認しましたところ

❸梱包方法の改善に努め、細心の注意を払う所存です
配送会社と連携をとり、二度とこのような事故が起こらないように善処する所存です／配送時の取り扱い管理を徹底してまいります

借用品紛失のお詫び

to 取引先

Formal

拝啓　先日は打ち合わせの帰りに傘をお貸しくださり、誠にありがとうございました。おかげ様で大事な書類を濡らさずに、無事に帰社できました。ところが、翌日早々にお礼を申し上げようと傘をもって自宅を出ましたところ、電車の中へ置き忘れてしまったようなのです。すぐに駅に問い合わせ、次の日忘れ物案内所へ直接確認に行きましたが見つかりませんでした。ご厚意で貸してくださった大切な傘を、❶不注意でなくしてしまうとは非礼の極みです。誠に申し訳ございません。❷同じ傘をお返ししたいのですが、記憶が定かでなく探して買い求めることができません。別の傘でもよろしいでしょうか。ご意向をお聞かせ願いたく存じます。

取り急ぎお詫びかたがたお問い合わせまで申し上げます。　敬具

ていねいさ ●●●
相手との親しさ ●○○

POINT

- 借用のお礼を述べ、紛失したことを報告
- 捜索しつくした旨を告げ、不始末を謝罪
- 弁償方法について、相手の意向を仰ぐ

書き換え例

❶不注意でなくしてしまうとは非礼の極みです

私の不注意でなくしてしまい、お詫びの言葉もございません／あろうことか、うっかり紛失してしまうとは注意散漫（無礼千万）、お恥ずかしい限りです／このようなあるまじき失態でお返しすることになり、消え入りたい心境でございます

❷同じ傘をお返ししたいのですが～

弁償してすむものではないと承知しておりますが、どのようにお詫びさせていただくのがよろしいものやら

失言・失態のお詫び

部下の失言のお詫び

to 取引先

Formal

ていねいさ ●●●
相手との親しさ ●○○

関連する文例

けがをさせたお詫び▼P106
説明（確認）不足のお詫び▼P125

POINT

- 部下の無礼を詫び、上司として謝る
- 会社としての対応を示し、許しを請う
- 後日あらためて謝罪に伺う旨を伝える

急啓　昨日の会合の折、弊社担当者が立場もわきまえず、❶大変無礼な発言をいたしましたこと、誠に申し訳ございませんでした。

おめでたいお祝いの席上であったにもかかわらず、あのような言葉で❷非礼をおかしましたこと、監督する立場といたしまして心よりお詫び申し上げます。二度と同じ失態を招かぬよう当人に厳重注意し、全社員にも日頃から十分な思慮分別を養うようにと通達を出しました。

このたびのことにつきましては、どうか❸ご寛恕*くださいますようお願い申し上げます。

近日当人とともにあらためてご挨拶に参上したく存じますが、取り急ぎ書中にてお詫び申し上げます。

敬具

書き換え例

❶大変無礼な発言
思慮を欠いた発言／不適切な発言／浅はかな発言／不用意な失言

❷非礼をおかしましたこと
ご不快な思いをさせてしまいましたこと／ご迷惑をおかけしてしまったこと

❸ご寛恕
お許し／ご黙許《もっきょ》*／ご海容／ご宥恕《ゆうじょ》

言葉の意味・解説

＊寛恕《かんじょ》…広い心で許すこと。海容・宥恕に同じ
＊黙許…黙って見逃すこと

酒の席での失態のお詫び

to 友人

Casual

ていねいさ ●●●（3段階中1）
相手との親しさ ●●●

木村君、先日の飲み会では本当にごめんなさい。せっかく久しぶりに大学の同期が集まって楽しく過ごしていたというのに、❶いつの間にか飲みすぎて、お聞き苦しいおしゃべりと見苦しいふるまいで一人暴走してしまったばかりか、最後は木村君の膝を枕にしてそのまま寝てしまったらしいですね。

自宅まで送ってくれた女子二人にあとから事情を聞いて、❷赤面しました。今も穴があったら入りたい心境です。❸合わせる顔もありませんが、猛省して今後は自制しますので、お見捨てなくどうかこれからもおつきあいください。

本当に申し訳ありませんでした。

POINT

- 無礼な行いを振り返り、心からの反省を伝えて謝罪する
- 許しを求め、今後の交流を願う

書き換え例

❶いつの間にか飲みすぎて
はしたなくも酩酊し／注がれるままに飲み続け／自分の限界を超えて飲んでしまい

❷赤面しました
恥ずかしい気持ちでいっぱいになりました／万死に値する失態とはこのことと、どこかに消え入りたくなりました

❸合わせる顔もありませんが
お恥ずかしい限りですが／こんな情けない自分ですが

Advice

たとえ親しい相手であっても、深い反省を示すには、ていねいな言葉づかいが大切です。

お詫び

失言・失態のお詫び

返事の遅延のお詫び

問い合わせへの回答遅延のお詫び

to 顧客

Formal

ていねいさ ●●●
相手との親しさ ●○○

関連する文例

同窓会の案内▼P155
絶版本の在庫の問い合わせ▼P203

拝復　このたびはお問い合わせをいただき、誠にありがとうございました。❶在庫確認に時間がかかり、❷ご回答を長くお待たせしてしまい申し訳ございませんでした。

さて、お問い合わせの商品ですが、現在欠品となっており、お取り寄せに十日かかります。ご注文は、お電話または弊社ホームページより承っております。ご不明な点がございましたら、またいつでもお気軽にお問い合わせください。何卒よろしくお願い申し上げます。

略儀ながら書中にてご連絡が遅れましたお詫びと、ご回答まで申し上げます。

敬具

POINT

●待たせたことを詫び、回答が遅れた理由を相手が納得できるように説明する
●問い合わせに対する答えを明示

書き換え例

❶在庫確認に時間がかかり
弊社の在庫検索システムに不具合があり／本社に確認をとっており／メーカー担当者がなかなかつかまらず／古い型番で社内でも情報が少なく

❷ご回答を長くお待たせしてしまい申し訳ございませんでした
ご回答が遅くなりましたこと、深くお詫び申し上げます／ご回答が遅れてご不便をおかけしましたこと深謝いたします／何度もご連絡をいただいてしまいましたこと、大変申し訳なく存じます

出欠の返事の遅延のお詫び

to 幹事

Formal

拝復　このたびは同窓会のご案内状、ありがとうございました。

佐倉先生もお見えになるとのこと。何としても都合をつけたいと思いつつも予定が定まらず、ご返事を延ばしてしまいました。ご迷惑をおかけして、申し訳ありませんでした。まだ出席の可能性は捨ててはおりませんが、これ以上のご迷惑はかけられませんので、残念ですが今回は欠席にさせていただきます。ご盛会をお祈りします。

佐倉先生をはじめご参加の皆様にも、くれぐれもよろしくお伝えください。

まずはお詫びかたがたご返事まで。

敬具

ていねいさ ●●○
相手との親しさ ●●○

POINT
●返事が遅れた理由を述べ、無礼を詫びる
●出欠をはっきり伝え、欠席の場合は盛会を祈る言葉を添えるのが礼儀

シーン別文例

出席の場合
◉ご返事大変遅くなり申し訳ありません。○日まで出張で留守にしておりました。もちろん出席させていただきます
◉ご返信が遅くなり失礼いたしました。ほかの郵便物と紛れてわからなくなっておりました。まだ間に合うでしょうか。ぜひ出席させていただきたく存じます
◉ご返事が遅れたうえに厚かましい限りですが、参加させていただくことは可能でしょうか

Advice
出席への未練を伝えながら欠席を通知することで、とてもていねいな印象のお詫びとなります。

誘いを断ったお詫び

食事の誘いを断ったお詫び

to 得意先

Formal

ていねいさ ●●●
相手との親しさ ●○○

拝啓　晩夏の候、柳井部長におかれましては、ますますお元気でご活躍の由、何よりと存じます。

先日は光栄にも会食のお誘いにあずかり、誠にありがとうございました。せっかくお声をかけてくださいましたのに、❶ご厚意にお応えできず残念に思っております。❷次回はぜひとも参加させていただきたいと存じますので、❸またのお誘いを心よりお待ちしております。

残暑ひときわ厳しき折から、何卒ご自愛くださいますようお祈り申し上げます。

取り急ぎお詫びかたがたご挨拶まで申し上げます。

敬具

関連する文例

バレーボールクラブへの誘い▼P161
旅行への誘いの承諾▼P185

POINT

- 誘いを断った後日、挨拶状にお詫びの言葉を添えて送るとていねいな印象に
- 必ず「また誘ってください」のひと言を

書き換え例

❶ご厚意にお応えできず
参加がかなわず／あいにく別の予定があって参加できず／どうしても都合がつかず

❷次回はぜひとも参加させて
この次は何をさしおいてもお供させて／次の機会には万難を排して出席させて

❸またのお誘いを心よりお待ちしております
またの機会にお誘いいただければ幸甚です／これに懲りず、またお声がけくださいますようお願いいたします

旅行の誘いを断ったお詫び

to 友人夫婦

Casual

はや季節は秋、旅の準備は進んでいますでしょうか。先日はわざわざ電話をくださり、ありがとうございました。

来月三日からの京都への小旅行、紅葉真っ盛りの古都の旅にお誘いいただけるなんて、夢のような気分でした。お話ししたように、三日は夫婦で姪っ子の結婚式に出席する予定ですが、当地にてお二人の旅の安全と充実をお祈りしております。

今回は残念ながらご一緒することがかないませんでしたが、次の機会にはぜひ同行させていただきますので、またお誘いくださいませ。

取り急ぎお詫びかたがたお礼まで。

かしこ

ていねいさ ●●●
相手との親しさ ●●●

POINT
●誘ってくれた相手の厚意に感謝を示す
●電話口などで誘いを断った場合も、後日詫び状を出して謝意を伝えたい

シーン別文例

そのほかの誘いを断ったお詫び

◉先日はせっかく◯◯サークルへ誘ってくださったのに、お断りしてごめんなさい。やるのは苦手だけど見るのは大好きなので、発表会などの機会があったら、ぜひお知らせくださいね

◉先日は楽しそうな女子会へお誘いくださりありがとう。お話ししたように、部署が異動になりしばらく時間が読めません。落ち着いたらご連絡しますので、そのときはよろしくお願いいたします

◉先日は舞台観劇のお誘い、ありがとうございました。あいにく仕事で参加できず、とても残念でしたが、またお会いしたときに感想を聞かせてくださいね

欠席・不在のお詫び

急な欠席のお詫び

Formal

to 知人

ていねいさ ●●●
相手との親しさ ●●○

拝啓　このたびは同窓会当日に出席をとりやめるという非礼極まりないこととなりまして、誠に申し訳ありませんでした。

お話ししましたように、母が同窓会の日に介護施設から突然いなくなり、やむなく欠席とさせていただきました。おかげ様で無事に見つかり、現在は施設に戻り元気に過ごしております。幹事の生田様をはじめクラスの皆様にご心配とご迷惑をおかけしましたこと、心よりお詫び申し上げます。なお、大変お手数ですが、立て替えいただいた私の分の会費のお支払い方法について、ご教示いただきたく存じます。

会の様子なども伺いたいので、またご連絡を差し上げたいと思います。

取り急ぎお詫びかたがたお願いまで申し上げます。

かしこ

POINT

- 電話で連絡したあと、詫び状で欠席の理由を今一度説明して陳謝するのが礼儀
- 必要に応じ会費の支払いについてふれる

書き換え例

❶当日に出席をとりやめるという非礼極まりないこととなりまして
当日になって急に欠席することとなってしまい／直前に出席をキャンセルしてしまい

❷立て替えいただいた私の分の会費のお支払い方法について
当日お支払いするはずだった会費の精算について／ご用意いただいていた私の分の席料について

❸ご教示いただきたく
ご指示を仰ぎたく／お教えいただきたく／ご遠慮なくおっしゃっていただきたく

関連する文例

出欠の返事の遅延のお詫び▼P119
来訪の承諾▼P186

不在のお詫び

to 友人

Casual

急啓　先日はお忙しい中、❶事務所までお訪ねくださったにもかかわらず、❷不在にしまして失礼いたしました。
❸たまたま打ち合わせで外出しており、あなたと入れ違いで三十分ほどあとに事務所へ戻りました。近くへ来たので寄ってくれたそうですね。久しぶりに酒でも酌み交わしながら近況を報告し合えたらよかったのですが、非常に残念です。
また近くにおいでになることがありましたら、ぜひご連絡ください。お待ちしております。
取り急ぎ不在のお詫びまで。

敬具

ていねいさ ●●●
相手との親しさ ●●●

POINT
- 相手に無駄足を踏ませたことを詫びる
- 不在の理由を簡単に説明する
- 「ぜひまた来てください」と誘う

書き換え例

❶**お忙しい中、事務所までお訪ねくださったにもかかわらず**
せっかくおいでいただきましたのに／わざわざお訪ねくださいましたのに／貴重なお時間をさいておいでくださいましたのに

❷**不在にしまして**
留守にしてしまい／何のおかまいもできませんで／お会いすることができずに

❸**たまたま打ち合わせで外出しており**
折悪しく急用が入って出かけねばならず／それほど急ぐ用でもなかったのですが、銀行へ行っており／普段なら在席している時間なのですが、その日に限って急用が入り

仕事のミスのお詫び

不良品販売のお詫び

to 顧客

Formal

ていねいさ ●●●
相手との親しさ ●○○

拝啓　平素は格別のご愛顧を賜り、厚く御礼申し上げます。

　このたび、❶お求めいただいた弊社販売の高機能折り畳み傘が正常に動作しないとのこと、誠に申し訳ございませんでした。ご返送いただいた現物を検査した結果、ワンタッチボタンの不具合を出荷検査で見落としたことが原因と判明いたしました。❷多大なご迷惑をおかけし、深くお詫び申し上げます。今後はこのようなことがないよう、❸一層の管理体制の強化に努める所存でございます。何卒ご容赦いただきますとともに、変わらぬお引き立てのほど伏してお願い申し上げます。

　なお、本日良品を発送いたしましたので、ご査収くださいませ。

　まずはお詫びとご報告まで申し上げます。

敬具

書き換え例

❶お求めいただいた
お買い上げいただいた／発送させていただきました

❷多大なご迷惑をおかけし、深くお詫び申し上げます
当方の管理体制の不備によるこのたびの不始末、深く反省いたしております／当方の過誤による不手際、心よりお詫び申し上げます

❸一層の管理体制の強化に努める
品質管理を徹底する／出荷時の品質チェックをより厳しくする／管理体制を今一度徹底的に見直す／社員一丸となって対策を講じる

POINT

- 事情を説明し、率直にミスを詫びる
- 代替品（良品）を発送した旨を明記
- 今後の対応策を示し変わらぬ愛顧を願う

関連する文例

配送中の商品破損のお詫び▼P114
部下の失言のお詫び▼P116

説明（確認）不足のお詫び

to 顧客

Formal

拝啓　日頃より当店をご愛顧いただきまして、誠にありがとうございます。

このたびは、お会計時に当方に不手際があり、大変ご不快な思いをさせてしまいましたこと、深く反省いたしております。

海野様のご予約を承った際、お電話を受けた者が室料についてのご説明を怠ったために❶、かようなご迷惑をおかけしてしまいました。当店では個室利用のお客様に、お食事代とは別に室料として一室二千円を頂戴いたしておりますことを事前にお伝えしなければなりませんでした。謹んでお詫び申し上げます。❷二度とこのようなことがないよう、指導の徹底を図っていく所存です。❸何卒ご容赦賜りますとともに、今後とも変わらぬお引き立てのほど、切にお願い申し上げます。敬具

ていねいさ ●●●
相手との親しさ ●○○

POINT

- 担当者の説明（確認）不足によって、商品やサービスに誤解が生じたことを詫びる
- 指導を徹底するなど今後の対処法を示す

書き換え例

❶ご説明を怠ったために
ご確認を得なかったため／ご説明を怠ったことにより／ご了承をいただかなかったため

❷二度とこのようなことがないよう
今回のご指摘をありがたく受け止め／今回のご指摘をもとに同じ不始末を繰り返さぬよう

❸何卒ご容赦賜ります
今回に限りお許しくださいますよう懇願いたします／何卒寛大なお心でご理解を賜ります

Advice

説明したにもかかわらずお客様から苦情が出た場合でも、例文のように「説明が不十分だった」と詫びます。

衣類汚損のお詫び to 顧客

Formal

ていねいさ ●●●
相手との親しさ ●○○

POINT
●汚損時にクリーニング代を支払うなどの対応がすんでいても、後日詫び状を送る
●お詫びの品などを同封するのもよい

拝啓　先日はこちらの不注意で大変なご迷惑をおかけしてしまい、誠に申し訳ございませんでした。

その後何か不都合はございませんでしょうか。もしございましたら、遠慮なくおっしゃっていただければと存じます。

今後は二度とこのようなことがないよう、スタッフ全員が猛省し、より一層気を引き締めて精進いたします。これからも当店をご愛顧賜りますよう、切にお願い申し上げます。

なお、心ばかりのお詫びのしるしとして、割引券を同封させていただきます。お納めいただければ幸甚です。

敬具

シーン別文例

対応がすんでいない場合
もしくは対応を拒否された場合

◉せっかくのお食事中にご不快な思いをさせてしまい、お詫びの言葉もございません。せめてクリーニング代だけでもお納めいただければと存じます

◉貴重なお時間を台無しにしてしまい、本当に申し訳ございません。お詫びをしてすむことではないと重々承知いたしておりますが、どのようにすればお怒りを収めていただけるか、おっしゃっていただけると誠に幸いです

※服を汚したお詫びだけでなく、相手の貴重な時間やくつろぎのひとときを台無しにしてしまったことを心から謝罪する

Advice
「拝啓・敬具」などの頭語は必要ですが、時候の挨拶は不要です。

請求書誤記のお詫び

to 取引先

Formal

拝啓　平素は格別のご高配を賜り、厚く御礼申し上げます。

さて、このたびお送りいたしました五月分の請求書に交通費の記載ミスがあったとのご指摘を受け、早速調べました結果、❶御社規定のICカード運賃ではなく、現金運賃を記載しておりました。大変申し訳なく、深くお詫び申し上げます。

つきましては、訂正した五月分の請求書を同封いたしましたので、❷ご査収ください。なお誠にお手数ですが、誤記の請求書は破棄していただきますようお願い申し上げます。❸二度とこのようなことがないよう、細心の注意を払う所存ですので、今後ともよろしくお願い申し上げます。

取り急ぎ書中にて、ご報告かたがたお詫び申し上げます。　敬具

ていねいさ　●●●
相手との親しさ　●○○

POINT
● 誤記の原因を伝え、素直にミスを詫びる
● 誤記のあった請求書を、破棄してもらうか返送してもらうかを伝える

書き換え例

❶御社規定のICカード運賃ではなく、現金運賃を記載しておりました
担当者がバス運賃を誤って報告していたことが判明しました／弊社の営業部と経理部の連絡の行き違いから生じたものと判明しました

❷ご査収ください
お納めください／ご確認ください／お目通し願います

❸二度とこのようなことがないよう、細心の注意を払う所存ですので
再び同じミスを起こさないよう、担当者にも厳重の注意を促しますので／二度と同じ過ちを繰り返さないよう、社内のチェック機能の強化を徹底してまいりますので

通知・報告の手紙

CHECK
- タイミングを逃さずに、知らせたい
- 内容をわかりやすく正確に伝える
- 事務的にならないように心がける

通知・報告の手紙は機を見て臨機応変に準備

身の回りに起こったできごとを、周囲に知らせるときに書くのが通知・報告の手紙です。引越し、退職、結婚など身辺に変化が起きた場合には、友人や知人、日頃お世話になっている人に知らせましょう。おめでたいできごとはもちろん、離婚、事故、入院などの知らせも必要な人には報告するのが礼儀です。知らせるタイミングは状況にもよりますが、引越しや転勤などの場合は事前に、結婚、離婚などの場合は事後概ね一ヶ月以内に届くように手紙を出すのがマナーです（Ｐ１２９）。事故や入院の場合、職場や学校を休むなど日常生活に支障が出る場合はすぐに知らせる必要がありますが、知らせなくても相手に迷惑が及ばず、病状が安定しないなど不確定要素が多い場合には、落ち着いてから報告しても失礼にはあたらないでしょう。

情報を正確に伝え印刷には手書きのひと言を

通知・報告の手紙の目的は、情報伝達や相手との情報の共有です。引越し先の郵便番号を間違えるなど、うっかりミスがないように注意しましょう。住所変更の通知では旧住所を併記する場合もありますが、相手が混乱しないようにするためには新しい住所だけを書きます。新住所、新社（店舗）名などの情報は、日付のあとに箇条書きにしましょう。文面を印刷して送る場合は、事務的な印象にならないように、直筆でメッセージを書き添えるなどちょっとした配慮も必要です。たとえひと言でも手書きの言葉があると、自分のことを気にかけてくれているという気持ちが伝わり、受け取るほうも嬉しいものです。

通知・報告の手紙 基本の流れ

前文

●頭語　●時候の挨拶
●相手の健康・安否を尋ねる
※親しい相手には前文を省いて書き出してもよい

主文

●報告の言葉
●引越しの報告、転勤の報告など、それぞれの場合に合わせた事柄を結論から先に述べる
●今後の厚誼を願う言葉

末文

●結びの言葉　●結語
●通知内容
※住所変更や転勤などの場合は、結びのあとに記述ミスに注意しながら新住所や新部署を書き入れる

気をつけたい マナーのポイント

通知・報告とほかの用件を一緒にしない

通知状は、一通信ワンテーマが原則です。知らせたい内容にあれこれとほかの用件もつけ足して書いてしまうと、本題がぼけて肝心のテーマが相手に伝わりにくくなるので注意しましょう。

感情の起伏を抑えて書く

新築の通知や定年退職の報告など、人生の転機になるようなできごとを伝える際には、ついつい興奮してしまいがちです。しかし通知状は、感情よりも事実を伝えることが目的。特にあらたまった手紙では、感情を抑えるのが礼儀です。

通知状を出さないのはルール違反と思われることも

通知状は相手との交流をスムーズにする潤滑油でもあります。特に引越しや転勤などの通知を出さないことは、今後の交際を拒んでいるとも受け取られかねないので注意しましょう。

通知・報告の手紙を送るタイミング

なるべく事前に準備し礼儀を欠かないようにしましょう。

種類	手紙を送る時期
引越し・住所変更	変更前もしくは変更後すぐ 十一月以降に変更する場合は、年賀状と兼ねても可
転勤	異動前
転職・退職	転職・退職後すぐ
開業・開店	一ヶ月前には届くように発送
就職	内定を受けてすぐが望ましい
結婚	挙式後一ヶ月以内
出産	心配をかけた相手には早めに知らせる。季節の挨拶状と兼ねて送ってもよい
離婚・婚約解消	離婚後、概ね一ヶ月以内 婚約解消は決定後すぐ。すでに結婚式の招待状を出している場合は、遅くとも挙式の二週間前には届くように発送
事故・入院	休学・休職する場合はできるだけ早く
退院・全快	退院または床あげをしてから、十日以内が理想

引越し・住所変更の通知

引越しの通知

Formal

to 知人

ていねいさ ●●●
相手との親しさ ●●○

POINT

- わかりやすいようにタイトルを立てる
- 転居理由などについてふれてもよい
- 新住所は末文のあとに表記

関連する文例
引越し祝い（本人へ）▼P65
新築祝いのお礼▼P90

❶引越しのお知らせ

拝啓　清和の候、皆様におかれましてはますますご清祥のこととお喜び申し上げます。

さて、このたび私ども家族は、❷両親と同居するため長年住み慣れた杉並区を離れ、〇月〇日より左記の住所に移り住むこととなりましたので、お知らせ申し上げます。

❸こちらにおいでの折には、ぜひお立ち寄りください。家族揃ってお待ち申し上げております。

書き換え例

❶引越しのお知らせ
転居のお知らせ／住所変更のお知らせ

❷両親と同居するため長年住み慣れた杉並区を離れ
主人の転勤にともない／〇〇線沿線にささやかな家をかまえ／長年住んだ家が手狭となり

❸こちらにおいでの折には、ぜひお立ち寄りください
都心から離れ少々不便な場所ですが、ぜひ遊びにいらしてください／駅からお電話いただければお迎えにあがりますので、お近くへお越しの際はぜひお寄りください

末筆ながら皆様のご健康をお祈り申し上げます。
敬具

令和○年○月吉日

新住所　〒一九二-○○○○
東京都八王子市○○町三-四-五
電話　○○○-○○○-○○○○

遠藤　誠
俊子
しおり

シーン別文例

転居先についてふれる場合

◉○○線沿線の静かな住宅地でございます
◉主人の勤務先には少々遠くなりましたが、自然豊かな暮らしやすいところでございます
◉子どもたちの学校が近く、子育てにもよい環境です
◉弟家族の家も近くにあり、にぎやかに暮らしております

住所録の訂正をお願いする場合

◉お手数ですがお手元の住所録のご訂正をお願い申し上げます

こんなときはどうする？

うっかり出し忘れて通知が遅れてしまったとき

文例▼本来であればすぐにご挨拶をいたすべきところ、片づけなどが忙しくご通知が遅れまして、誠に申し訳ございませんでした。失礼を深くお詫び申し上げます。

よくあるNG例

●**内容間違い・情報の漏れ**
住所の間違いや情報の不備は、相手や第三者に迷惑がかかるので注意しましょう。

●**事務的な連絡のみ**
印刷を利用する場合は、手書きのメッセージを添えるなどして冷たい印象にならないように気を配りましょう。

Advice

引越しの通知は正しい情報の伝達が第一ですが、そのほかに、フレッシュな思いを伝えたいものです。

転勤の通知

本社転勤の通知

to 取引先

Formal

拝啓　陽春の候、ますますご隆盛のこととお喜び申し上げます。　さて、私こと四月一日をもちまして東京本社勤務を命ぜられ、三月末日で御地を離れることとなりました。

大阪支社勤務中は❶公私を問わず多大なるご芳情を賜り、心より感謝申し上げます。

新任地におきましても❷誠心誠意努力し、職務に精励する所存でございます。❸何卒変わらぬご指導を賜りますよう、お願い申し上げます。

まずは略儀ながら書中をもちまして、ご挨拶まで申し上げます。

敬具

関連する文例

昇進祝い（あらたまった相手に）▼P66
栄転祝い（あらたまった相手に）▼P67

ていねいさ ●●●
相手との親しさ ●●●

POINT

●感謝を伝え、変わらぬ厚誼を願う
●儀礼的な通知は「私儀」や「私こと」を用い、それらを行末から書き出すことも

書き換え例

❶**公私を問わず多大なるご芳情を賜り**
身に余るご厚誼をいただき／ひとかたならぬご厚情を賜り／多大なお引き立てにあずかり／過分なるご交誼にあずかり

❷**誠心誠意努力し**
皆様より授かりました教えを忘れることなく／皆様のご愛顧にお応えできますよう／社業の発展に全力をつくし

❸**何卒変わらぬご指導を**
今後とも倍旧のお引き立てを／末永いご厚誼を／今後ともより一層のご支援、ご鞭撻を

支社赴任の通知

to 知人

Formal

ていねいさ ◉◉◎
相手との親しさ ◉◉◎

拝啓　時下ますますご清祥のこととお喜び申し上げます。

このたび九月一日付で鹿児島支社勤務を命ぜられ、無事着任いたしました。

横浜支社での三年間、未熟な私にご親切にしてくださり、誠にありがとうございました。大過なく勤務することができましたのも、ご指導の賜物と感謝いたしております。

新任地では一日も早く地域と職場になじみ、職務に精励する所存です。今後ともよろしくご指導のほど、お願い申し上げます。

まずは略儀ながらご挨拶とご報告まで申し上げます。

敬具

POINT
- 在職中の厚情に対する感謝を伝える
- 今後の抱負や予定を述べる
- 変わらぬ交誼を願う

シーン別文例

赴任前に挨拶ができなかった場合

◉本来であれば出発前にご挨拶に伺うべきところ、転勤の準備のため書中でのご報告となりましたこと、深くお詫び申し上げます

◉転勤に先立ちましてご挨拶に参上いたすべきところ、業務の引き継ぎなどに追われ、そのまま赴任することになってしまいました。誠に失礼いたしました

後任について報告する場合

◉なお、後任といたしまして○月○日付で○○が就任いたします。何卒格別なお引き立てを賜りますよう、よろしくお願い申し上げます

転職・退職の通知

関連する文例
栄転祝い（あらたまった相手に）▼P67
転職の相談▼P177

定年退職の通知

to 取引先

Formal

ていねいさ ●●●
相手との親しさ ●○○

POINT
●定年退職であることを明確に示す
●在職中の厚情に対する感謝を伝える
●退職後の予定や抱負を述べる

謹啓　若葉萌えいずる頃、皆様におかれましてはますますご清栄のこととお喜び申し上げます。

さて、私儀

このたび三月末日をもちまして、○○電気株式会社を定年退職いたしました。❶四十年余りの長きにわたり大過なく❷勤め上げることができましたのも、皆様方のご指導とご鞭撻の賜物と、心より感謝申し上げます。

❸今後は少し休養をいただき、趣味の菜園を楽しみながらゆっくり第二の人生の計画を立てたいと存じます。何卒変わらぬご厚誼を賜りますよう、お願い申し上げます。

略儀ながら書中をもちまして、お礼かたがたご挨拶申し上げます。

謹白

書き換え例

❶**四十年余りの長きにわたり**
入社以来○○年に相なりますが、これまで／おかげ様で在職○○年の間／経済社会が激動する中

❷**勤め上げることができましたのも**
職務をまっとうできましたのも／勤務を続けることができましたのも／職責を果たすことができましたのも

❸**今後は少し休養をいただき、趣味の菜園を楽しみながら**
しばらくは身体を休め、時折旅行にでも出かけながら／当分の間は休養し

退職（独立）の通知 to 知人

Formal

ていねいさ ◉◉◉
相手との親しさ ◉◉○

拝啓　秋めいた好季節を迎え、お健やかにお過ごしのことと存じます。

さて、私ことこのたび、のれんわけのため、十五年間お世話になりました割烹〇〇〇を、九月二十日をもちまして円満退職いたしました。

皆様方にはこれまで公私を問わず格別のご厚情を賜り、誠にありがとうございました。

今後は郷里の埼玉県秩父に念願の店をかまえ、より一層精進して第二の料理人人生をスタートさせるつもりでございます。皆様方には開店の準備が整い次第、あらためてご通知申し上げたく存じます。

今後ともよろしくご指導、ご鞭撻のほどお願い申し上げます。

敬具

POINT

- 在職中の厚情に対する感謝を伝える
- 退職理由は詳しく書かず、独立の決意や抱負など前向きな話を述べる

シーン別文例

結婚退職の場合

◉結婚のためこのたび〇〇デパートを退職いたしました。しばらくは主婦業に専念し、時期をみて社会復帰するつもりです

◉このたびめでたく生涯の伴侶を得て、〇〇興産を退職することとなりました。今後は夫婦で、小さな旅行会社を立ち上げる予定でおります

転職の通知の場合

◉一身上の都合により〇〇商事を退職し、〇月〇日付で〇〇〇〇株式会社に入社いたしました

◉円満退社により〇〇銀行を退職いたしました。〇月〇日より〇〇株式会社に勤務する予定です

開業・開店の通知

関連する文例
開業祝い（本人へ）▼P69
開店祝いのお礼▼P91

事務所設立の通知

Formal

to 関係者

ていねいさ ◉◉◉
相手との親しさ ◉◉○

事務所設立のご挨拶

謹啓　向夏の候、ますますご隆盛の由、大慶に存じます。平素より格別のご高配を賜り、厚く御礼申し上げます。

さて、このたび私どもは、❶長年の夢でしたデザイン事務所を開設いたしました。デザインのエキスパート三名でスタートした、少数精鋭の事務所です。

今後とも❷お引き立てを賜りますよう、伏してお願い申し上げます。

謹白

令和○年六月吉日

記

（新事務所の名称、住所、電話番号、メールアドレスなど）

POINT

- わかりやすいタイトルを立て、新事務所の住所や連絡先は別記する
- 日頃の感謝を述べ、今後の厚情を願う

書き換え例

❶長年の夢でした

かねてから準備を進めてまいりました／長年構想を温めておりました／長年の夢がかない／ささやかながら／左記の場所に

❷お引き立てを賜りますよう

厚いご愛顧のほど／格別のご厚誼のほど／ご支援のほど

シーン別文例

独立開業の場合

◉このたび○月に○○社を退社し、新事務所を設立しました

◉前職をやめ、独立開業することにいたしました

開店の通知 to 顧客

Formal

拝啓　新涼の候、ますますご健勝のこととお喜び申し上げます。
さて、このたび、八月二〇日、「手打ち蕎麦〇〇〇」を左記に開店❶いたします。定年後の趣味が高じ、自宅を改装して始める小さな店ではございますが、❷お客様に心からご満足いただけるよう、❸一期一会のおもてなしの真髄を追求してまいります。格別のお引き立てを賜りますよう、何卒よろしくお願い申し上げます。
なお、開店当日は先着三〇名様に粗品を進呈いたします。ご来店をお待ち申し上げております。

敬具

記

（住所、電話番号、店舗名など）

ていねいさ　●●●
相手との親しさ　●●●

POINT

- 開店日を忘れずに明記。住所などは別記し、地図やアクセスを書き添えると親切
- 決意と抱負を述べ、今後の愛顧を願う

書き換え例

❶開店いたします
開店する運びとなりました／オープンすることとなりましたのでご案内申し上げます／オープンいたします

❷お客様に心からご満足いただけるよう
皆様のご期待に沿えますよう／皆様のご指導、ご協力を得まして／お客様から末永く愛される店を目指して／皆様方にご愛顧いただけますよう

❸一期一会のおもてなしの真髄を追求してまいります
精一杯努力してまいります／一意専心努力を重ねる所存です／最善の努力をつくす所存です

就職の報告

就職の報告 Formal

to 恩師

拝啓　麗春のみぎり、ますますご壮健のこととお喜び申し上げます。
さて、今春、❶○○大学を無事に卒業し、四月より❷△△建設工業株式会社営業部に勤務することとなりました。この就職難に職を得ることができましたのも、高校三年間在籍した野球部で、先生に精神力を鍛えていただいたおかげです。心より感謝申し上げます。
❸今後は一日も早く仕事に慣れ、先輩諸氏のご指導を仰ぎながら一人前の社会人になれるよう精進してまいる所存です。どうかこれからもご指導、ご鞭撻を賜りますよう、謹んでお願い申し上げます。
略儀ながらご報告かたがたお礼まで申し上げます。
敬具

関連する文例

卒業・就職祝い（あらたまった相手に）▼P62
就職祝いのお礼（本人から）▼P86

ていねいさ ◉◉◉
相手との親しさ ◉◉○

POINT
● これまでの恩義に感謝し、社会人の第一歩を踏み出す決意と抱負を述べる
● 今後の指導、鞭撻を願う

書き換え例

❶○○大学を無事に卒業し
四年間の大学生活を無事修了し／○○大学での四年間の学生生活を終え

❷△△建設工業株式会社営業部に勤務する
憧れの△△業界で働く／△△株式会社にて、社会人としてのスタートラインを切る

❸今後は一日も早く仕事に慣れ
まだまだ未熟な私ですが／まだ足元がおぼつかないヒヨコですが／一日も早く一人前になれるよう／会社の戦力として貢献できるよう

就職の報告 to 知人

Casual

ていねいさ ●●○○
相手との親しさ ●●●○

拝啓 ❶ご心配をおかけしていた就職の件、❷ようやく決まりましたのでお知らせいたします。

株式会社ヒューマン○○○という、人材育成のベンチャー企業です。長年のデパート勤務の経験を生かし、サービス業態のマニュアル作りに取り組むことになりました。四十歳を過ぎてからの再就職は想像以上に厳しいものでしたが、阿部さんのご助言どおり、❸家族や周囲の人から自分を客観的に評価してもらった結果、自分の可能性が再発見できたのだと思います。本当にありがとうございます。これから、ひと花もふた花も咲かせるつもりで頑張ります。

取り急ぎ報告とお礼まで。

敬具

POINT

- 心配をかけていた相手には内定を受けたその日のうちに報告したい
- 抱負をはつらつと語り明るい文面に

書き換え例

❶ご心配をおかけしていた
かねてからご相談していた／いろいろとアドバイスをいただいていた／何かと気にかけていただいていた

❷ようやく決まりましたので
本日内定通知が届きましたので／ようやく内定が出ましたので

❸家族や周囲の人から自分を客観的に評価してもらった
自分の棚卸をしてみた／キャリアを生かせる職種の幅を広げてみた

Advice

なぜ感謝したいのか、その理由を具体的に示すと、より一層深い感謝の気持ちを伝えることができます。

結婚・出産の報告

関連する文例

結婚祝い（知らせを受けた返事）▼P57
出産祝い（本人へ）▼P59

結婚の報告

to 知人

Formal

ていねいさ ◉◉◎
相手との親しさ ◉◉◎

POINT

- 挙式の日付、新居の住所は必須
- 二人の抱負を述べ、今後の指導を願う
- 印刷の場合は手書きでひと言添える

謹啓　秋麗の候、皆様にはご健勝のこととお喜び申し上げます。

さて、このたび私どもは、○月○日、○○町ホテルにて挙式を執り行い、左記の住所にて新生活の第一歩を踏み出すこととなりました。

何分未熟な二人ですが、ともに助け合い明るい家庭を築いていきたいと存じます。今後ともご指導、ご助言のほど、お願い申し上げます。

略儀ながら書中にて、ご報告かたがたご挨拶申し上げます。　謹白

令和○年○月吉日

（住所・電話番号）

沼田信二

妙子（旧姓　中村）

シーン別文例

親から婚約報告をする場合

◉このたび山口一郎　長男　聡
秋田幸雄　三女　君代

↓の両名は○月○日に結納をすませ、婚約の運びと相成りました

↓の両名は○○株式会社取締役○○ご夫妻のお仲立ちで婚約をいたしました

↓の両名は○○様ご夫妻のお力添えを賜り、婚約をいたしました。挙式は○月頃、内輪だけで執り行う予定です

◉挙式は○月頃の予定です。あらためてご案内申し上げます

出産の報告

to 友人

Casual

ていねいさ ●◎◎
相手との親しさ ●●●

三月三日、❶無事に女の子を出産いたしました。体重三七〇〇グラムの、❷丸々と太った健康なベビーです。雛祭りの日に生まれた女の子なので、「雛子」と命名しました。

すみれさんにはいろいろとご心配をおかけいたしましたが、おかげ様で❸赤ちゃんも私も至って元気。経過も順調ですので、どうかご安心ください。すみれさんがおっしゃっていたように、まさに「案ずるより産むがやすし」ですね。

しばらくは実家で療養しますが、再来月には練馬の自宅へ戻りますので、ぜひ赤ちゃんの顔を見にいらしてください。

まずは取り急ぎ、出産のお知らせまで。

POINT

- 出産後できるだけ早めに出す。妻が書けないときには夫が書き、連名で送る
- 母子の元気な様子を伝える

書き換え例

❶無事に女の子を出産いたしました
待ちに待ったお腹の中の赤ちゃんと対面を果たしました／念願の二世が誕生しました／安産にて無事に長女を出産いたしました

❷丸々と太った健康なベビー
元気な赤ちゃん／健やかな赤ちゃん／体の大きな赤ちゃん／泣き声の大きな赤ちゃん

❸赤ちゃんも私も至って元気
母子ともに健康です／母子ともに元気で過ごしています

Advice

言葉だけではなく赤ちゃんの写真を印刷して通知すると、さらにていねいで喜ばれる挨拶になります。

離婚・婚約解消の報告

関連する文例
夫婦間のトラブルの相談▼P178

離婚の報告

Formal

to 知人

ていねいさ ●●●
相手との親しさ ●○○

POINT

- 込み入った理由は書かない
- 相手に心配を与えないように、前向きな選択であることを伝える

拝啓　取り急ぎお知らせいたします。

突然このような手紙を差し上げるのは大変心苦しいことでございますが、このたび私ども夫婦は❶離婚することとなりました。❷二人で十分に話し合った末、夫婦関係を解消することが最良の選択であるという結論に至りました。

これまで賜りましたご厚情に感謝いたしますとともに、❸大変ご心配をおかけしましたことを、心よりお詫び申し上げます。

なお、私は現在、子どもを連れて実家へ戻っております。折を見てご挨拶にお伺いするつもりですが、まずは書中をもってご報告とお詫びを申し上げます。

敬具

書き換え例

❶離婚することとなりました
正式に離婚いたしました／正式な離婚が成立いたしましたのでお知らせ申し上げます／協議のうえ、離婚することと相なりました

❷二人で十分に話し合った末
お互いの幸せについて話し合った結果／お互いに納得のいく答えを探し続けた結果／二人の前向きな未来のためには

❸大変ご心配をおかけしました
このたびのことでお騒がせしました／このような結果となってしまいました

婚約解消の報告

to 友人

Formal

ていねいさ ●●●
相手との親しさ ●●○

POINT
●婚約の通知を出した人には必ず解消の通知も送り、お詫びを述べる
●解消の理由は書かなくてもよい

拝啓[*1]　取り急ぎ申し上げます。

今春、❶婚約成立のご報告を差し上げておりましたが、このたび❷余儀ない事情があり、婚約を解消することとなりました。

温かい祝福のお言葉をいただいておきながら、❸このような結果となり、大変心苦しく思っております。皆様のご厚意にお応えすることができず、深くお詫び申し上げます。

今一度お互いの人生を見直し、皆様にご迷惑をおかけすることのないよう、精一杯努力してまいります。どうか今後とも、変わらぬおつきあいのほどよろしくお願い申し上げます。

敬具[*2]

*1 *2 あらたまった内容の手紙では、親しい友人であっても、「前略－草々」「冠省－不一」などは使わない

書き換え例

❶婚約成立のご報告を差し上げておりましたが
結婚披露宴のご案内を差し上げておりましたが／私どもの婚約をご報告いたしましたが

❷余儀ない事情があり
やむを得ぬ事情がございまして／詮方ない事情により／勝手ながら

❸このような結果
このような事態／このような次第／不徳の致す事態

入院・体調の報告

関連する文例
出産の報告▼P141
子どもの事故のお見舞い▼P224

父親の入院の報告

to 父の友人

Formal

ていねいさ ◉◉◉
相手との親しさ ◉◉◉

POINT
●簡単な経緯、本人の様子などを伝える
●趣味仲間などには、しばらく活動できない旨を報告する

拝啓　平素より父、伝助が大変お世話になり、誠にありがとうございます。

　実は先日、父が玄関先の階段で転倒し、左足首の骨折と右手に打撲を負いました。幸い大事には至りませんでしたが、診察を受けた埼玉女子医大病院に二週間ほど入院を要することとなりました。高齢のため軽いリハビリも必要と言われておりますが、本人は大したけがではないと口だけは達者にしております。

　そのようなことで、しばらくの間、俳句の会をお休みさせていただきますので、何卒お取り計らいのほどよろしくお願い申し上げます。

取り急ぎお知らせ申し上げます。

敬具

シーン別文例

病気で入院する場合

◉持病の糖尿病が悪化し、先日から○○病院へ入院しております
◉専門病院にて検査をしましたところ、父の肺に異常が見つかりました。入院して詳しい検査を受け、しばらく病院で経過を見守ることとなりました
◉当初は本人も落ち込んでおりましたが、現在は順調に回復に向かっております
◉当初は本人も驚いておりましたが、現在は前向きに治療に専念しております

妊娠中の体調の報告

to 姑

Formal

ていねいさ ●●○
相手との親しさ ●●○

POINT

- 体調を心配してくれる相手に感謝を示し、不安要素は書かずに明るい報告を
- 頼りにしている旨を伝える

拝啓　いつも何かとご心配くださり、ありがとうございます。

　初めてのことなので何かと不安ですが、❶いつもお母様がアドバイスをくださるので、とても安心です。おかげ様で❷今月の健診も問題なく、お腹の中の赤ちゃんはすくすく育っていると先生に言われました。

　予定日まであと二ヶ月ですが、お母様のお教えを守り、塩分の摂りすぎに注意して、臨月に入ってから妊娠高血圧症候群にならないよう食生活をしっかり管理するつもりです。
　❸これからも温かく見守ってくださいますよう、よろしくお願いいたします。

かしこ

書き換え例

❶いつもお母様がアドバイスをくださるので
お母様がいろいろと相談に乗ってくださるので／お母様の助言どおりにしていれば解消できるので／子どもを五人も出産したお母様が勇気づけてくれるので

❷今月の健診も問題なく
安定期に入ってからはつわりもほとんど起きず／妊娠経過も順調で、今月の健診でも

❸これからも温かく見守ってくださいますよう
そろそろ入院準備も必要な時期です。これからもお力になってくださいますよう／これからも何かと頼りにさせていただきますので

退院・全快の報告

関連する文例

退院祝い（あらたまった相手に）▼P70
病気お見舞いのお礼▼P88

退院の報告 Formal

to スポーツサークルのメンバー

ていねいさ ●●○
相手との親しさ ●●○

POINT
- 見舞いのお礼を述べ、退院後の経過を伝える
- 療養が必要でも、不安要素は書かない

拝啓　梅花の候、皆様にはお健やかにお過ごしのことと存じます。

このたびの入院に際しましては、ご多忙中にもかかわらず❶お見舞いをいただきまして、誠にありがとうございました。

おかげ様で二月十五日に無事退院し、現在は❷通院治療をいたしております。あと二週間もすれば元のように運動もできるとのことですので、❸皆様とテニスコートでお会いできる日を心待ちにしております。

近いうちにあらためてご挨拶申し上げるつもりでおりますが、取り急ぎ書中にてご報告かたがた御礼申し上げます。

敬具

書き換え例

❶お見舞いをいただきまして
ご深甚なるご高配を賜りまして／温かいお心配りを頂戴し

❷通院治療をいたしております
自宅でリハビリ生活を続けております／自宅療養に専念しております／通院しながら、少しずつ身体を動かす訓練をしております

❸皆様とテニスコートでお会いできる日を心待ちにしております
また皆様とご一緒に練習できることと存じます／体育館で皆様とプレーできる日を、指折り数えております

全快の報告

to 同僚

Casual

優子さん、このたびはいろいろとご心配をおかけして申し訳ありませんでした。

猫を飼っているから入院するわけにもいかず、毎日通院して検査と点滴でなんとか回復しました。優子さんがたびたび自宅に来て、猫の世話や私の身の回りのことをお手伝いくださり、❶本当に助かりました。ありがとう。今回のことで❷健康ってすばらしいと、つくづく思いました。ご承知のように膀胱炎の菌が回り体調が悪化してしまいましたが、❸今後は油断せず、自己管理を心がけるつもりです。

職場には週明けから復帰します。ご迷惑をおかけした営業部の皆さんにも、くれぐれもよろしくとお伝えください。

取り急ぎ全快のご報告とお礼まで。

ていねいさ ●●●
相手との親しさ ●●●

POINT
● 療養中のお世話に対する感謝を伝える
● 仕事に復帰するなど、近況を報告
● 健康への注意を誓う

書き換え例

❶本当に助かりました
とても心強い思いでした／どれだけありがたかったことか／どれだけ頼もしく感じられたことか

❷健康ってすばらしいと、つくづく思いました
健康のありがたみが骨身にしみました／健康の大切さをあらためて実感しました／何よりも健康が一番だと思い知らされました

❸今後は油断せず、自己管理を心がけるつもりです
今後は自分の健康を過信せず、異変を感じたらすぐに検査を受けるように心がけます／これからは無理をせず、少し摂生して規則正しい生活を心がけます

招待・案内の手紙

招待状は「お招き」案内状は「お知らせ」

結婚式や同窓会などの招待・案内の手紙は、会の内容や詳細を伝えて相手を「お誘い」するのが目的です。基本的に相手を「お招き」する招待状のほうが、案内状よりもお誘いの意味合いが強くなりますが、イベントや催しの参加を呼びかける案内状の場合は招待状と同じ意味をもちます。このため、どちらの手紙も、より多くの人にアクションを起こしてもらうための工夫が必要です。ゲストが来るなど参加者の興味をひく情報を盛り込んだり、参加者の顔ぶれを伝えたりなど、相手の行動を促す文面を心がけましょう。

ただし、招待状も案内状も決して参加を強要するものではないので、礼儀をふまえ、あくまでも参加を「お願いする」という謙虚な姿勢を忘れないことが大切です。

形式に従い、正確性とわかりやすさを第一に

招待・案内の手紙は、会の内容のほかにも日時、会場、会費の有無など、伝えなければならない情報が多いのも特徴です。わかりやすくするために、住所や連絡先などの細かい情報は本文に盛り込まず、結語のあとに「記書き」(別記)と呼ばれる形式で箇条書きにするのが一般的です。

交通手段と地図も明記し、必要に応じ駐車場の有無や服装などについてふれておくと親切です。また、出欠の確認が必要な場合は返信用ハガキを同封するか往復ハガキを用い、締め切りも記載します。相手の都合を考慮して概ね一ヶ月前から遅くとも二週間前には届くように送り、急なお誘いにならないように注意しましょう。

CHECK
- 参加を促すための工夫を盛り込む
- 必要事項を漏れなく正確に伝える
- 礼儀をふまえ相手の都合を考慮する

招待・案内の手紙 基本の流れ

前文
- ●頭語　●時候の挨拶
- ●相手の健康・安否を尋ねる
- ※必要に応じ前文の前にタイトルを立てる場合もある

主文
- ●招待・案内の言葉
- ●催しの内容を伝える
- ※「楽しそう」「行ってみたい」と感じてもらえる文面に
- ●出席・参加を請う

末文
- ●結びの言葉　●結語
- ●記書き
- ※日時、会場、会費の有無、出欠の確認、駐車場の有無、そのほか必要な注意事項などを書き入れる

気をつけたい マナーのポイント

「参加してください」の一辺倒にならないように注意！

忙しい相手に対し、「来てください」「ご参加願います」の一辺倒では、自分の都合ばかりを押しつけるような印象に。やみくもに参加を請うのではなく、目的を掲げたり、誘いたい理由をさり気なく書いたりするほうがスマートです。

格調高い招待状にフランクな表現はNG

大勢で盛大に執り行う結婚式や披露宴などの招待状は、品格を重んじ儀礼的な文章にするのが基本です。親しい人には直筆でメッセージを添えるなどして、招待状自体はくだけた印象にならないように注意しましょう。

強引な言い回しや断りにくい言葉で誘わない

「来てくれないと困ります」「ご欠席されたら残念です」などの表現は控えましょう。何がなんでもという意味の「万障繰り合わせて」も、相手によっては強引な印象を与えてしまいます。

招待・案内の手紙を送るタイミング

相手が余裕をもって検討できるようにできるだけ早めに送りましょう。

種類	手紙を送る時期
結婚式・披露宴	一ヶ月前には届くように発送。宛名書きなどの作業を考慮し、準備は二ヶ月前から始めたい
同窓会・クラス会	一ヶ月前には届くように発送。遠方から来る人の都合も考慮して送るのがマナー。恩師には、別の文面でもう少し早めに知らせる場合も
祝賀会	開催日の十日～十五日前には届くように※発送
発表会	開催日の一週間～十日前には届くように※発送。返信が必要な場合は、それよりも早めに。会場の定員なども考慮し、興味をもってくれそうな相手に送るようにしたい
忘年会・歓送迎会	開催日の十日～十五日前には届くように※発送
イベントなどへの誘い	開催日の十日～十五日前には届くように※発送

※集まりが大規模なら一ヶ月以上前には発送する

結婚式・披露宴の招待

関連する文例
結婚祝い（知らせを受けた返事）▼P57
結婚の報告▼P140

結婚披露宴の招待（本人から）

to ゲスト

Formal

ていねいさ ●●●
相手との親しさ ●●○

POINT
●相手との人間関係を大事にして、ていねいに出席をお願いする
●形式に従って必要事項を簡潔に書く

謹啓　新緑のみぎり、皆様におかれましては、ますますご清祥のこととお喜び申し上げます。

さて、このたび皆川康雄様ご夫妻のご媒酌により、私ども両名は結婚式を挙げることになりました。

つきましては、❶日頃よりご指導とご厚誼を賜ります皆様にご挨拶を申し上げたく、挙式後、左記のとおり❷ご披露の小宴を催します。

お忙しいところ誠に恐縮ではございますが、何卒ご列席賜りますよう、謹んでご案内申し上げます。

謹白

記

書き換え例

❶**日頃よりご指導とご厚誼を賜ります皆様にご挨拶を申し上げたく**
皆様に心よりのご挨拶を申し上げたく／皆様方に今後より一層のご指導とご厚誼を賜りたく／今後ご厚誼をいただく皆様に粗餐を差し上げたく

❷**ご披露の小宴を催します**
ささやかながら披露の宴を催したく存じます／披露かたがた心ばかりの粗宴を開かせていただきます

❸**ご都合のほどをお知らせください〜**
ご出欠のお返事を賜りますよう／ご出席の可否をお返事くださいますよう

日時　令和〇年六月〇日（日曜日）　午後一時

場所　青葉山ホテル四階　楓の間

〇〇線〇〇駅より徒歩五分（同封の地図をご参照ください）

令和〇年五月吉日

江藤　賢作

柳瀬　嘉穂

なお、恐縮ですが六月〇日までに同封の返信ハガキにてご都合のほどをお知らせくださいますようお願い申し上げます。❸

こんなときはどうする？

海外で式を挙げ旅費を負担してもらう場合

文例▼誠に恐れ入りますが、渡航費と宿泊費につきましては各自ご負担いただくことになります。なお、ご祝儀などのお気遣いはなきようお願い申し上げます。

よくあるNG例

●スピーチの依頼を同封する

目上の人への祝辞の依頼は、招待状とは別に手紙でお願いするのが礼儀です。

●ゲストの名前や住所を間違える

招待状は印刷し、宛名は手書きという場合も多いので、名前や住所の書き間違いにはくれぐれも注意しましょう。

シーン別文例

媒酌人を立てない場合

◉このたび私たちは、ともに新しい人生を歩むべく、結婚式を挙げることになりました

◉このたび私たちは結婚式を挙げ、新しい人生の一歩を踏み出すことになりました

人前式の場合

◉皆様に挙式の立会人となっていただきたく存じます

◉私たちの新しいスタートとなる人前挙式に、お立ち会いいただきたく存じます

Advice

極めて儀礼的な案内となるために、文面に句読点を入れない古風な書き方をする場合も少なくありません。

結婚式の招待（両親から）

to ゲスト

Formal

ていねいさ ◉◉◉
相手との親しさ ◉○○

謹啓　新秋の候　ますますご清祥のこととお喜び申し上げます
このたび坂田太一様ご夫妻のご媒酌により
新井浩介　長男　浩一
河田智弘　長女　七海
両名の婚約が整い　左記のとおり挙式の運びとなりました
つきましては❶末永いご厚誼を賜りたく　❷ご披露を兼ねて小宴を催したいと存じます　ご多忙中のところ誠に恐縮でございますが　何卒
❸ご臨席賜りますよう　謹んでご案内申し上げます　謹白
令和〇年九月吉日

POINT
- 句読点「、」「。」をつけず行頭を揃えるなど儀礼的文書のルールに従って書く
- 品位と品格を意識して格調高くまとめる

書き換え例

❶末永いご厚誼を賜りたく
今後とも幾久しくご懇情を賜りたく／二人の新しい門出に際し／皆様方にはこれからも一層のご指導を賜りたく／どうか今後ともご指導ご厚誼を賜りたく

❷ご披露を兼ねて小宴を催したいと存じます
披露かたがた粗餐を差し上げたく存じます／ささやかな披露をいたしたく存じます

❸ご臨席賜りますよう
ご来臨の栄を賜りますよう／ご列席賜りますよう

Advice
案内状の文案が用意されている場合でも、ふさわしい言葉づかいであるかを吟味することが大切です。

二次会への招待（幹事から）

to ゲスト

Formal

ていねいさ ◉◉◎
相手との親しさ ◉◉◎

POINT
● 堅苦しい表現は避け、親しみやすい文面を心がける
● 幹事の連絡先など必要事項を明記

拝啓　風薫る季節となりました。皆様にはご清祥のことと存じます。

　このたび、❶○○大学天文同好会ＯＢの山本琢磨君と後輩の橋本明子さんが、結婚することとなりました。

　つきましては、❷お二人の新しいスタートを祝し、日頃から親しくされている皆さんをお招きし、二次会パーティーを開催します。楽しいイベントも用意しておりますので、❸ぜひともご出席くださいますよう、お願い申し上げます。

敬具

記

（日時、会場、会費、出欠の連絡方法など）

令和○年五月吉日

幹事代表　池田正則
電話○九○-○○○○-○○○○

書き換え例

❶ **○○大学天文同好会ＯＢの山本琢磨君と後輩の橋本明子さんが**
私たちのよき友人である○○君と○○さんが／私たちの憧れのカップルである…

❷ **お二人の新しいスタートを祝し**
お二人の門出を祝い／お二人の幸せにあやかるべく／おめでたいお二人を盛大に祝福するべく／新郎新婦を囲んでなごやかな時間を過ごすべく

❸ **ぜひともご出席くださいますよう**
ぜひご参加くださいますよう／たくさんの方にご出席いただけますよう／ご都合で披露宴に出席できない方もご参加くださいますよう

同窓会・クラス会の案内

同窓会の案内

to 恩師

Formal

ていねいさ ◉◉◉
相手との親しさ ◉◉◎

謹啓　立春の候、ますますご壮健のこととお喜び申し上げます。

さて、このたび、○○県立△△△高校、令和○年度卒業三年A組の同窓会を左記のとおり開催する運びとなりましたので、謹んでご案内申し上げます。約十年ぶりに❶田中先生を囲み、皆様とともに旧交を温めたいと存じますので、

❷何卒ご出席賜りますようお願い申し上げます。

謹白

記

（日時、会場、会費、出欠の連絡方法など）

令和○年二月一日

幹事　西島敦子

電話○四五-○○○-○○○○

関連する文例

同級生の連絡先の問い合わせ▼P201
クラス会の案内▼P289

POINT

- 卒業年度とクラスを忘れずに明記
- 同級生の様子などを伝え、温かみのある文面を心がける

書き換え例

❶田中先生を囲み、皆様とともに旧交を温めたいと存じますので

皆様とともに○○先生のお話を賜ることを、楽しみにしておりますので／○○先生のご尊顔を拝することを、皆様と胸を躍らせて待っておりますので／○○先生を囲み、皆様とともに思い出話に花を咲かせることを、今から楽しみにしているので

❷何卒ご出席賜りますようお願い申し上げます

同級生一同、先生のご参加を心よりお待ち申し上げております／何卒ご来臨くださいますよう、ご懇願申し上げます

同窓会の案内 to 同窓生

Formal

ていねいさ ●●◐
相手との親しさ ●●●

POINT

- 「再会」「懐かしい顔ぶれ」などの言葉で参加者の気持ちを盛り立てる
- 恩師を招待する場合はその旨を明記

拝啓　新緑がまぶしい季節、皆様にはご健勝のことと存じます。
さて、❶恒例になりました○○中学校の同窓会を、左記の要領で開催いたします。今年は早坂先生が還暦を迎えられることとなり、先生の還暦のお祝いも兼ねた盛大な同窓会を計画いたしました。早坂先生とご親交が深かった英語の金子先生や、野球部の原先生もご出席くださる予定です。❷懐かしい顔ぶれが一堂に会する、またとない機会ですので、一人でも多くご出席くださいますようお願い申し上げます。　敬具

記

（日時、会場、会費、出欠の連絡方法など）

令和○年五月十二日

幹事　高橋彩美

電話○三-○○○○-○○○○

書き換え例

❶恒例になりました○○中学校の同窓会を、左記の要領で開催いたします

今年も○○中学校同窓会のシーズンとなりました／来る○月○日、○○中学校の同窓会を開催する運びとなりました／私たちが○○中学校の学び舎から巣立って早○年を数えます

❷懐かしい顔ぶれが一堂に会する、またとない機会です

懐かしい先生方を囲んで、にぎやかに近況を報告し合いたいと考えております／おいしい食事をいただきながら、しばしあの頃にもどって、旧交を温めたいと考えております

Advice

同窓会の楽しい様子が目に浮かぶ案内状が理想的です。

祝いごとへの招待

父の古希祝いへの招待

to 親戚

Formal

ていねいさ ◉◉◉
相手との親しさ ◉◉◉

拝啓　薄暑の候、いよいよ健勝の由、何よりと存じます。

さて、おかげ様で父も元気にしております。来る七月三日、いよいよ七十歳の誕生日を迎えますので、七月二十五日（土）正午より、拙宅にて内輪だけの古希の祝宴を催したく存じます。

ご多用中とは存じますが、お繰り合わせのうえ、お運びいただければ幸いです。

なお、何卒平服にて、手ぶらでお越しくださいますようお願い申し上げます。

敬具

関連する文例

還暦祝い（あらたまった相手に）▼P71
米寿祝いのお礼▼P92

POINT

● 親戚を集める程度の小規模な会の場合、記書きせず普通の手紙の形式でもOK
● 身内でも電話ではなく封書で伝えたい

シーン別文例

長寿祝いへの招待の場合

◉ 父の還暦を祝う心ばかりの小宴を執り行いたいと存じます
◉ おかげ様で母も喜寿を迎えることとなりました

新築祝いへの招待の場合

◉ おかげ様で拙宅の新築工事もようやく完了しました。日頃お世話になっている皆様にお集まりいただき、ささやかなお披露目パーティーを開きたいと存じます
◉ 新居での暮らしもようやく落ち着き、親しい皆様をお招きする準備が整いました

発表会の案内

関連する文例
個展の案内▼P290
お茶会の案内状に添えて▼P300

ダンス発表会の案内

to 知人

Formal

ていねいさ ●●●
相手との親しさ ●●●

拝啓　新秋の候、皆様にはお健やかにお過ごしのことと存じます。

さて、突然で恐縮ですが、一年ほど前から趣味で通っておりますフラダンス教室の発表会が、左記のとおり開催されることとなりました。都内近郊の教室やダンス・スタジオから総勢十五組のチームが集結し、お台場ハワイアン・フェスティバルの特設ステージで日頃の練習の成果を披露します。ご来場者全員で踊るイベントなどもありますので、お祭りを楽しむつもりでお運びいただければ幸いです。

敬具

記

（日時、会場、費用の有無、ステージのタイムスケジュールなど）

POINT
● 会の規模や参加者の内訳などを伝えて、わかりやすい内容に
● 気軽に足を運びやすい文面を心がける

シーン別文例

子どもの発表会の案内の場合

◉ このたび○○（子どもの名前）にとって初めてのダンスの発表会が行われます

◉ ○○にとって小学生最後のピアノ発表会となります

◉ ○○のバレエ教室の発表会が開かれることとなりました

グループ展の案内の場合

◉ ○○美術大学の卒業生でグループ展を催します

◉ 写真サークルのメンバー六人で、四季の花をテーマにグループ展を開くこととなりました

忘年会・歓送迎会の案内

ていねいさ ●●●
相手との親しさ ●●●

忘年会の案内 Formal

to サークル会員

日本酒サークル忘年会のご案内

拝啓　向寒のみぎり、皆様いかがお過ごしでしょうか。
さて、❶恒例となりました忘年会を、左記の要領で開催したいと存じます。今年は○○酒造の花川専務にご参加を賜り、しぼりたての新酒の飲み比べも予定しております。新酒の出来栄えをいち早く味わうとともに、❷一年のしめくくりにふさわしい盛大な会にしましょう。
ご多用の折とは存じますが、❸ふるってご参加くださいますようお願い申し上げます。

敬具

記

（日時、会場、会費、出欠の連絡方法など）

POINT

● 慰労、親睦、忘憂など大義名分を掲げる
● イベントなどがあれば明記し、事務的な内容に終始しないように心がける

書き換え例

❶ **恒例となりました忘年会を**
年末恒例の忘年会を／皆様お待ちかねの忘年会を／久方ぶりに忘年会を

❷ **一年のしめくくりにふさわしい盛大な会にしましょう**
この一年を振り返り、楽しい時間を過ごしましょう／より一層親睦を深め、新しい年に向けて英気を養いましょう／お互いの労をねぎらい一年をしめくくりましょう

❸ **ふるってご参加くださいますよう**
多数の皆様のご参加を賜りますよう／どうか多くの方々のご出席をいただけますよう

関連する文例
受賞祝賀会参列のお礼▼P93
ダンス発表会の案内▼P157

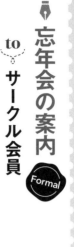

歓迎会の案内

to 社員

Formal

大倉課長歓迎会のご案内

拝啓　このたび、仙台支社より四月一日付で大倉課長が着任されることになりました。つきましては、今後ご指導を仰ぐ大倉課長への歓迎の意を込めて、左記のとおり歓迎会を行います。

当日はお楽しみ企画を用意しているほか、大倉課長が十八番の余興を披露してくださるとのことです。皆様ふるってご参加ください。

敬具

記

（日時、会場、会費、幹事名、出欠の連絡方法など）

ていねいさ ◉◉◎
相手との親しさ ◉◉◎

POINT
- 誰の歓迎会かを冒頭で明確に記す
- 社員への案内状は前文を省き、明瞭簡潔を心がける

シーン別文例

新入社員歓迎会の場合

◉このたび我が社に○○さんと○○さんが入社されました。つきましてはお二人のこれからのご活躍を祈念し、ささやかな歓迎会を行います

◉このたび我が支店に配属された新入社員○名の前途を祝し、歓迎会を催すことになりました

中途入社の歓迎会の場合

◉このたび我が社に○○さんが入社されました。○○さんは長年○○会社の経理部で辣腕をふるってこられた経理のエキスパートです。○○さんに心からの歓迎の気持ちを込めて歓迎会を企画いたします

PTAの案内

PTA総会の案内

to 保護者

Formal

関連する文例

ダンス発表会の案内▼P157
忘年会の案内▼P158

ていねいさ ●●●
相手との親しさ ●●○

PTA総会のご案内

拝啓　春暖の候、保護者の皆様におかれましては、ますますご清祥のこととお喜び申し上げます。平素はPTA活動にご協力を賜り、誠にありがとうございます。

さて、❶令和○年度第○回PTA総会を左記のとおり開催いたします。ご多忙中とは存じますが、❷ご参集のほどよろしくお願い申し上げます。なお、❸当日ご欠席される方は○月○日までに委任状をお子様の学級担任までご提出ください。何卒よろしくお願いいいたします。　敬具

記

（日時、場所、議事内容、注意事項など）

POINT

●形式に従って必要事項を簡潔に書く
●欠席する場合の委任状の取り扱い方法を忘れずに明記する

書き換え例

❶**令和○年度第○回PTA総会を左記のとおり開催いたします**
新しい年度を迎え、新役員のご紹介も兼ねて本年度のPTA総会を開催する運びとなりました／左記のとおりPTA総会のご案内をさせていただきます

❷**ご参集のほど**
ご出席くださいますよう／多数ご参加くださいますよう／ぜひともご出席を賜りますよう

❸**当日ご欠席される方は**
当日のご都合がつかない方は／欠席される場合は

サークルへの誘い

関連する文例
ピアノ教室紹介の依頼▼P167
旅行への誘いの承諾▼P185

バレーボールクラブへの誘い

to 友人

Casual

ていねいさ ●○○
相手との親しさ ●●●

POINT
● 会の魅力を具体的な情報で伝える
● 強引な誘いにならないように注意する
● 会費がかかる場合は明記するのが礼儀

さわやかな秋晴れが続いています。いかがお過ごしでしょうか。

　私は先日お話ししたように、最近はバレーボールクラブの練習に熱中しています。京子さんもいかがと思い、お知らせしました。中心メンバーは、私たちと同じ三十代のママさんばかり。育児の悩みを聞いてもらったりして、とてもよい気分転換の場になっています。皆さん気さくな方ばかりなので、京子さんもすぐにお友達になれると思いますよ。次回の練習は○月○日の午後一時から三時まで。場所は市民ホール隣の市民体育館です。会費などは特になく、コートの使用料は毎回集まったメンバーで割り勘にしています。よろしければぜひ一度見学にいらしてみてください。お待ちしています。

シーン別文例

そのほかのサークルの場合

◉早速ですが、このたび私どもで○○サークルを結成しました。○○さんもぜひお誘いしたいと思いお手紙差し上げた次第です

◉有志で結成した気楽な趣味の会です。のんびりマイペースな方ばかりですので、お気軽にご参加ください

旅行の誘いの場合

◉○○旅行のお誘いでお手紙差し上げました

◉参加者は○○さん同様、古都めぐりが趣味の女性ばかりです

依頼・相談の手紙

依頼・相談の内容は簡潔かつ具体的に

人に何かを頼んだり、助言を求めるなど、何かをお願いする依頼・相談の手紙は、相手にわかりやすく、簡潔に伝えることが大切です。依頼や相談の内容と、そこに至った理由とともに、なぜ手紙の相手にお願いするのか、相手を選んだ理由を明確にします。

特に、仕事や人の紹介、借金、保証人の依頼など、相手に大きな負担と責任を強いることになる場合は、これらのことがわからなければ、相手も返事のしようがありません。

また、「○○を紹介してほしい」「○万円貸してほしい」「保証人になってほしい」など、言い出しにくいこともあいまいにせず、具体的に伝え、相手が「何を頼まれたのか」が一読してすぐにわかるような文面を心がけましょう。

なお、時期や期限のある依頼の場合は、相手の都合を考えて、なるべく早く出すことも大切です。

親しい相手にも礼儀正しくていねいな文面を心がける

頼みごとは本来、こちらから出向いてお願いするものです。どんなに親しい関係でも、相手に負担をかけ、わずらわせることになりますから、謙虚な姿勢を忘れず、ていねいにお願いします。かしこまるべき相手や依頼の際には、手紙で依頼する略式の礼儀を詫び、相手が許せばあらためてお願いにあがる用意があることを伝えましょう。

依頼や相談は、こちらの勝手な都合です。相手の立場を考えて、許容範囲を超えるような無理な依頼・相談、立場上引き受けられないような依頼は控えましょう。さらに、互いの立場や過去のことをもち出して、受諾を強要するようなことをしてはいけません。

そして、依頼を受けてもらったときは、その結果も忘れずに報告します。紹介など、相手もその後が気になるような依頼の場合は、たとえ思わしくない結果に終わっても、結果が出たら、すぐに連絡しましょう。承諾を得られなかった場合も、必ずお礼状を出すのがマナーです。

CHECK

✓内容は簡潔・明確にまとめる
✓謙虚な姿勢でお願いする
✓親しい相手にも礼儀をつくす

依頼・相談の手紙 基本の流れ

前文
- 頭語
- 時候の挨拶

主文
- 依頼・相談があることを伝える
- 依頼の内容
- 現状やこれまでの経緯の説明
- 手紙の相手にお願いする理由

※頼みごとの場合は、相手に迷惑をかけないことを誓う
※履歴書などを同封する場合は、いきなり履歴書を同封する非礼を詫びる

末文
- 依頼・相談であることをあらためて伝え、お願いする
- 結びの言葉
- 結語

気をつけたい マナーのポイント

親しい相手にもていねいにお願いする

どんなに親しい相手であっても、依頼や相談は相手に負担をかけることになるため、手紙の形式やマナーを守って、ていねいにお願いします。

借用の依頼は返済・返却日を明記する

お金や物品を借用するときは、必ず返済・返却方法と期日を明記します。たとえ、返済の目処が立っていない借金の場合でも、必ず返すことを約束し、相手を不安にさせないようにします。物品を借用するときは、破損や紛失しないよう、大切に扱うことを伝えます。

断られた場合もお礼の手紙を出す

残念ながら断られた場合も、相手をわずらわせ、気まずい思いをさせてしまったお詫びと、検討へのお礼を記したお礼状を出すようにします。ていねいな言葉でお詫びや感謝を伝え、今後も変わらぬおつきあいを願いましょう。

依頼・相談がうまくいくためのQ&A

Q 頼み方のコツはありますか？

A 相手の気持ちを動かすためには、謙虚な姿勢で丁重にお願いすることが大切です。ただし、必要以上にへりくだったり、哀願するのは、得策とはいえません。相手を不快にさせて逆効果になることもあるので注意が必要です。そして、なぜ相手にお願いするのか、その理由をきちんと説明し、「あなただから」お願いしたい、という気持ちを伝えます。

Q 相談したいことがたくさんあるときは？

A 相談ごとは、事前に状況を整理して、内容を絞るのが基本です。しかし、どうしても多くなってしまうときは、箇条書きにするなどして、相手が回答しやすいようにしましょう。状況説明は、どうしても冗長になりがちなので、簡潔に説明するよう心がけることも大切です。

就職先・転職先紹介の依頼

息子の就職先紹介の依頼

to 知人

Formal

ていねいさ ●●●
相手との親しさ ●○○

関連する文例
就職の報告▼P138
転職の相談▼P177

POINT
- 相手にお願いした理由をわかりやすく伝える
- 相手の負担を考え、礼をつくす

謹啓　向暑の候、ますますご健勝のこととお喜び申し上げます。

本日は、来春大学を卒業する長男の就職について❶お願いがあり、お便りを差し上げました。

長男の耕太郎は、かねてよりＩＴ業界への就職を希望し、鋭意就職活動に努めておりますが、状況は厳しいようです。

つきましては、ＩＴ業界においても❷広いご人脈をおもちでいらっしゃる高橋様に、どこかお心あたりがあればご紹介いただけないかと思い、失礼を承知のうえでご懇願申し上げる次第です。

ご多忙中誠に恐縮ですが、長男の履歴書を同封いたしましたので、ご高覧のうえ、お力添えいただければ幸いです。

❸後日あらためて長男とともにお願いにあがりたいと存じますが、まずは書中にてお願い申し上げます。

謹白

書き換え例

❶お願いがあり、お便りを差し上げました
お願いのため、ペンを執りました／○○様にお願いしたいことがあり、お手紙をお送りいたしました

❷広いご人脈をおもちで～
第一線でご活躍の／お顔の広い／業界にお詳しい

❸後日あらためて長男とともにお願いにあがりたいと存じますが
お時間をいただけましたら、あらためてお願いに伺いたいと存じますが／あらためましてお願いのご挨拶に伺う所存でございますが

転職先紹介の依頼

to 学生時代の先輩

Formal

拝啓　風薫る季節となりました。お変わりなくご活躍のこととお喜び申し上げます。

さて、❶突然のお願いで恐縮ですが、ぜひとも山崎先輩のお力をお借りしたく、お便りいたしました。

実はこの春、勤務していた会社が倒産し、失業してしまいました。❷いろいろ探していますが、特筆するような資格もなく、真面目が取り柄というだけではなかなかうまくいきません。

つきましては、お仕事柄多くの企業とおつきあいがあり、責任ある立場の方とも懇意にされている先輩に、どこかよいところがありましたらお口添えいただけないかと、謹んでお願い申し上げる次第です。

近いうちにあらためてご相談に伺いたいと思っておりますが、まずは書中にて当方の状況をご報告いたします。
❸何卒お力添えのほど、よろしくお願い申し上げます。
敬具

ていねいさ ◉◉◉
相手との親しさ ◉◉○

POINT
- 自分の窮状を簡潔に伝える
- 単刀直入に助力を仰ぐ
- 親しい間柄でも、礼儀正しく

書き換え例

❶突然のお願いで恐縮ですが
厚かましいお願いで心苦しいのですが／ご多忙中、ご面倒をおかけして申し訳ございませんが

❷いろいろ探していますが
○○系の仕事を中心に探していますが／今までと同じ○○業界を希望していますが

❸何卒お力添えのほど
何卒お取り計らいくださいますよう／ご高配賜りますよう

Advice
就職は一生の大事。たとえ親しい間柄でも、ざっくばらんな言い方は禁物です。ていねいに依頼します。

人物・施設紹介の依頼

弁護士紹介の依頼

to 知人

Formal

ていねいさ ●●●
相手との親しさ ●●●

関連する文例
医師紹介依頼の承諾▼P182
仕事上の紹介依頼のお断り▼P190

POINT
● 状況を簡潔に説明する
● どのような人を紹介してほしいのか、相手がすぐにわかるようにする

拝啓　時下ますますご清祥のことと存じます。

本日は、鈴木様に姪のことでお願いがあり❶、お便りいたしました。

姪は、昨年末から離婚話を進めておりましたが、相手が突然、多額の借金を残して蒸発してしまい、大変困っております。

そこで、鈴木様のお知り合いにこうした問題を専門に扱う弁護士の方はいらっしゃらないかと思い、お伺い申し上げる次第です。

もしお心あたりがございましたら、ご紹介いただければ幸いです❷。

厚かましいお願いで誠に恐縮ですが、何卒よろしくお願い申し上げます❸。

敬具

書き換え例

❶**お願いがあり**
折り入ってお願いしたいことがあり／ご相談があり

❷**お心あたりがございましたら、ご紹介いただければ幸いです**
ご存知でしたら、ぜひともご紹介いただけないでしょうか／よろしければお力添えをお願いできないでしょうか

❸**何卒よろしくお願い申し上げます**
取り急ぎ、書面にて失礼いたします／取り急ぎ、書中にてお願い申し上げます

ピアノ教室紹介の依頼

to 友人

Formal

ていねいさ ◉◉◉
相手との親しさ ◉◉◉

朝夕めっきり冷え込むようになりましたが、お元気ですか。

本日は幸恵さんに、娘の香奈のピアノ教室をご紹介いただけないかと思い、お手紙を差し上げました。

幸恵さんもご存知のように、娘の香奈は４歳から近所のピアノ教室に通っていますが、このたび、先生が病気で教室を閉めることになってしまいました。香奈は将来音楽大学へ進みたいようで、できればこれを機に、本格的なレッスンを受けたいと希望しております。

つきましては、❶音楽大学をご卒業なさった幸恵さんに、どなたかよい先生をご紹介いただけないかと、お伺い申し上げる次第です。

お忙しいところご面倒をおかけして恐縮ですが、どうぞよろしくお願いいたします。
❷後日あらためてお電話させていただきます。

かしこ

POINT

- 親しい関係では形式ばった前文は不要だが、本文以降はていねいに
- 具体的な希望を伝える

書き換え例

❶音楽大学をご卒業なさった～
ご自身も音楽大学で学ばれ、その道のお知り合いが多い○○さんにご相談させていただきたく／音楽大学ご出身で、その方面への造詣も深い○○さんにご紹介いただければと思います

❷後日あらためてお電話させていただきます
あらためてご連絡させていただきますが、まずは書中にてお願い申し上げます／追ってお電話をいたしますが、取り急ぎ書面にて失礼いたします

Advice

人物紹介は道義的に人物保証をともなうので、依頼された側の負担は大です。それを十分ふまえ依頼します。

手伝い・協力の依頼

アンケート協力の依頼

to 市民

Formal

ていねいさ ●●●
相手との親しさ ●●●

関連する文例
ダンス発表会の案内▼P157
PTA総会の案内▼P160

POINT
- 相手に労力をかけるお願いは、詳細が決まり次第、早めに出す
- 事務的な依頼は形式も文もていねいに

拝啓　秋涼の候、皆様にはますますご壮健のことと存じます。

さて、本日は皆様に冬の夜回りについてのアンケートへのご協力を❶お願いしたく、お手紙を差し上げます。

当市では毎年、冬の火災予防の一環として、地区内の夜回りを行ってまいりましたが、近年さまざまな理由から中止を希望する意見が聞かれます。つきましては市民の皆様から意見を伺い、今後の活動に反映させていきたいと考えております。誠に恐縮ですが、同封のアンケ❷ートにお答えいただき、率直なご意見をお聞かせくださるようお願いいたします。

なお、アンケート用紙は十月三日から回収に伺いますので、ご協力いただければ幸甚です。

敬具

書き換え例

❶アンケートへのご協力をお願いし
アンケートを実施いたし／アンケートにご回答いただき

❷誠に恐縮ですが、同封のアンケートにお答えいただき
ご多用中とは存じますが、同封のアンケートにご協力いただき／ご多忙のところ恐縮ですが、別紙アンケートにお答えいただき

Advice
アンケートを書くモチベーションを与えるには、意見を聴取する意義を明確に伝える必要があります。

イベント手伝いの依頼

to 友人

Formal

拝啓　日増しに春めいて、桜の開花が待ち遠しい季節となりました。

お元気でお過ごしのことと存じます。

早速ですが、折り入ってお願いがございます。

来月、同封したハガキのとおり恵比寿で小さなスペースを借りて、キルトの個展を開くことになりました。

つきましては尚美さんに、個展会場の受付のお手伝いをお願いできないかと思い、お伺いいたします。もちろん私も、期間中は会場に詰める予定ですが、一人では心許なく、❶お手伝いいただける方を探しています。尚美さんもキルトがご趣味ということですので、ご興味をもっていただけるのではと、厚かましくお伺いする次第です。❷一日だけでも結構ですから、手伝っていただけないでしょうか。

追ってお電話を差し上げます。お考えいただければ幸いです。❸
かしこ

ていねいさ ●●○
相手との親しさ ●●○

POINT
- 状況を率直に説明する
- 依頼理由を明記する
- 追って連絡することを伝える

書き換え例

❶**お手伝いいただける方を探しています**
お手伝いいただけないかと、ご相談申し上げます

❷**お伺いする次第です**
この手紙をしたためました／ご連絡させていただきました

❸**お考えいただければ幸いです**
ご検討よろしくお願いいたします／どうかご検討ください／ご一考のほどよろしくお願い申し上げます

Advice
頼む側と頼まれる側の意識の差は、想像以上に大きく、頼まれる側の苦痛への十分な配慮が大切です。

講演・執筆の依頼

講演の依頼

to 講師

Formal

ていねいさ ●●●
相手との親しさ ●○○

関連する文例
アンケート協力の依頼▼P168
イベント手伝いの依頼▼P169

恭啓　向暑の候、いよいよご清栄のことと大慶に存じます。

不躾にも、❶突然お便り申し上げる失礼をお許しください。当方は、再生可能エネルギーの普及を推進するNPO法人○○○と申します。私どもでは毎年、さまざまな角度からエネルギー問題に関する講演を行っておりますが、本年はバイオガスに焦点をあてた講演を企画しております。つきましては、日本のバイオガス研究の第一人者であり、エネルギー問題についてのご著書もある松下先生に、「バイオガスの可能性と現在」というテーマでご講演いただきたく、別紙要領にてご依頼申し上げる次第です。

ご多用中恐縮ですが、何卒ご検討賜りますようよろしくお願い申し上げます。

敬白

POINT
- 突然手紙を出す失礼を詫びる
- 講演のテーマや目的を明記する
- 講師の実績をたたえて敬意を表す

書き換え例

❶突然お便り申し上げる～
初めてお便り申し上げます／初めてお便り差し上げる失礼をお許しください

シーン別文例

講師の実績をたたえる場合
◉卓越した経営手腕で、経済界のホープと称される
◉○○について大変お詳しい

Advice

講演依頼の概要は主文で示し、詳細については別記するか、別紙に示すのが効果的です。

執筆の依頼

to 執筆者

Formal

ていねいさ ◉◉◉
相手との親しさ ◉◎◎

POINT
●原稿についての詳細や条件は「記」として別項にまとめるか、別紙に示す
●諾否の確認方法に配慮する

拝啓　早春のみぎり、黒田先生にはご清祥のことと拝察申し上げます。

私は、「○○会」という俳句の会を主宰する加藤と申します。当会では、季刊で「あけび」という機関誌を刊行し、毎回巻頭にて著名人の方の俳句との出逢いや楽しみ方を語っていただいております。

つきましては、黒田先生が、最近俳句を始められたことを伺い、ぜひとも小誌にご執筆を賜りたく、不躾ながらご依頼申し上げます。先生と俳句との出逢いについて、別紙の要領でご寄稿いただければ幸甚です。ご参考までに❶最新号を同封いたしましたので、ご参照いただければと思います。
❷お返事は、来る○日にお電話でお伺い申し上げます。
ご多忙のところ誠に恐縮ですが、ご高配賜りますようお願い申し上げます。

敬具

書き換え例

❶**最新号を同封いたしましたので～**
見本誌を同封いたしましたので、ご高覧ください／最新号を同封いたしましたので、お目通しのうえ、ご検討いただければ幸いです

❷**お返事は、来る○日にお電話でお伺い申し上げます**
ご検討いただき、○日までに同封のハガキにてお返事くださいますようお願い申し上げます／○日の○時頃お電話でご都合をお伺いいたしますが、お留守の場合はご伝言をお願いできればありがたく存じます

Advice
返事の期限を区切るときは、心から恐縮することが大切です。せかすことは絶対禁物です。

借金・借用の依頼

関連する文例

借金を承諾してもらったお礼▼P96
物品借用依頼の承諾▼P187

借金の依頼 Formal

to 知人

ていねいさ ●●●
相手との親しさ ●●○

POINT
- 窮状の原因や状況を率直に伝える
- 切羽詰まった状況でも礼儀正しく
- 返済期日や見通しを明記する

拝啓　晩冬の候、中村様にはますますご健勝のことと存じます。

突然ですが、誠に不躾なお願いがございます。ご無礼をどうかお許しください。

実は、仕事の工期が延び、先月末に予定していた入金が三ヶ月ほど遅れることになってしまいました。そのため、当座の運転資金が不足し、月末の支払いも目処が立たない状況です。誠にお恥ずかしいお願いではございますが、百万円をご用立て願えないかと❶、謹んでお願い申し上げる次第です。

来月末には、必ずご返済いたします。

❷まずは略儀失礼ながら書中をもってお願い申し上げます。

敬具

書き換え例

❶ご用立て願えないかと

ご援助いただけないかと／借用できないかと／ご融通いただけないかと

❷まずは略儀失礼ながら書中をもってお願い申し上げます

後日あらためてお願いにまいりますが、まずは書面にて失礼いたしますが／何卒お力添えを賜りますよう、お願い申し上げます／何卒ご高配を賜りたく、右お願い申し上げます

Advice

窮状を伝えることは大切ですが、あまり深刻に訴えると、相手は面倒に思い、好意を発揮しにくくなります。

物品借用の依頼

to 友人

Formal

菊薫るさわやかな季節となりましたが、お変わりありませんか。

本日は、優子さんにたってのお願いがあり、お手紙いたしました。

このたび、主人の大切な取引先の方からお茶会に誘われたのですが、その席に着ていく着物がなく困っています。ついては、優子さんのお着物を拝借することはできませんでしょうか。当初はスーツで出席するつもりだったのですが、主人の話ではなかなか本格的な会らしく、やはり着物のほうが無難だろうということです。そこで、学生時代からお茶をたしなみ、着物もお好きな優子さんに、お願いする次第です。
❶厚かましいお願いとは思いますが、お助けください。もちろん、お茶会がすみましたらクリーニングに出し、❷すぐにお返しにあがります。
あらためてお電話いたします。どうかよろしくお願いいいたします。

かしこ

ていねいさ ●●◎
相手との親しさ ●●●

POINT
- 親しい関係でもていねいにお願いする
- 借用品は大切に扱うことを伝える
- 借用期間や返却時期を明記する

書き換え例

❶厚かましいお願いとは思いますが、お助けください
勝手なお願いで誠に心苦しいのですが、お引き受けいただけませんでしょうか／日頃からご厚情に甘えてばかりでお恥ずかしいのですが、ご承諾いただければ幸いです／大切なお品とは存じますが、拝借させていただけないでしょうか／大切になさっていることは承知しておりますが、お貸しいただけませんでしょうか

❷すぐに
すみやかに／○日には必ず

Advice
物には持ち主の大切な思い出がしみついています。そこをふまえて、大事に扱うと約束する必要があります。

依頼・相談

借金・借用の依頼

保証人の依頼

連帯保証人の依頼

to 親戚

Formal

関連する文例

身元保証人依頼の承諾▼P184
連帯保証人依頼のお断り▼P192

ていねいさ ◉◉◉
相手との親しさ ◉◉○

POINT

●相手にとっては面倒な話であることをふまえてお願いする
●迷惑をかけないことを約束する

拝啓　大暑の候、浅田様にはご清祥のこととお慶び申し上げます。

本日は折り入ってお願いがあり、お手紙差し上げました。現在、私どもは娘の小学校入学を機にマンション購入を計画しておりますが、購入には三千万円の住宅ローンが必要となります。しかしながら、これだけの額の連帯保証人となると、❶なかなかお願いできる方がいなく、大変困っております。❷誠に不躾なお願いで恐縮ですが、連帯保証人として浅田様のお名前を拝借することはできませんでしょうか。幸い仕事は順調で、ご迷惑をおかけするようなことは決してございません。

近々あらためてご挨拶に伺わせていただきますが、まずは書中にてお願い申し上げます。

敬具

書き換え例

❶**なかなかお願いできる方がいなく**
いろいろと条件もあり、それにかなう方となると一層難しく／○○様をおいてお願いできる方がなく

❷**誠に不躾なお願いで恐縮ですが～**
ご迷惑とは重々承知しておりますが、どうかこの件をお引き受け願いたく存じます／ご迷惑もかえりみず、○○様にお願いする次第です

Advice

連帯保証という重大な依頼は、出向いて行うのが本来です。手紙はあくまでも補助的な手段と心得ます。

身元保証人の依頼

to 娘の恩師

Formal

拝啓　暦のうえでは春とはいえ、寒い日が続いていますが、竹内先生にはますますご健勝のことと存じます。

娘の就職活動中は、大変お世話になり、ありがとうございました。おかげ様で無事、○○商事に入社が決定いたしました。

つきましては、誠に不躾ではございますが、竹内先生に娘の身元保証人になっていただけないかと思い、お願い申し上げます。❶高校時代から娘をご指導くださり、現在校長の地位にあられる先生にお願いできれば、これほど心強く、ありがたいことはございません。

身元保証人の責任の範囲等につきましては、別紙書類に示されていますので、恐れ入りますがご高覧ください。

❷万が一にも先生にご迷惑をおかけすることのないよう、娘は心を引き締めて勤務に励む所存でございます。

何卒ご承諾賜りますよう、よろしくお願い申し上げます。

敬具

ていねいさ ●●●
相手との親しさ ●○○

POINT
- 依頼の理由を報告する
- 事情を伝え、ていねいにお願いする
- 迷惑をかけない決意を伝える

書き換え例

❶先生にお願いできれば～
先生にお願いできれば、幸甚に存じます／先生にお願いできればこれ以上のことはございません

❷万が一にも先生にご迷惑を～
先生にご迷惑をかけるようなことは、決していたしません／先生にご迷惑をおかけしないよう、私どもも厳しく監督してまいります

Advice
身元保証の責任の範囲についての詳細説明がないと、諾否の判断ができないこともあります。

子どもの教育問題の相談

関連する文例
息子の就職先紹介の依頼▼P164

息子の進学先の相談

Formal

to 知人

ていねいさ ◉◉◉
相手との親しさ ◉○○

POINT
- 相談内容は、わかりやすく手短にまとめる
- 追って連絡する旨を伝える

拝啓　若葉の候、ますますご清祥のことと存じます。

本日は、小学四年の息子大輔の中学受験について、❶ご相談申し上げたいことがあり、お手紙を差し上げました。

この春から、仲のよい友達が受験のために進学塾に通うようになったこともあり、大輔が、最近、自分も私立中学に行きたい、と言い出しました。今はまだ漠然とした希望のようですが、中学受験など無縁だった私たち夫婦にとっては青天の霹靂で、どうしたものかととまどっております。そこで、予備校で教鞭を執っていらっしゃる吉田様に、志望校の選択や、中学受験について❷お話をお伺いしたいと存じます。

ご多忙のところ誠に恐縮ですが、お時間をいただければ幸いです。

後日お電話差し上げますので、どうかよろしくお願い申し上げます。

敬具

書き換え例

❶ご相談申し上げたいことがあり
折り入ってご相談があり／ご相談したく

❷お話をお伺いしたいと存じます
忌憚のないご意見を伺えればと存じます／秘訣をお伺いしたいと思います／ぜひご意見をお伺いしたく存じます／アドバイスをいただきたく存じます

Advice
相談内容を簡潔に伝えることが大切です。困惑の胸中をくどくどと吐露すれば、相手は面倒になるでしょう。

進学・就職・転職の相談

転職の相談 to 大学の先輩

Formal

ていねいさ ●●◎
相手との親しさ ●●◎

POINT
●現在の状況や心境を素直に伝える
●直接会いたいことを伝える

関連する文例
転職先紹介の依頼▼P165

残暑お見舞い申し上げます。❶ご無沙汰しておりますが、いかがお過ごしでしょうか。

今日は、先輩にご相談したいことがあってお便りしました。

実は今、転職を考えています。卒業後、ようやく決まった現在の会社に就職し、何事も「石の上にも三年」と思い頑張ってきましたが、やはり、自分には営業職は向いていないようです。初心にかえって研究職を目指したいと思いますが、いざとなると勇気が出ません。

ついては、一流企業の研究所でご活躍の先輩にお話を伺い、❷参考にさせていただければと思います。久しぶりにお酒でもいかがでしょうか。ゆっくりお話を伺えれば幸甚です。勝手なお願いで恐縮ですが、よろしくお願いいたします。

書き換え例

❶ご無沙汰しておりますが～
平素はご無沙汰ばかりで、お許しください／久しくご無沙汰いたしまして、申し訳ございません／ついついご無沙汰を重ね、恐縮に存じます

❷参考にさせていただければ
お知恵を拝借できれば／今後のヒントにさせていただければ／アドバイスをいただければ

Advice
転職相談をされる側の気持ちの負担は想像以上に大きなものとなります。謹んで依頼することが大切です。

家庭内のトラブルの相談

関連する文例

息子の進学先の相談▼P176
転職の相談▼P177

夫婦間のトラブルの相談

to 知人

Formal

ていねいさ ◉◉◉
相手との親しさ ◉◉◉

POINT
- 感情的にならず、冷静に状況を説明する
- トラブルに巻き込む非礼を詫びる

拝啓　向寒のみぎり、皆様にはお元気でお過ごしのことと存じます。

　本日は、山崎様に折り入ってご相談があり、お便りさせていただきました。

　実は先日、夫の浮気が発覚いたしました。私は離婚するつもりですが、夫は先方とは別れるのでやり直したいと申します。話し合いも平行線のままひと月が過ぎ、ため息ばかりの毎日です。

　そこで、失礼とは存じましたが、山崎様も同じような経験をなさったと伺い、❶どのようにしてこのような状況を抜け出し、前に進むことができたのかご教示願えないかと、お便り申し上げた次第です。不躾なお願いで恐縮ですが、何卒当方の苦境をご理解いただき、お力添えくださいますようお願い申し上げます。

かしこ

書き換え例

❶どのようにしてこのような状況を～
新たな段階へ進むためのアドバイスをいただければと

シーン別文例

そのほかのトラブル例
- ◉姑が、育児に関して口出しをしてくるので困っております
- ◉夫との折り合いが悪く、最近では互いに口も利かない状態です

Advice
問題解決の方法を求めるのではなく、参考意見や体験談を求めるほうが、相談に乗ってもらいやすいでしょう。

趣味の相談

ツーリングについての相談

to 知人

Formal

関連する文例

バレーボールクラブへの誘い▼P161

ていねいさ ◉◉◉
相手との親しさ ◉◉◉

POINT
- 教えてほしい内容を具体的に伝える
- 相手に手間をかける失礼を詫びる

拝啓　梅雨の折、お変わりなくお過ごしのことと存じます。

早速ですが、本日は澤井様にお尋ねしたいことがあり、ペンを執りました。

夏休みに、３泊４日で熊野地方のツーリングを計画していますが、行ってみたいところが多く、なかなかコースが決まりません。そこで、和歌山のご出身で車がご趣味の澤井様に、オススメのルートやスポットを教えていただきたく存じます。夜は温泉でゆっくりしたいので、お心あたりがありましたら、宿の情報もいただけると助かります❶。

お忙しい中、お手間を取らせて恐縮ですが、よろしくお願いいたします。

拝具

書き換え例

❶助かります
ありがたいです／幸いです

シーン別文例

そのほかの趣味の例
- ◉本格的な一眼レフを購入しようと思っていますが、どれにしようか悩んでいます
- ◉ワカサギの穴釣りについてご教示いただけないかと思っております

Advice
相手が答えやすいような相談の仕方をすることが大切です。漠然とした相談は相手を困らせ、失礼です。

承諾の手紙

相手の都合を考えて返事はできるだけ早く出す

　依頼や招待を申し出た相手にとって、一番気がかりなことは、申し出を受けてもらえるのかどうかという答えです。相手の気持ちを考えて、承諾の手紙はできるだけ早く出し、安心させてあげましょう。

　返事がないまま時間が過ぎてしまうことは、相手にとって一番困ることです。迷っていたり、自分一人では決められない場合は、そのことを正直に伝えて、いつなら返事ができるか、またはいつまで返事を待ってもらえるかを確認して、相手をいたずらに待たせないよう配慮します。

承諾を決めたら喜んで受けるのがマナー

　借金や保証人の依頼のように、負担や責任が重く、いろいろ悩んだ末の承諾であった場合も、相手の気持ちを尊重し、快く応じることを伝えるのが、相手に対する礼儀です。自分を頼ってくれたことに感謝の意を表し、「あなたの頼みなら」と快諾することで、負担を強いる相手の気持ちも多少は軽くなるはずです。

　また、相手を安心させるためには、承諾の理由を添えることも大切です。ただし、理由を長々と説明すると、かえって恩着せがましく、嫌々引き受けているような印象を与えてしまうため、「いつもお世話になっている」「困ったときはお互い様」など、簡潔な言葉でまとめるようにしましょう。

　また、借金のように相手の要望をすべて承諾することは難しくても、一部なら都合できる場合や、承諾にあたって条件がある場合は、最初にそのことを明記し、それでもいいかどうかを確認することも大切です。

CHECK
- できるだけ早めに返信する
- 快諾の意思を伝える
- 条件がある場合は最初に伝える

承諾の手紙　基本の流れ

前文
- 頭語
- 時候の挨拶

※頭語・時候の挨拶は省略してもかまわない
- 感謝（招待などを受けたとき）、もしくは相手の事情を慮る言葉

主文
- 依頼を承諾する返事

※承諾にあたって条件がある場合は、それも明記する
- 承諾する理由

末文
- 結びの言葉
- 結語

※困難な状況にいる相手の依頼には、相手をいたわり、事態の好転を願う言葉を添える

気をつけたい マナーのポイント

相手の気持ちに対して感謝の意を述べる

どんな申し出も、相手は特にあなたを選んで、招待や誘い、依頼をしてきてくれたのです。まずはその厚意や信頼に対して、心からの感謝の気持ちを述べましょう。

迷った末の承諾でも引き受ける以上は快諾する

たとえ迷った結果でも、承諾する場合は、気持ちよく受けるのがマナーです。渋々引き受けるような文面は、あなたの印象を悪くするだけでなく、相手にも失礼です。喜んで承諾することを伝えましょう。

こちらから提案して話を進める

借金の依頼なら、いつまでにいくら用意できるのか、保証人なら、書類を送ってもらうのか、あるいは直接会ってサインするのかなど、こちらから次のステップや方法を提示してあげると、相手が安心するだけでなく、話も早く進みます。

好印象な承諾の仕方六ヶ条

一．結論が出たら、できるだけ迅速に承諾の意思を伝える。

二．自分を頼りにしてくれたことへの感謝の気持ちを伝える。

三．快諾の意思と、その理由を伝える。

四．条件がある場合は、必ず明記して、それでもいいか相手の確認をとる。

五．忠告やお説教など、恩着せがましい態度は避ける。

六．最後に、相手の厚意に対する感謝（招待など）や、相手のことをいたわる（借金の依頼など）一文を添える。

紹介依頼の承諾

医師紹介依頼の承諾

to 知人

Formal

ていねいさ ●●●
相手との親しさ ●○○

関連する文例

弁護士紹介の依頼▼P166
仕事上の紹介依頼のお断り▼P190

拝復❶　お手紙拝読いたしました。

　お父様のリハビリが難航していらっしゃるとのこと、ご家族のご心労はいかばかりかとお察し申し上げます。

　ご依頼の件は、承知いたしました。小池様には日頃ご厚誼をいただいておりますので、お役に立てるのであれば❷光栄です。

　井川先生には母が大変お世話になり、以来親しくさせていただいております。ご高名にもかかわらず、とても気さくな方なので、お父様もきっと気に入られると存じます。早速ご都合を伺ってみます。

　右、取り急ぎご返事申し上げます❸。

敬具

POINT
● 迅速に返事をする
● 快諾の意を表す
● 相手の事情を慮る一文を入れる

書き換え例

❶拝復
啓復／復啓／拝答／謹答

❷お役に立てるのであれば光栄です
力になれるのであれば光栄に存じます／喜んでご協力させていただきます／お力添えさせていただきます

❸ご返事申し上げます
ご承諾のお返事まで／用件のみにて失礼いたします

Advice
紹介依頼を承諾しても、積極的な推薦は避けるほうがよい場合もあります。医者と患者の相性もあるからです。

借金・借用依頼の承諾

借金依頼の一部を承諾

to 知人

Formal

ていねいさ ●●●
相手との親しさ ●●○

関連する文例
借金の依頼▼P172
借金依頼のお断り▼P191

拝復　本日お手紙を拝受いたしました。

ご主人の会社が倒産された由、心中お察しいたします。

ご依頼の件ですが、夫婦で相談して、❶全額とはまいりませんが、三十万円ならなんとか工面できそうです。日頃いろいろとお世話になっている成瀬様のお願いとあれば、全額をご用立てしたいのはやまやまですが、こちらも春には次男の大学進学を控え、何かと物入りのため、どうかご理解ください。よろしければ、❷銀行に振り込みますので、ご一報ください。

取り急ぎ、お返事まで。

かしこ

POINT
- 相手の事情には立ち入らない
- 協力できる範囲や条件を明記する
- 相手を信頼していることを伝える

書き換え例

❶**全額とはまいりませんが～**
お申し入れの全額とはまいりませんが、○万円でよろしければ、ご用立ていたします／○○までにご返済いただけるのであれば、ご協力いたします

❷**銀行に振り込みます**
現金書留・郵便為替にてお送りいたします／お会いして詳しいお話を伺いたいと思います

Advice
十分な援助ができないときは、たとえ本来恐縮する必要はなくても、恐縮する姿勢が必要です。

保証人依頼の承諾

身元保証人依頼の承諾

to 知人

Formal

ていねいさ ●●●
相手との親しさ ●○○

関連する文例

身元保証人の依頼▼P175
連帯保証人依頼のお断り▼P192

お手紙拝見いたしました。

❶このたびは慎一郎君が無事大学を卒業され、かねてより希望されていた企業に就職が決まった由、心よりお祝い申し上げます。

身元保証人の件は、私でよろしければ❷喜んでお引き受けいたします。

お急ぎでしたら、書類をご郵送くだされば必要事項を記入し、ご返送いたしますが、お時間がございましたら、一度我が家へお越しください。久しぶりに慎一郎君にもお会いしたいと思います。

取り急ぎ、ご返事申し上げます。

敬具

POINT

●相手の慶事、吉事を喜ぶ気持ちを伝える
●たとえ迷って決断したことでも、快諾したことを伝える

書き換え例

❶このたびは慎一郎君が無事大学を卒業され～

ご子息（お嬢様）の朗報に、我がことのように嬉しく、心よりお喜び申し上げます

❷喜んでお引き受けいたします

ほかならぬ◯◯様のご依頼ですから、喜んでお引き受けいたします／日頃のご厚誼に報いるためにも、謹んでお引き受けいたします

Advice

承諾の言葉だけでは、不躾な印象となります。必ず慶事を祝福する一文を添えます。

案内・誘いの承諾

旅行への誘いの承諾

to 友人

Casual

ていねいさ ●●●
相手との親しさ ●●●

関連する文例

旅行の誘いを断ったお詫び▼P121
海外旅行先からの旅信▼P258

POINT

● 迅速に返事をする
● 親しい関係でも、相手の厚意に対するお礼の気持ちをきちんと伝える

お手紙ありがとうございます。

京都旅行、もちろんOKです！

紅葉時期の京都には、前から一度は行ってみたいと思っていたので、❶とても楽しみです。しかも今回は、福岡から奈津美さんも参加とか！

奈津美さんとは卒業以来となるので、嬉しすぎて言葉もありません。❷こんなステキな旅行を企画してくれてありがとう。

詳しいことは、近いうちに直接会って打ち合わせをしたいと思いますが、取り急ぎ、お返事まで。

かしこ

書き換え例

❶とても楽しみです
喜んで参加させていただきます／ぜひともご一緒させてください／嬉しく存じます／またとないタイミングです

❷こんなステキな旅行を企画してくれてありがとう
いつも気にかけてくれて、ありがとう／いつも甘えてばかりでごめんなさい

Advice
心の底からはじけるような喜びを表現することが、何よりの感謝を含んだ承諾となります。

来訪の承諾

来訪の承諾　Formal

to 知人

拝復　お手紙拝見いたしました。

こちらこそ、ご無沙汰ばかりで失礼いたしております。

来月、所用で当地へお越しとのこと。その節は、ぜひとも我が家にもお立ち寄りください。❶家内ともども、お待ちしております。

ちょうど、日本海のカニがおいしい季節です。たいしたおもてなしはできませんが、カニを肴に、久しぶりに一献傾けましょう。

❷詳しいことが決まりましたら、またご連絡ください。

それでは、お目にかかる日を楽しみにいたしております。

敬具

関連する文例

来訪のお断り▼P194
帰省のお知らせ▼P293

ていねいさ ●●●
相手との親しさ ●●○

POINT

- 迅速に返事をする
- 歓待の意を表す
- こちらから提案して話を進める

書き換え例

❶家内ともども、お待ちしております
家族も大変喜んでおります／お声をかけていただき、嬉しい限りです／狭いところですが、ぜひとも泊まりがけで来てください

❷詳しいことが決まりましたら
詳しい日程が決まり次第／駅までお迎えにあがりますので、時間がわかりましたら

Advice

相手が来てくれたときの楽しみのプランを、いろいろ具体的に掲げながら承諾すると、一層ていねいです。

そのほかの依頼の承諾

物品借用依頼の承諾

to 知人

Formal

ていねいさ ◉◉◉
相手との親しさ ◉○○

拝復　お手紙拝見いたしました。日頃お世話になっている佐伯先生のご紹介ですから、喜んでお引き受けいたします。ご依頼の資料は、いつでもお貸しいたします。

ただし、あなた様もよくご存知のように、これらの資料は簡単には入手できないものばかりです。大変貴重なもので、取り扱いにはくれぐれも注意していただき、❶使用後はすみやかにご返却願います。

近日中に自宅までいらしていただけると幸いです。

右、取り急ぎご承諾のご返事まで。

敬具

POINT
● 承諾の理由を述べる
● 条件や希望があるときは、それを明記する

関連する文例
物品借用の依頼▼P173

書き換え例

❶使用後はすみやかにご返却願います
○日までにご返却願います／用件がすみ次第、お返しください

シーン別文例

即答できない場合
◉すぐにはご返答できませんが、いつまでにお答えすれば間に合いますでしょうか
◉お手紙だけでは決めかねますので、一度詳しくお話を伺いたく存じます

Advice
快諾だけを伝えるべき場合と、注意点を明確に伝えながら承諾したほうがよい場合とがあります。

お断りの手紙

CHECK
✓誤解のないよう、はっきり断る
✓期待に応えられないことを詫び、やわらかい言葉で理由を伝える

相手を傷つけないように やわらかい言葉で断る

人からの申し出を断るのは心苦しく、気が重いものですが、だからといってぐずぐずと返事を延ばしていては、相手によけい迷惑をかけてしまいます。返事が遅れることで、相手にいたずらに期待をさせないためにも、断りの手紙は、決断したらなるべく早く出すことが大切です。相手の気持ちや事情を酌み取りつつも、そのうえではっきりと断るのが社会人としてのマナーです。

ただし、強い口調で拒否したり、ただ断るだけでは、相手は自分が嫌われているのかと思い、戸惑ってしまいます。あいまいな態度で誤解をされないように気をつけながら、「先約がある」「忙しい」、あるいは「余裕がない」「（自分には）荷が重い」など、こちらの事情を伝えて断るようにすると、相手も納得しやすくなります。相手を傷つけないよう、多少の誇張はあっても、やわらかい言葉で理由を添えるようにしましょう。

どんな申し出にも まずは相手の気持ちを慮る

たとえどんな申し出でも、相手は厚意から、あるいは頼りにして、声をかけてくれたことに変わりはありません。招待や誘いに対しては、「ありがたい」「嬉しい」などの相手の厚意に対する感謝の気持ちを、借金や保証人の依頼には「（相手の窮状に）胸が痛む」「お役に立てず申し訳ない」といった心情を伝え、相手の落胆をいたわります。

また、最後には、申し出を断ることで関係が気まずくなったり、疎遠になったりしないよう、これまでと変わらぬおつきあいを願う一文を添えて、しこりを残さないようにしたほうがよい場合もあります。

お断りの手紙　基本の流れ

前文
- 頭語
- 時候の挨拶

※頭語・時候の挨拶は省略してもかまわない

- 感謝（招待などを受けたとき）、もしくは相手の事情を慮る言葉

主文
- 依頼を断る言葉
- 断る理由や事情説明
- お詫びの言葉

※どんな依頼も、自分側の都合で承諾できないことを伝える

末文
- 今後も変わらぬおつきあいを願う言葉
- 結びの言葉
- 結語

気をつけたい マナーのポイント

相手の事情を考えて早めに返事をする

こちらの返事次第では、相手は次の策を考えなくてはなりません。首を長くして返事を待っている相手の気持ちを考えて、できるだけ早く返信するようにします。

突然の依頼にも自分の非力を詫びる

たとえ相手の身勝手な依頼にも、相手をいたわることを忘れず、「力になりたいのはやまやまだが」という気持ちが伝わるように断るのがマナー。安易な忠告や非難は避け、謙虚な気持ちで自分の非力を詫びるようにします。

慶事の招待に弔事を理由にするのは失礼

慶事の招待に、法事などの弔事や家族の病気を理由に断るのは、せっかくのお祝いごとに水を差すようで失礼です。ほかの理由を述べるか「よんどころない事情で」などといった表現で、出席できないことを伝えましょう。

好印象な断り方六ヶ条

一．相手の厚意への感謝（招待・紹介・誘いの場合）や、吉事には喜び、困難には気遣う気持ち（依頼の場合）を述べる。

二．了承したい気持ちを述べる。

三．やわらかい言葉で、ていねいに断る。

四．相手が納得できる、断りの理由を述べる。

五．相手の厚意に応えられないことへの残念な気持ちや、自分の非力を詫びる。

六．最後に、別の機会の参加（招待・誘い）や、協力を申し出る（依頼）。

※本当に別の機会での参加を望んでいる場合のみ。社交辞令としてなら、相手に期待をさせてしまい、失礼になる。

紹介依頼のお断り

仕事上の紹介依頼のお断り

to 取引先

Formal

ていねいさ ●●●

相手との親しさ ●○○

関連する文例

弁護士紹介の依頼▼P166
医師紹介依頼の承諾▼P182

拝復　お手紙拝読いたしました。ご事情、深くお察し申し上げます。

ほかならぬ井上様のご依頼ですので、なんとかお力になりたいとは存じますが、❶当方も昨今の不景気の風を受けて受注が減少し、井上様にお仕事をご紹介できる余裕がございません。ご要望に添えず、誠に申し訳ございません。

長年お世話になっております井上様のお役に立てず、❷心苦しい限りですが、何卒事情をご賢察のうえ、ご容赦願いたく存じます。

なお、恐れ入りますが、今後ともおつきあいのほど、引き続きよろしくお願い申し上げます。

敬具

POINT

- 窮状にある相手を気遣う
- 期待をもたせずはっきりと断る
- 依頼に応えられない非力を詫びる

書き換え例

❶**お力になりたいとは存じますが**
ご要望にお応えしたいとは存じますが／お役に立ちたいのはやまやまですが

❷**お役に立てず、心苦しい限りです**
ご期待を裏切る結果となり、誠にお恥ずかしい限りです／お力になれず誠に申し訳ございません／ご期待にお応えできず恥じ入るばかりです

Advice

サポートする余裕がないことを、できるだけ具体的に伝えたほうが心証がよくなる場合もあります。

借金・借用依頼のお断り

借金依頼のお断り

to 知人

Formal

ていねいさ ●●●
相手との親しさ ●○○

POINT
● 窮状にある相手を気遣う
● 断る理由を明記する
● 依頼に応えられない非力を詫びる

関連する文例
借金の依頼▼P172
物品借用の依頼▼P173

拝復　お手紙拝見いたしました。中原様がそのようなご事情を抱えていらっしゃるとは露ほども知らず、驚きました。私にまでご相談いただくのは、❶よくよくのこととお察しいたします。

なんとかご用立てしたいと家族とも相談いたしましたが、私どもも両親との同居のために家を建て替えたばかりで余裕がなく、お申し越しの金額を工面することはできそうにありません。

❷ご要望にお応えすることができず、誠に申し訳ございませんが、事情をお酌み取りくださいますようお願い申し上げます。

取り急ぎ、書中にてお詫び申し上げます。

敬具

書き換え例

❶よくよくのこととお察しいたします
よくよくのご事情とお察し申し上げます／ご心中を察するだけで胸が痛みます

❷ご要望にお応えすることができず、誠に申し訳ございませんが～
ご期待には添いかねますが、何卒ご理解ください／誠に恐縮ですが事情をご賢察いただき、ご容赦願います

Advice
期待に応えられない非力を説明し、無念を伝え、お詫びの気持ちを示すのが、ていねいな断りです。

保証人のお断り

関連する文例
連帯保証人の依頼▼P174
身元保証人依頼の承諾▼P184

連帯保証人依頼のお断り

to 知人

Formal

ていねいさ ◉◉◉
相手との親しさ ◉◉◎

POINT

- 相手の吉事に対してはお祝いを
- あいまいにせず、はっきり断る
- こちらの都合で断ることを伝える

復啓　お手紙拝読いたしました。念願のマイホームをご購入とのこと、おめでとうございます。一国一城の主となり、ますますのご活躍をお祈り申し上げます。

さて、先日お申し越しいただいた件、ほかならぬ橘様のご依頼ですので、お役に立ちたい気持ちはやまやまですが、❶ご辞退させていただきたく存じます。

橘様の信用をいささかも疑うものではありませんが、当方、かねてよりどなた様の連帯保証人のご依頼もお引き受けしないことを信条としておりますので、何卒ご了承ください。日頃よりご厚情を賜りながら、❷お役に立てないことを心よりお詫び申し上げます。

今後も変わらぬご厚誼を賜りますよう、お願い申し上げます。　敬具

書き換え例

❶ご辞退させていただきたく存じます
残念ながらお引き受けできかねます／ご要望に添うことができません

❷お役に立てないことを心よりお詫び申し上げます
ご期待に添えず申し訳ございませんが、何卒ご容赦ください／大事なときにお役に立てないことをお許しください

Advice

連帯保証人の拒絶理由は、「信条」「家訓」「親の遺言」「失敗体験」などとするのが無難です。

案内・誘いのお断り

関連する文例
来訪のお断り▼P194
スピーチ依頼のお断り▼P195

保険の勧誘のお断り

to 知人

Formal

ていねいさ ●●●
相手との親しさ ●●●

拝啓　陽春の候、川端様にはますますご活躍のことと存じます。

先日ご案内いただいた生命保険の件で、取り急ぎご返事申し上げます。申し訳ございませんが、❶加入を見送らせてください。

夫婦二人とも、すでに加入している保険があり、新たに増やす余裕がありません。お力になれず恐縮ですが、何卒ご了承くださいますよう、お願いいたします。
❷まずは取り急ぎご返事まで。
敬具

POINT

●あいまいにせず、はっきり断る
●変わらぬつきあいを申し出てもよい

書き換え例

❶加入を見送らせてください
このたびのご依頼は辞退させてください／このお話は遠慮させてください／この件はご容赦願います／このことはご勘弁いただきたく存じます

❷まずは取り急ぎご返事まで
お詫びかたがたご返事申し上げます／今後も変わりないおつきあいをお願いいたします

Advice

はっきり断ります。「今回は見送らせて」などと言うと、まだ諦めなくていいのかと思われてしまいます。

来訪のお断り

関連する文例
来訪の承諾▼P186
帰省のお知らせ▼P293

来訪のお断り

to 知人

Formal

ていねいさ ●●●
相手との親しさ ●●○

POINT
●要望に応えられない場合も、可能なら代案を出すなどして誠意をみせ、迷惑ではないことを伝える

拝啓　春暖のみぎり、皆様にはお変わりなくお過ごしのご様子、何よりと存じます。

ゴールデンウィークには、一家でこちらにご旅行の予定とのこと、❶本来なら拙宅に泊まっていただき、いろいろご案内したいところですが、あいにく父の体調が万全でなく、誠に残念ですが、自宅でのおもてなしがかないません。そのかわり、近所においしいお店があるので、お連れしたいと存じます。ぜひともそこで北海道の海の幸をご馳走させてください。

久しぶりに皆さんとお目にかかるのを楽しみにしています。

取り急ぎ書中にてご連絡申し上げます。

敬具

書き換え例

❶本来なら拙宅に泊まって～
せっかくのチャンスではございます／ご要望に添えず申し訳ございません

シーン別文例

対面を断る場合
◉当日は親戚の法要があり、ご要望にお応えすることがかないません
◉私どもも家族旅行を計画しており、留守にしてしまいます

Advice
来訪を断るときは、深刻な理由を伝えるべきではありません。楽しい訪問に水を差すことになるからです。

そのほかの依頼のお断り

スピーチ依頼のお断り

to 知人

Formal

ていねいさ ●●●
相手との親しさ ●●●

拝啓　このたびはご結婚、誠におめでとうございます。お優しく賢明な紗弥加さんですから、末永く幸せなご家庭を築いていかれることと存じます。

　さて、このたびは、スピーチの大役を仰せつかり誠に光栄に存じます。しかしながら、生来の口下手故、たとえお引き受けしてもふつつかなスピーチによりご両家にご迷惑をおかけすることになってしまうと思われます。❶ご結婚という吉事に非礼とは存じますが、スピーチにつきましてはご辞退させていただきたく、謹んでお願い申し上げる次第です。

　もちろんご披露宴には、喜んで出席させていただきますので、❷何卒よろしくお願い申し上げます。

敬具

POINT

- 相手の吉事を喜ぶ言葉を伝える
- 吉事の依頼は断るべきではないということをふまえ、恐縮の意を表す

書き換え例

❶**ご結婚という吉事に非礼とは～**
このような吉事、ご快諾するのが礼儀とは存じておりますが／お応えできない非礼は承知しておりますが

❷**喜んで出席させていただきます**
喜んで出席いたします。花嫁姿を拝見できることを今から楽しみにしております／ぜひ出席させていただきます。当日を楽しみにしております

Advice

口下手でこれまでスピーチの依頼をすべて遠慮してきたとするのも、無難な理由となります。

関連する文例
スピーチのお礼▼P81
案内への返信▼P291

新しい生活様式での

招待へのお断り

結婚式への出席を断る

to 友人

Formal

ていねいさ ◉◉◉
相手との親しさ ◉◉◉

関連する文例

誘いを断ったお詫び▼P120
法要不参加の返信▼P241

POINT
●招待のお礼と、出席できず残念な気持ちを伝える
●結婚を祝い、ふたりの幸せを祈る

ご結婚おめでとうございます
結婚式へのご招待をいただき　とてもうれしく思っております
ぜひとも出席して　おふたりの門出を皆さんと一緒にお祝いしたかったのですが　あいにくその日は事情があり　どうしても出席がかないません
晴れのお席に伺えず本当に残念です
本来なら直接お目にかかってお祝い申し上げるべきところですが
時節柄　郵送にてお祝いを送らせていただきます
おふたりの末永い幸せを心よりお祈りしております

シーン別文例

妊娠・出産の場合

◉せっかくのお招きですが出産を間近に控えており（出産後間もないため）残念ながら欠席させていただきます

感染症拡大の影響

◉家族に高齢者（子ども）がいるため昨今の状況を鑑みて　残念ながら出席いたしかねます

Advice

出産や身内の慶事、出張、資格試験などは理由を明記してもかまいませんが、不祝儀や病気・体調不良による欠席の場合は、「やむを得ず」とぼかして伝えます。

一周忌への出席を断る

to 親戚

Formal

伯母様の一周忌のご案内をいただき、ありがとうございます。

早いもので、あれからもう一年が経つのですね。

本来であればお伺いして皆様にもお会いしたかったのですが、最近〇〇（子どもの名前）の幼稚園でもまた新型コロナウイルスが流行し、昨日より休園となっております。おかげさまで〇〇は元気ですが、参列者には高齢者の方も多いことから万一のことを考え、残念ですが欠席させていただきます。申し訳ございません。

心ばかりですが、別便にて伯母様がお好きだった〇〇を送らせていただきましたので、御仏前にお供えいただくようお願いいたします。

時節柄、皆様もお体に十分お気をつけになってお過ごしください。

ていねいさ ◉◉◉
相手との親しさ ◉◉◉

POINT
● 案内へのお礼と欠席することを伝える（親戚には失礼でなければ理由を伝えてもよい）
● 香典や供物を送ったことを伝える

シーン別文例

欠席理由を伝えない場合
◉幼い頃からかわいがっていただいた伯父様の一周忌に参列がかなわぬことは大変残念ですが、やむを得ない事情により欠礼させていただきます

家族が体調不良の場合
◉あいにく父が春に入院してから退院後も体調がすぐれず、万一のことを考えて家族でなるべく外出を控えている状況です

Advice
法事を欠席する場合は、香典や供物を贈るのがマナー。手渡し以外は手紙を添えるようにします。

問い合わせの手紙

CHECK
- ✓ 内容を簡潔にまとめる
- ✓ 問い合わせの理由を明記する
- ✓ 相手に回答を強要しない

事務的な内容でも失礼のないよう心がける

問い合わせの手紙の中でも、忘れ物やスケジュール、時間・場所の問い合わせは一般的に事務的なものが多いので、簡潔にまとめることが大切です。

忘れ物の場合も、経緯を細々と説明するのではなく、「いつ、どこで、どんな物を」忘れたのか、内容を絞って問い合わせるようにします。尋ねたいことがいくつもある場合は、箇条書きにするなど、相手が答えやすいようにする工夫も必要です。

ただし、事務的な内容でも相手に面倒をかけることに変わりはありません。礼儀正しく、謙虚な表現を心がけ、相手に失礼のないようにします。

特に、未知の相手へ問い合わせるときは、最初に非礼を詫びてから本題に入るようにしましょう。

人物評価の場合は、相手の理解を求めることが大切

縁談や結婚、就職などで人物評価が知りたい場合の問い合わせは、細心の注意が必要です。

はじめに、なぜその人について問い合わせるのか、その理由をきちんと述べて、相手の理解と協力を求めます。人物評価は、答える人にとっても責任が出てくることなので、誠意をもってお願いし、信頼関係を築くことが大切です。もちろん、最低限のルールである、相手には迷惑をかけないこと、答えてもらった内容についても秘密を守ること、そうした決意を相手に誓うことも重要です。

また、最近は「個人情報保護法」の施行により、個人情報に対する意識も高まり、こうした問い合わせに答えること自体を嫌がる人も増えているので、返事を強要しないよう注意します。

問い合わせの手紙 基本の流れ

前文
- 頭語
- 時候の挨拶
- 場合によっては自己紹介

主文
- 問い合わせの手紙であることを知らせる
- 問い合わせの理由や事情を説明する
- 具体的な問い合わせの内容
- なぜ手紙の相手に問い合わせるのかを説明する（人物や行方の問い合わせの場合）

末文
- 回答を期待する言葉
- 結びの言葉
- 結語

気をつけたい マナーのポイント

問い合わせの内容は簡潔にまとめる

問い合わせの手紙に多い、事務的な内容のものは、質問を簡潔にまとめます。場合によっては、具体的な回答法を示しておくと、相手も返事がしやすくなります。

問い合わせの内容に応じて手紙の種類を使い分ける

簡単な問い合わせは、相手に開封の手間をかけないよう、ハガキでもかまいませんが、重要な内容の問い合わせの場合は、必ず封書を用います。特に、人物評価のように、他人には知られたくない内容のときは、宛先人本人に開封を求める「親展」扱いにするなどの配慮も必要です。

回答を強要しない

人物評価など、相手が答えにくい問い合わせの場合は、「もし可能でしたら」「差し支えない範囲で」など、相手に負担をかけないような表現で、回答をお願いします。

上手に返事をもらうコツ

①相手に負担をかけないように配慮する

相手に面倒をかけることを考えて、あらかじめ「あらためてこちらから確認の電話をする」「着払いで送ってほしい」など、なるべく相手に手間をかけないような方法を明記しておきます。場合によっては、往復ハガキを用いたり、表書きに自分の住所・氏名を書いて切手を貼った返信用封筒を同封するなどして、返信を促す方法もあります。とはいえ、相手に返事を強要することにもなるため、確実に返事が期待できるような場合以外は控えたほうが無難でしょう。

②期限や希望を明記する

回答の期限や希望がある場合は、それらを明記しておくと、相手が返事をあと回しにして、出し忘れてしまうことが少なくなります。

人物・団体の問い合わせ

関連する文例

弁護士紹介の依頼▼P166
ピアノ教室紹介の依頼▼P167

人柄の問い合わせ

to 知人

Formal

ていねいさ ◉◉◉
相手との親しさ ◉○○

POINT

- 相手に問い合わせる理由を具体的に述べて、ていねいにお願いする
- 相手をわずらわせる非礼を詫びる

拝啓　桜花の候、つつがなくお過ごしのことと存じます。

本日は、佐藤様にお尋ねしたいことがあり、お便りさせていただきました。先日、娘の結花が中山小学校に入学し、森本先生がクラス担任となりました。優しそうな先生で、結花も喜んでおります。

伺うところによれば、佐藤様のお嬢様も、かつて森本先生のクラスだったとのことですので、これからの学校生活の参考に、森本先生のお人柄や指導方針などをお伺いできないかと思い、お尋ねする次第です。不躾なお願いで恐縮ですが、初めての学校生活で親としても不安が多く、佐藤様の率直❶なお話を伺えればと存じます。

後日お電話させていただきますので、どうかよろしくお願い申し上げます。

かしこ

書き換え例

❶率直な
忌憚のない／差し支えない範囲でかまいませんので

シーン別文例

ビジネスの場合

◉○○さんの勤務状況についてご意見を伺いたいと思います

◉○○さんのお人柄やお仕事ぶりについて、お尋ねいたします

Advice

どうしても知りたいという思いだけでなく、その理由を簡潔にわかりやすく伝えることが大切です。

行方・安否の問い合わせ

関連する文例
同窓会の案内▼P155

同級生の連絡先の問い合わせ

to 同級生の親

Formal

ていねいさ ●●◎
相手との親しさ ●◎◎

POINT
- 突然手紙を出す非礼を詫びる
- はじめに自己紹介をする
- 問い合わせの内容と理由を簡潔に

拝啓　❶突然のお便り申し訳ございません。

私は、加奈子さんの高校時代の同級生で、相田瑞穂と申します。

現在、高校の同窓会の幹事をしておりますが、先日、同窓会名簿にあった加奈子さんの横浜市のご住所宛てにご案内状をお送りしたところ、転居先不明で戻ってきてしまいました。そこで、失礼とは存じますが、ご実家にご連絡させていただいた次第です。

ご多用中申し訳ございませんが、同窓会のご案内と返信用ハガキを同封いたしましたので、❷差し支えなければ、どうか加奈子さんにお取り次ぎくださいますよう、お願いいたします。

敬具

書き換え例

❶突然のお便り申し訳ございません
突然お手紙を差し上げる失礼をお許しください／初めてお便りをいたします

❷差し支えなければ、どうか～
よろしければご一報くださいますよう／ご面倒ですが○○さんにご連絡いただきますよう

Advice
不審に思われぬよう、友達でしか知り得ない情報を加え、親密な間柄を強調すべき場合もあります。

資料の問い合わせ

関連する文例

人柄の問い合わせ▼P200
訪問先への忘れ物の問い合わせ▼P204

所蔵資料の問い合わせ

to 博物館

Formal

ていねいさ ●●○
相手との親しさ ●○○

POINT

- 資料を探している理由を述べる
- 事務的な問い合わせでも、担当者にも礼をつくす

拝啓　突然お便り申し上げる失礼をお許しください。

当方、○○大学大学院で日本の近世史を学んでおります木下聡史と申します。現在、江戸時代の交通と運輸に関する修士論文を作成中で、北前船に関する資料を探しております。つきましては、そちらに所蔵されている『時任家文書』の閲覧についてお尋ねします。

①原本は、すべてマイクロフィルム化されているのでしょうか。
②データを複写させていただくことは可能でしょうか。
③申請すれば、原本を閲覧させていただくことは可能でしょうか。

❶ご多忙のところ、大変恐縮ですが、後日お電話させていただきますので、右ご確認いただきますようお願い申し上げます。

敬具

書き換え例

❶ご多忙のところ、大変恐縮ですが、後日お電話させていただきます～
お手数をおかけし恐縮ですが、左記のメールアドレスまでご連絡くださいますよう、お願いいたします

シーン別文例

個人への問い合わせの場合
◉○○様の御蔵書に、『ミヤコドリの生態』という本はございますか

Advice

問い合わせに答えるのが仕事である相手にも、礼儀をつくすように心がけましょう。

在庫の問い合わせ

絶版本の在庫の問い合わせ

to 出版社

Formal

ていねいさ ●●●
相手との親しさ ●○○

関連する文例
問い合わせへの回答遅延のお詫び▼P118

拝啓　恐れ入りますが、貴社発行の『元素で読み解く宇宙』（八木隆著／昭和五十五年発行）についてお尋ねいたします。この本は、長らく絶版となっているようですが、御社に在庫はございますでしょうか。

病床にある友人にプレゼントしたいと思い、❶探しておりますが、なかなか見つかりません。

もし、在庫がございましたら、❷一冊、代金引換郵便にて、左記の住所まで郵送いただければ幸いです。

お忙しい中、お手数をおかけして申し訳ございませんが、何卒よろしくお願いいいたします。

敬具

POINT

● 前文は省略し、内容を簡潔に伝える
● 在庫があった場合の希望の対応（取引方法）を示しておく

書き換え例

❶ **探しておりますが、なかなか〜**
古書店をいくつかまわりましたが、見つかりません／懸命に探し求めております

❷ **一冊、代金引換郵便にて、左記の住所まで郵送いただければ幸いです**
一冊お送りいただけますでしょうか。受け取り次第、代金を振り込ませて（現金書留にて郵送させて）いただきます

Advice

事務的な在庫の問い合わせでも、なぜ購入したいか、切実な理由を示すと、よりよい対応が得られます。

忘れ物の問い合わせ

関連する文例
自宅に招待されたお礼▼P101

訪問先への忘れ物の問い合わせ

to 上司

Formal

ていねいさ ◉◉◉
相手との親しさ ◉◉◉

POINT
● 知人宅などでの忘れ物には、まず訪問のお礼を述べる
● 返却方法を明記しておく

拝啓　昨夜は、おいしいお料理とすてきなおもてなしをいただき、ありがとうございました。おかげ様で、とても楽しい時間を過ごすことができました。

ところが、楽しくて興奮しすぎたせいか、お恥ずかしいことに、お宅に忘れ物をしてしまったようです。リビングに、刺繍入りの黒い手提げはなかったでしょうか。

もしございましたら、❶着払いの宅配便にて送っていただけないでしょうか。ご馳走になったうえに、ご面倒をおかけして申し訳ございませんが、どうぞよろしくお願いいたします。

かしこ

書き換え例

❶着払いの宅配便にて送って～
近日中に取りに伺います／ご面倒でも、次にお目にかかるときまで預かっていただけますでしょうか

シーン別文例

飲食店への問い合わせ
◉○月○日に、そちらのレストランを利用した○○と申しますが、席に手帳を置いてきてしまったようです

Advice
もてなしを終えた相手は、一仕事終えた気持ちです。問い合わせに答える相手の面倒を、十分に想像します。

スケジュールの問い合わせ

関連する文例
就職の報告▼P138
息子の就職先紹介の依頼▼P164

訪問のスケジュールの問い合わせ

to 知人

Formal

ていねいさ ◉◉◉
相手との親しさ ◉◉◉

POINT
● 誰からの紹介か、自己紹介する
● できるだけ相手に手間をかけない連絡方法を明記する

シーン別文例

自己紹介
◉このほど○○さんから△△の件でご紹介いただいた□□と申します
◉先日○○様からご連絡先を伺い、お手紙を差し上げました△△と申します
◉ブログを拝見し、コメントさせていただいた○○（ハンドルネーム）こと△△と申します

謹啓　初めてお便り申し上げる失礼をお許しください。

先日、岩崎裕司様より就職の件でご紹介いただいた、野口秀一と申します。このたびは、お忙しい中面会をご承諾いただき、誠にありがとうございます。

つきましては、いつ頃お伺いすればよろしいでしょうか。

関口様のご都合のよろしい日時と場所をご指示いただければ、そちらにまいります。

近日中にお電話を差し上げますので、その際にお返事いただければと存じます。勝手なお願いで恐縮ですが、ご高配を賜りますれば幸甚に存じます。

謹白

Advice
まず、面会や面接の承諾をもらったことにていねいに感謝することが、とても重要です。

苦情・催促の手紙

CHECK
- 一方的に相手を責めない
- こちらがお願いする形にする
- 冷静な文面を心がける

苦情の手紙は、状況を理解してもらうことが大切

　迷惑や被害をこうむったときに出す苦情の手紙は、こちらの状況をわかってもらったうえで相手の反省を促し、善処してもらうことが目的です。そのため、いきなり相手を非難するのではなく、状況を冷静に説明し、相手の理解を求めることが大切です。たとえ相手に非があることでも、相手が問題に気づいていないこともあるため、一方的に責めるのではなく、「突然で恐縮ですが」「申し上げにくいのですが」などのようにへりくだったていねいな表現を心がけましょう。

　そのうえで、相手にも事情があることを考慮し、改善策などを提案してこちらからお願いする形にすると、相手も素直に対処しやすくなります。

　特に、ご近所トラブルや友人の場合は、今後のつきあいも考えて、歩み寄る姿勢を見せましょう。

催促の手紙は、相手を気遣いながら要望をはっきり伝える

　面と向かって言い出しにくい催促の場合には、手紙が有効です。相手が約束を守らずにいる場合でも、決して高飛車にならず、相手が約束を忘れていないか、もしくはやむにやまれぬ事情があるのではないかと、相手の事情を尋ねるくらいの思いやりをもって〝お願い〟します。ただし、相手に気を遣うあまり、遠回しな催促やあいまいな表現にならないよう注意します。ていねいな表現を使いながらも、事実関係をはっきりさせ、こちらの要望をきちんと伝えるようにしましょう。

　返金や返品の催促には、相手を追及するのではなく、こちらにも必要な事情ができたことを伝えると、嫌な印象を与えずにすみます。

苦情・催促の手紙　基本の流れ

前文
- 【苦情の手紙】
- 頭語
- 自己紹介
- 日頃の感謝を述べる
- ※場合によっては感謝は省略可
- 【催促の手紙】
- 頭語
- 時候の挨拶
- ※二回目以降は前文省略可

主文
- 状況説明
- 苦情・抗議・催促の内容を簡潔に伝える
- 状況改善へのお願い
- 苦情・抗議・催促であることをあらためて伝え、お願いする

末文
- 結びの言葉
- 結語

気をつけたい マナーのポイント

苦情や催促の手紙は気持ちに余裕をもって書く

苦情や催促の手紙は、つい感情的になって自分の事情ばかりを押しつけてしまいがちですが、それでは相手の感情を逆撫でして、事態をこじらせてしまいます。冷静で客観的な文面を心がけましょう。手紙を書いてもすぐには出さず、一晩おいて読み直してから投函するくらいの余裕が大切です。

改善策や妥協案を提案する

一方的に苦情や催促をするだけでなく、こちらから改善策や「せめて○○」といった妥協案を提示し、具体的にどうしてほしいのかを伝えると、相手も要求に応じやすく、問題も解決しやすくなります。

知らない相手にもきちんと名乗る

企業や行政への苦情のように、手紙を出す相手をよく知らない場合も、自分からきちんと名乗りましょう。

苦情・催促がうまくいくためのQ&A

Q 顔見知りへの苦情や抗議のコツは？

A 顔見知りへの苦情の場合、今後のつきあいを考えて、できるだけやわらかな文面で苦情を訴えるのが一般的です。しかし、場合によっては多少強めに善処を促したり、懇願したりするなど、相手の性格を考えて、より効果的と思われる方法をとりましょう。

Q 借金の催促への返事がないときは？

A 催促の手紙を出しても相手からの連絡がないときは、ある程度関係が気まずくなることも覚悟のうえで、毅然とした態度で臨みます。速達や書留で出したり、それでもらちがあかないときは、内容証明にするなどして、「法的措置も辞さない」という意思を示すのもよいでしょう。ただし、どんな場合も、感情的な表現にならないように注意します。

迷惑行為への苦情

関連する文例
猫が庭を荒らしたお詫び▼P108
騒音の苦情へのお詫び▼P112

ペットへの苦情

Formal

to 隣人

ていねいさ ●●●
相手との親しさ ●●○

拝啓　お手紙の形で失礼します。お隣に住む坂本でございます。

　いつもいろいろとお世話になっております。

　実は、お宅様で新しく飼われた犬のことで、お願いがございます。昼夜を問わない鳴き声により、家族全員安眠を妨げられ、困っております。特に主人は、仕事で夜遅く帰宅したあと、鳴き声が気になってなかなか寝つけず、不眠症気味です。犬も環境に慣れるまでは不安なのだろうと思っておりましたが、二ヶ月を過ぎても改善の気配がないため、夜間だけでも室内に入れていただくなどのご配慮をいただけないかと、お願い申し上げる次第です。❶ご面倒をおかけいたしますが、何卒よろしくお願い申し上げます。

敬具

POINT

- ご近所としての挨拶を述べる
- 被害の様子を具体的に伝える
- ていねいにお願いする

書き換え例

❶ご面倒をおかけいたしますが

ご面倒とは存じますが、早急に善処をお願いしたく／今後も気持ちよくおつきあいさせていただくためにも

シーン別文例

手紙を出した理由

◉昼間お伺いしたのですが、お留守のようでしたので、お手紙を差し上げました

Advice

ご近所づきあいはとてもデリケートです。たとえ本質は苦情でも、依頼のつもりで書くとよいでしょう。

客の路上駐車への苦情

to 近所のスーパー

Formal

ていねいさ ●●●
相手との親しさ ●○○

POINT
● はじめに名乗る
● 被害の状況とこれまでの対策を説明する
● 改善策を提示する

冠省　私は、貴店の裏に住む染谷と申します。

本日は、貴店のお客様が、拙宅の前にたびたび路上駐車をなさる件で、❶ご相談申し上げます。

貴店の営業時間中は、お客様の車が入れ替わりで駐車されることもあり、私どもの車の出し入れや、家人の出入りなどにも支障をきたし、大変迷惑しております。そのため、家の前への路上駐車をやめていただくよう、貼り紙をしておりますが、効果はかんばしくありません。

つきましては、貴店でもお客様に近くの有料駐車場を利用するようにご注意くださるなど、❷早急な善処をお願い申し上げます。　不一

書き換え例

❶ご相談申し上げます
ひと言申し上げたく、ペンを執りました／お願いがあり、手紙を書きました

❷早急な善処をお願い申し上げます
何らかの対処をお願い申し上げます／以後お気をつけくだされば幸いです／早めの対処をお願いいたします／なんとかご配慮くださいますようお願い申し上げます

Advice
あえて「拝啓・敬具」とせず、「冠省・不一」とすることにより、抗議の強さを表現する場合もあります。

商品・サービスへの苦情

不良品への抗議

to メーカー

Formal

ていねいさ ◉◉◎
相手との親しさ ◉◎◎

関連する文例
不良品販売のお詫び▼P124
説明（確認）不足のお詫び▼P125

POINT
● 事実を簡潔に説明する
● こちらの要望をはっきりと伝える
● ていねいな表現を心がける

前略　取り急ぎ申し上げます。

先日、○○○電器○○○店で貴社の空気清浄機○○ⅠDWⅠBを購入した斎藤薫と申します。

購入後、電源を入れるとすぐに、作動音にしては大きなゴーッという低い音がして、変に思っていると、しばらくしてゴボゴボッと異音がしました。機能自体には特に異常がないようですが、万一発火したらと、使用を中止しております。初期不良と思われるので、確認のため、商品を着払いでお送りいたします。早急に状況をご確認いただき、ご返答くださるようお願い申し上げます。

草々

シーン別文例

事実を説明する

◉○月○日に注文した品が、いまだ到着しておりません

◉送付いただいた品が、注文のものとは異なります

こちらの要望を伝える場合

◉新しい商品と交換、もしくは代金を返却していただけますでしょうか

◉現物を貴社に返送してもよろしいでしょうか

Advice

レシートの写しを同封します。レシートがないときは、購入日を正確に記すことが必要です。

接客態度への苦情 to 飲食店

Formal

前略　突然のお手紙で恐縮ですが貴社にお願いがございます。
去る六月九日の午後三時頃、貴社の○○店を利用しました○○と申します。昼食には遅い時間帯ということもあり、店内はお客もまばら。そんな中で気になったのが、従業員同士の会話です。ホールの女性が、驚くほど乱暴な言葉づかいで、厨房の中の人と大声で話しているのが、客席にまで筒抜けなのです。さすがに注文を取りに来たときには、ていねいな対応でしたが、すっかり食欲を失いました。
○○店は勤務先からも近く、昼休みによく利用しておりますが、このような従業員の態度にがっかりするとともに、貴社の従業員教育はどのようになっているのかと思い、お便りさせていただきました。
❶貴社の従業員教育の改善と正しい接客の徹底を希望いたします。
不備*

ていねいさ ◎◎◎
相手との親しさ ◎◎◎

POINT
- 日時や状況を簡潔に伝える
- 手紙を出した理由を明記する
- 善処をお願いする

書き換え例

❶貴社の従業員教育の改善～
誠意あるご回答をお願いいたします／教育体制の早急な見直しと対策を希望します

シーン別文例

苦言を呈する
◉貴社の経営姿勢が問われます
◉失望の念を禁じ得ません

言葉の意味・解説

＊不備…文意が十分ではないという意味の結語

Advice
非常に腹立たしい場合でも、最低限の礼をつくすことにより、善処を引き出しやすくなります。

学校への苦情

子どものいじめへの苦情

to 担任

Formal

関連する文例

けがをさせたお詫び▼P106
ものを壊したお詫び▼P107

ていねいさ ●●●
相手との親しさ ●○○

POINT
●日頃の感謝を述べる
●状況を冷静に伝える
●ていねいな表現を心がける

拝啓　小林大輝の母でございます。大輝がいつもお世話になっております。本日は、吉岡先生にご相談申し上げたいことがあり、お手紙を差し上げました。
　最近、大輝が家でふさぎ込むことが多く、訳を聞いたところ、どうやらクラスでいじめを受けているようです。本人は詳しいことを話しませんが、インターネットで数人のクラスメイトが悪口を書き込み、クラスで無視されるようになったそうです。
　❶つきましては、近日中に一度、ご相談に伺いたいと存じます。ご多忙中とは存じますが、何卒ご配慮くださいますようお願い申し上げます。
敬具

書き換え例

❶つきましては、近日中に一度、ご相談に伺いたいと存じます
先生に、何か思いあたることがあればお教え願えますでしょうか／なにぶん子ども同士のことゆえ、親が口を出すのはためらわれましたが、一度先生にご意見をお伺いしたいと存じます／親としては戸惑うばかりで、先生にお目にかかってご相談させていただきたいと思います

Advice
まず担任教師への十分な敬意を示し、コミュニケーションの前提を作ることが重要です。

市町村への苦情

工事騒音への苦情

to 市役所

Formal

関連する文例
騒音の苦情へのお詫び▼P112

ていねいさ ◉◉◎
相手との親しさ ◉◎◎

POINT
● 相手の事情にも理解を示す
● 状況を説明し、配慮を求める
● 歩み寄りの姿勢を見せる

拝啓　突然のお便り、失礼いたします。

私は、市内緑町三丁目に住む大久保と申します。

早速ですが、先日から始まった道路工事についてのお願いです。

工事中の道路は、交通量の多い市内の幹線道路であり、そのため、夜間に工事を行っているようですが、連日夜中の二時、三時まで響く騒音に悩まされております。高齢の両親も、不眠のために体調がすぐれません。せめて夜は、十時くらいまでに作業を終えていただくことはできないでしょうか。❶早急に善処していただくよう、お願い申し上げます。

敬具

書き換え例

❶早急に善処していただくよう～
誠意ある回答を早急に要求する次第です／即時善処くださるよう、お願いいたします／できるだけ早く、しかるべき対応をお願い申し上げます

シーン別文例

手紙を書いた理由を示す場合
◉抗議いたしたく、書状を差し上げました

Advice
法的基準内の騒音の場合、改善要求は通らないのが原則ですが、抗議すればそれなりの対応があるものです。

苦情・催促
学校への苦情／市町村への苦情

借金返済・入金の催促

借金返済の催促

to 知人

Formal

ていねいさ ●●●
相手との親しさ ●●●

関連する文例

借金返済遅延のお詫び(一部返済)▼P110
借金返済遅延のお詫び(催促を受けて)▼P111

拝啓　水温む季節となりましたが、いかがお過ごしでしょうか。

さて、先日ご用立ていたしましたお金の返済期限を一週間ほど過ぎておりますが、いかがなりましたでしょうか。いろいろと事情もおありでしょうが、何のご連絡もないので少々心配しております。

あのお金は、ほかならぬ立川様からのご依頼ということで無理をしてご用立てしたもので、こちらも決してゆとりがあるわけではありません。催促がましくて申し訳ございませんが、当方の事情もお察しいただき、まずはご連絡だけでもいただきたく存じます。

取り急ぎ、お願いまで。

かしこ

POINT

- 前文を入れ、いきなり催促しない
- ていねいな表現で恐縮の意を表す
- こちらの事情を伝える

シーン別文例

よりあらたまった相手に

◉誠に申し上げにくいのですが、先日ご用立ていたしました○万円についてお伺い申し上げます
◉急かすようで誠に恐縮ですが、先日ご用立ていたしました件で、お手紙を差し上げました
◉このような催促がましいお尋ねをするのは不本意なのですが、善処くださいますようお願い申し上げます

Advice

催促は抗議ではなく、強いお願いです。基本的な礼儀をわきまえて行うことが大切です。

未納の会費の催促

to 会員

Formal

ていねいさ ◉◉◎◎
相手との親しさ ◉◎◎

拝啓　清秋の候、❶豊田様には、ますますご清祥のこととお喜び申し上げます。平素は、当会の活動にご理解とご協力を賜り、誠にありがとうございます。

さて、先般ご案内いたしました本年度年会費の件ですが、九月三十日現在、豊田様からの入金を確認できておりません。❷何かとご多用とは存じますが、早急にご確認のうえ、ご入金くださいますようお願い申し上げます。

会員の皆様のご協力により、本年度もより充実した活動を予定しております。今後とも変わらぬご支援を賜りますよう、お願い申し上げます。

なお、本状と行き違いにご入金いただきました際は、何卒ご容赦のほど、お願い申し上げます。

敬具

POINT
●日頃の感謝の気持ちを伝える
●謙虚な表現で確認を求める
●今後も変わらぬ支援をお願いする

書き換え例

❶当会の活動にご理解とご協力を～
当会の活動に、ひとかたならぬご尽力とご支援を賜り、深く感謝いたしております／当会の活動にご参加くださりありがとうございます

❷何かとご多用とは存じますが、早急にご確認のうえ、ご入金～
入金に間違いがあるといけませんので、お手数ですがお確かめいただけますでしょうか／何か手違いがあったのではと拝察しております。お手数ですがご確認のうえ、ご連絡くださいますようお願い申し上げます

Advice
故意の未納でないことを前提にして、十分ていねいに納金を催促しなければなりません。

物品返却の催促

貸与品返却の催促

to 友人

Casual

ていねいさ ●●●
相手との親しさ ●●●

関連する文例

借用品返却催促へのお詫び▼P113
借用品紛失のお詫び▼P115

立春を過ぎても毎日寒い日が続きますが、お変わりなくお過ごしのことと思います。

早速ですが、先日お貸しした子ども用のスキーウエアのことでお便りしました。実は、妹一家が来週末にスキーに行くことになり、ウエアを貸してほしいと頼まれました。❶ご用はおすみだと思いますので、早急にお戻し願えないでしょうか。できましたら、❷○日までに届くよう、宅配便でお送りいただけると助かります。

急かすようで申し訳ありませんが、よろしくお願いいたします。

かしこ

POINT

- 返してほしい理由を伝える
- 謙虚な姿勢で返却をお願いする
- 返却方法を明記する

書き換え例

❶**ご用はおすみだと思いますので、早急にお戻し願えないでしょうか**

ご用ずみでしたら、ご返却をお願いします／返却予定日を過ぎましたが、もしやお忘れではないでしょうか

❷**○日までに届くよう、宅配便で〜**

ご都合のよい日をご連絡いただければ、引き取りにまいります／ついでの折に、立ち寄らせていただきますので、ご連絡くだされば幸いです

Advice

時候や日頃のお礼などから始めると、角が立たないでしょう。いきなり用件から入るのは避けます。

回答・返答の催促

頼みごとの返事の催促

to 知人

Formal

ていねいさ ●●●
相手との親しさ ●○○

関連する文例

問い合わせへの回答遅延のお詫び▼P118
息子の就職先紹介の依頼▼P164

- 頼みごとの承諾へのお礼を述べる
- 相手を信用している姿勢を示す
- 催促はていねいな表現で切り出す

拝啓　清秋の候、市川様にはご健勝のこととお喜び申し上げます。

先日は、厚かましいお願いにもかかわらず、娘の就職にお力添えをご快諾いただき、誠にありがとうございました。

お返事をいただいてからは、市川様に頼りきりで心苦しく思っておりましたが、❶その後いかがでしょうか。

お忙しい中、市川様にはご面倒なことをお願いして誠に申し訳ございません。そのうえに❷急かすようなことを申し上げて恐縮ですが、経過だけでもお教えいただけないかと思い、再びお願い申し上げる次第です。何卒事情をお酌み取りのうえ、ご高配を賜りますようお願い申し上げます。

敬具

書き換え例

❶その後いかがでしょうか
いかがなりましたでしょうか／その後進展がありましたらお聞かせいただけますでしょうか

❷急かすようなことを申し上げて恐縮ですが
催促がましいことを申し上げて誠に恐縮ですが／催促するようで心苦しいのですが

Advice
回答・返答の催促は、相手の怠慢を責めてはいけません。事情を示し、再度十分ていねいに促します。

お見舞いの手紙

CHECK
- 知らせを聞いたら早めに出す
- 前文は省略するのが基本
- 忌み言葉に気をつける

お見舞いの手紙は相手の気持ちにより添って

入院や事故の知らせを聞いたら、できるだけ早めにお見舞いの手紙を出すようにします。直後は相手も落ち着かず、かえって迷惑となってしまうことが多いため、身内やごく親しい人以外は、すぐにお見舞いに伺うことは控え、代わりに心を込めたお見舞いの手紙を出すようにしましょう。

お見舞いの手紙では、〝驚きや心配のために挨拶も忘れてしまった〟ということを表すために、時候の挨拶を省略するのが一般的とされています。相手を励ますことが目的ですから、必要以上に心配したり、無理に元気づけようとしたりせず、相手の気持ちにより添って、明るく前向きな文面で病気やけがの回復を祈りましょう。

また、状態が思わしくないときは、本人ではなく家族に宛てて出すなどの心遣いも必要です。相手の安否を気遣うだけでなく、家族の看病に対するいたわりやねぎらいの言葉を書き添えると、より好印象となります。

罹災直後の災害見舞いはハガキでもOK

災害見舞いの場合も、必ずニュースなどで被害の状況を確認してから、お見舞い状を送ります。災害の場合は前文だけでなく、頭語も省いてかまいません。罹災後一週間くらいまでなら、まずはハガキで無事を知って安心したことを伝えましょう。

災害見舞いには、協力や援助を申し出る一文を添えますが、「何でもお申しつけください」といった決まり文句ではなく、「日用品を送る」「あと片づけを手伝う」など、自分が実際にできることを書き添えると、相手もお願いしやすくなり、喜ばれます。

お見舞いの手紙 基本の流れ

前文
- 頭語
※時候の挨拶は省くのが一般的。災害見舞いは、頭語も省略可

主文
- 相手の安否を尋ねる
- 相手の災難に対する驚きや悲しみ、心配、慰めなどの気持ちを表す
- 回復、復興、奮起を祈る
- つき添う家族への気遣い（病気・事故の場合）
- 協力や援助を申し出る（災害見舞いの場合）

末文
- あらためて相手を気遣う気持ちを伝える
- 結語

気をつけたい マナーのポイント

まずは手紙で安否を気遣う

取り込み中の相手の迷惑にならないよう、まずは手紙で様子を伺います。病気や事故の場合は、ハガキではなく封書を用いるのが基本です。

病名や病状の詳細にはふれない

相手のことが心配で、詳しいことを知りたい気持ちはわかりますが、あまりふれられたくない場合もあります。病名や症状などの詳細にはふれないようにして、相手の状況を気にかけ、心配していることを伝えましょう。

忌み言葉に注意する

相手は病気やけがが、罹災のためにナーバスになっているので、お見舞いの忌み言葉（下段参照）に注意しましょう。また、「追伸」もよくないことの繰り返しを連想させるため、用いません。伝えたいことは末文までに収めるのがマナーです。

お見舞いの忌み言葉

死や苦しみ、長引くことや繰り返しなど、不吉なことを連想させる言葉は、お見舞いの手紙には用いないようにします。

◆**病気・事故見舞い**
再び　再度　重ね重ね　たびたび　たまたま　返す返す　繰り返す　死　逝く　四（死）　九（苦）　苦しい　寝つく　根づく　寝込む　滅びる　衰える　枯れる　落ちる　重なる　続く　またまた

◆**災害見舞い**
再び　再度　重ね重ね　たびたび　たまたま　返す返す　繰り返す　離ればなれ　ばらばらになる　苦しい　失う　見失う　さらに

◆**そのほかの注意すべき言葉**
不幸中の幸い
※「不幸中の幸い」は、見舞われる側の言葉。お見舞いの手紙には用いない。

病気のお見舞い

to 上司　入院のお見舞い　Formal

関連する文例
病気お見舞いのお礼▼P88
全快の報告▼P147

ていねいさ ◉◉◉
相手との親しさ ◉◉◎

POINT
● 仕事の心配をさせないようにしながらも、さりげなく相手を立てる
● 本人だけでなく、家族も気遣う

急啓　❶入院・手術のことを伺い、心よりお見舞い申し上げます。

　このところ、あまり体調がすぐれないご様子でしたが、平素ご壮健な部長のこと、まさかご病気とは思わず、「残業続きでお疲れなのだろう」と愚察しておりましただけに、大変驚いております。

　しかし昨日、手術も無事終わり、経過も順調ということを伺い、安心いたしました。二週間程度で退院のご予定とのことですので、❷この機会に骨休めをするおつもりで、ゆっくりとご休養なさってください。仕事の方は、榊課長をはじめ課の全員が、部長にご心

書き換え例

❶入院・手術のことを伺い、心よりお見舞い申し上げます
このたびの入院を知り、急いでペンを執りました／入院されたとのこと、突然のことにまだ信じられない気持ちです

❷この機会に骨休めをするおつもりで、ゆっくりとご休養～
くれぐれも無理をせずに、ご療養に専念なさってください／まずはお身体を休めることに専念されまして、一日も早く回復なさいますよう、ご自身をいたわってあげてください

配、ご迷惑をおかけしないようにと頑張っております。とはいえ、やはり部長がいらっしゃらないと士気が上がりません。心身ともにリフレッシュされて戻って来られることを、首を長くしてお待ち申し上げております。

また、このたびのことでは、❸ご家族の皆様もさぞかしご心配されたことと存じます。お疲れがでませんよう、くれぐれもお身体をおいといくださいませ。

❹後日、あらためてお見舞いに伺いますが、取り急ぎ書中にてお見舞い申し上げます。

敬具

こんなときはどうする？

入院を人づてに聞いた場合
入院後しばらくしてから送る場合

文例▼○○さんから、入院なさったことを伺い、大変驚きました／昨日、入院されていたことを伺いました。知らずにおりましたため、お見舞いが遅れ申し訳ございません

よくあるNG例

●病状の詳細を聞く
肝臓がんと伺いましたが、どのくらい入院されるのでしょう

●深刻になりすぎる
かつては不治の病といわれたがんも、今は医学の進歩とともに、きちんと治療すれば治る病気となっています

❸ご家族の皆様もさぞかしご心配されたことと存じます～
奥様をはじめご家族の皆様も、ご看病でお疲れのことと存じます。あまりご無理をなさらないよう／奥様も、慣れないご看病と病院通いの疲れで体調をくずされないよう

❹後日、あらためてお見舞いに伺いますが～
一日も早いご回復をお祈りして、まずは書面にてお見舞い申し上げます／近々お見舞いに伺うつもりですが、くれぐれもご養生なさってくださいませ／全快を心よりお祈り申し上げます／すぐにお見舞いにかけつけたいところですが、この時期に押しかけてもかえってご迷惑になると思い、取り急ぎ書中にしたためました。早いご快癒をお祈りいたしております

Advice
ゆっくり休むことと早く全快復帰すること。矛盾する二つの要素ですが、上手に両方の気持ちを伝えることが大切です。

長期入院のお見舞い

to 同期

Casual

ていねいさ ●●●
相手との親しさ ●●●

その後、いかがですか。

先日伺ったときは、顔色もよく安心していたのですが、まだしばらくは入院が必要とのこと。古川君のことだから、歯ぎしりをして悔しがっていることでしょう。しかし、一家を支える大事な身体です。しばらくは❶治療に専念し、細部まで残さずメンテナンスしてもらってください。

入院生活もひと月を過ぎ、病院の生活にも飽きてきたと思いますが、ご家族も看病の疲れが出てくる頃です。あまりわがままを言わず、おとなしく言うことを聞いて、ご家族をいたわってあげてください。

また近いうちにお見舞いに参上しますが、❷古川君の好きな◯◯さんの新刊が出たので、まだ読んでいなかったら持参します。

POINT

- 明るく前向きな姿勢で励ます
- 闘病が長引くほど、家族への気遣いも必要

書き換え例

❶治療
養生／静養／骨休め／回復

❷古川君の好きな◯◯さんの新刊が出たので、まだ～
お好きなジャズのCDを何枚かおもちします（同封しました）ので、よかったら気分転換に聞いてみてください／オススメの推理小説を見つくろって持参（お送り）しますので、暇つぶしにどうぞ／何か入り用のものがありましたら、何なりと申し付けてください

Advice

明るく見舞うことが大切です。しかし、気楽な感じが強すぎると、相手を不快にするので注意します。

看病のお見舞い

to 友人

Casual

ていねいさ ●●●
相手との親しさ ●●●

POINT
● 病人と看護する人、両方を気遣う
● 相手のことを気遣って、お見舞いを控えていることを伝える

拝啓　❶ご主人が入院なさったと聞き、驚きました。その後、経過はいかがですか。

佳子さんもさぞかしご心配のことと思います。しばらくは、病院と家との往復で大変だと思いますが、疲れで体調をくずさないよう、身体には十分気をつけてくださいね。

かえってご迷惑になるかと思い、❷お見舞いはしばらく控えさせていただきますが、❸私でできることであれば、何でもお手伝いします。主人も心配して、猫の手よりはましだろうから行ってあげたら、と言っていますので、お手伝いが必要なときは遠慮せずにおっしゃってくださいね。

また連絡します。まずは取り急ぎお見舞いまで。

かしこ

書き換え例

❶ご主人が入院なさったと聞き〜
ご主人の入院について、突然のお知らせに大変驚いています／ご主人の入院のことを伺い、先日お会いしたときもお元気そうだったので、とてもびっくりしました

❷お見舞いはしばらく控えさせて〜
時期を見てお見舞いに伺わせていただきます

❸私でできることであれば〜
幼稚園のお迎えなど、必要であればお申しつけください／お電話いただければいつでも駆けつけます

Advice
たとえとても親しい相手でも、お見舞いの手紙は、礼儀をわきまえます。ざっくばらんにならないように。

お見舞い
病気のお見舞い

事故のお見舞い

子どもの事故のお見舞い

to 上司

Formal

関連する文例
父親の入院の報告▼P144
退院の報告▼P146

ていねいさ ●●●
相手との親しさ ●●●

POINT
● 心配していることを伝える
● 大事に至らず安堵していることを伝える

急白　お子様が、交通事故に遭われておけがをなさったと伺い、大変驚きました。❶まずは大事に至らず何よりですが、突然のことで、ご家族のご心痛はいかばかりかとお察しいたします。

事故の原因は、相手のドライバーの前方不注意だとか。あまりのことに、憤懣やるかたない思いでいっぱいです。

しばらくは入院生活が続くと伺い、❷絵本を同封いたしました。お子様のお気持ちが少しでも和らぎますれば幸いです。

一日も早い退院とご回復を心よりお祈り申し上げます。

不一

書き換え例

❶**まずは大事に至らず**
命に別状はないとのことで／経過も順調とのことで／術後の容体も安定しているとのことで

❷**絵本を同封いたしました**
退屈しのぎにと、おもちゃをお送りいたします／せめてもの気晴らしになればとDVDを同封いたします

Advice
入院当初の見舞い状は、手短に行います。ていねいでも長くなりすぎると、相手はわずらわしく感じます。

けがのお見舞い to けがをさせた相手

Formal

急啓　昨日はこちらの不注意からおけがをさせてしまい、誠に申し訳ございません。心よりお詫び申し上げます。
❶「すり傷程度なので心配無用」とおっしゃっていると伺いましたが、その後ご体調にお変わりはございませんでしょうか。
スピードが出ていなかったとはいえ、自転車同士の接触ゆえ、転倒したときに打ちどころが悪かったらと心配いたしております。
❷今後、今回のことで後遺症などございましたら、誠意をもって対処させていただきますので、お手数でも私宛てにご一報くださいますようお願い申し上げます。

敬具

ていねいさ ●●●
相手との親しさ ●○○

POINT
●誠心誠意謝罪する
●今後の対応やお願いを伝える

書き換え例

❶「すり傷程度なので心配無用」と～
大事ではないと伺いましたが、お加減はいかがでしょうか

❷今後、今回のことで後遺症など～
あらためましてお伺いする所存ではございますが、まずは書中にてお詫び申し上げます

Advice
相手にも過失があり、過失責任の割合が微妙なときは、不用意に謝らないほうがよい場合もあります。

火事・災害のお見舞い

関連する文例
災害お見舞いのお礼▼P89

火事のお見舞い

to 親戚

Formal

ていねいさ ●●●
相手との親しさ ●●●

POINT
●安否を気遣い、無事を喜ぶ
●手伝いに行けないことを詫びる
●復興を願う励ましの言葉で結ぶ

急呈　母から❶このたびのご災難のお知らせを受け、取り急ぎ書中にてお見舞い申し上げます。まずは、ご家族の皆様がご無事ということで、安堵いたしました。伺うところによれば、隣家からのもらい火とのこと。ご家族のご落胆はいかばかりかとお察しいたします。

本来なら、すぐにでもお手伝いに駆けつけたいところですが、遠方にてかないません。❷ささやかですが、お見舞いを同封いたしましたので、当座のご用にお役立ていただければ幸いです。

一日も早い再建と皆様のご健康を、心よりお祈り申し上げます。

不一

書き換え例

❶このたびのご災難のお知らせを受け
ご自宅が火災に遭われたと伺い
※類焼の場合は、「火事」「火災」と書いてもよいが、失火の場合は「災難」にとどめ、原因にもふれないのがマナー

❷ささやかですが、お見舞いを同封いたしました
お見舞いのしるしに、些少のものを同封いたしました

Advice
形ばかりでなく、相手の心痛やダメージに、心からより添い、同情することが大切です。

地震のお見舞い
to 友人

Casual

ていねいさ ●◎◎
相手との親しさ ●●●

POINT
●相手の身により添ったいたわりの気持ちを伝える
●できる範囲の助力を申し出る

テレビのニュースを見て、和美さんのところは大丈夫だろうかと案じていましたが、やはりただならぬ事態のようですね。連絡をもらって驚きました。ご自宅の被害に加え、連日の大きな余震で、和美さんが眠れない夜を過ごしているだろうと思うと、自分のことのように胸が痛みます。

ご高齢のご両親を連れての避難所生活は、さぞかし大変なことでしょう。慣れない環境での生活がお身体に障らないよう、一日も早く皆様が元の暮らしに戻れるよう、心よりお祈りしています。

お見舞いのしるしに、気持ちばかりのものを同封します。

❶日用品などで必要なものがあれば、遠慮なくお電話くださいね。その程度のことしかお力になれませんが、すぐに揃えてお送りします。

取り急ぎお手紙でお見舞いいたします。

書き換え例

❶日用品などで必要なものがあれば、遠慮なくお電話くださいね～

片づけなどで人手が必要なときは、いつでもご連絡ください。力自慢の主人とともに駆けつけます／洋服や肌着など、すぐにも必要と思われる身の回りのものも別便にてお送りしました

シーン別文例

相手の安否が不明な場合

◉詳細がわからず、心配しています

◉皆様のご無事を心よりお祈りしております

Advice

漠然と「なんなりとお申しつけください」などと申し出るより、できる範囲の具体的な援助を申し出ます。

新しい生活様式での

病気や被災のお見舞い

家族が入院している親戚へのお見舞い

to 親戚

Formal

ていねいさ ●●●

相手との親しさ ●●●

急啓　今日、母から連絡があり、叔父様が手術のために入院されたことを知りました。術後の経過は順調とのことで、ひとまずほっとしておりますが、折からのコロナ禍で、ご家族の面会も制限されていると の由、❶叔母様をはじめ、ご家族の皆様にはさぞかしご心労のことと思います。お花の持ち込みも禁止されているそうなので、気持ちばかりですが、別便にてお見舞いを送らせていただきました。

日ごろお忙しい叔父様がこの機会にゆっくりと休んで治療に専念され、一日も早く回復されることをお祈りしています。

時節柄皆様も体調を崩さぬよう、どうぞご自愛ください。　かしこ

POINT

● 直接足を運べないため、「お見舞い」を送ったことを伝える

● 一日も早い回復を祈り、家族も労る

シーン別文例

❶叔母様をはじめ、ご家族の皆様〜

ご家族もさぞかしご心配のことでしょう。早く落ち着いてお見舞いに行けるといいですね／ご家族の皆様のご心配はもとより、叔父様もさぞかし心細いことでしょう

Advice

近年、感染症のリスクを避けるため生花の持ち込みを禁止している病院が増えています。感染症防止のため面会が制限されている場合もあるので、必ず家族に確認しましょう。

関連する文例

入院のお見舞い▼P220
火事・災害のお見舞い▼P226

水害のお見舞い

to 友人

Casual

ていねいさ ●●●
相手との親しさ ●●○

前略　このたびの豪雨による被害、ニュースで見て驚きました。突然の事態に、心よりお見舞い申し上げます。

　ご家族の皆様はご無事と伺い、まずは安心しました。すぐにでもお手伝いに駆けつけたいところですが、なにぶん遠方につき、それもかないません。

　心ばかりですが、お見舞いを同封しました。また、必要な品があればお送りさせていただきますので、遠慮せずにお申し付けくださいね。

しばらくは大変な毎日だと思いますが、お体に気をつけて、どうか無理をなさらぬようにしてください。一日も早く平穏な生活に戻られることを心よりお祈りいたしております。

草々

POINT
● 被災した相手を気づかう
● 手伝いに行けないときはお見舞いを送り、ほかに何かできることはないか申し出る

シーン別文例

台風・大雨による災害の場合
◉ 一晩で記録的な大雨となったようで、どれほど不安な一夜を過ごされたことかとお察しいたします／今回の台風ではお住まいの地域が甚大な被害を受けたと伺い、心を痛めております／ニュースでは、倒壊した家の様子など、凄まじいばかりの台風の爪痕が映し出され、言葉もありません

Advice
平時ではないので時候の挨拶などは省き、お見舞いや励ましの言葉を簡潔に伝えます。繰り返しや長引くことを連想させる忌み言葉にも注意します。

弔事の手紙

葬儀にかかわる手紙は形式にのっとり礼儀正しく

人の死にかかわる弔事の手紙は、手紙の中でも特に礼儀が求められるものです。形式にのっとり、普段は使わない儀礼的な慣用句もまじえながら、故人の死や、葬儀への参列のお礼、生前の交誼に対する感謝を伝えましょう。

一般的な葬儀の場合は、亡くなってから葬儀までの時間が短いため、訃報を伝える「死亡通知」は、葬儀のお知らせとして電話やメール、SNSなどでで行うことがほとんどです。同じように、参列者にお礼を述べる「会葬礼状」も、葬儀会社に用意されているサンプルから選び、当日お礼の品とともに渡すのが一般的となっています。

また、葬儀に参列できない場合や、葬儀後に訃報を知った場合は、「お悔やみの手紙」を送ります。心からの弔意を伝えるためにも、知らせを受けたらすぐに書くようにしましょう。

お悔やみをいただいたり、葬儀でお世話になったりした方には、あらためてお礼の手紙を書いて礼をつくします。

CHECK
- 形式や決まりごとを守る
- 忌み言葉に注意し、厳粛な気持ちで礼儀正しく

忌明けや喪中欠礼などの節目にも礼をつくす

忌明け(七七日忌、五十日祭)には、「香典返し」とともに、忌明けの挨拶を送ります。忌明けがないキリスト教の場合も、ひと月後の召天記念日や追悼ミサのあとに記念品を贈ることが多いようです。香典返しの添え状も、デパートなどでサンプルが用意されていますから、それらを上手に利用しましょう。

身近な親族が亡くなった年の年末には、「喪中欠礼状」を出して新年の挨拶を控えることを伝えます。喪中であることを知らせずに年賀状を受け取った場合は、「寒中見舞い」で喪中欠礼を伝えるとよいでしょう。

お悔やみの手紙 基本の流れ

前文
- 頭語・前文を省く
※驚きや悲しみで挨拶も忘れてしまうほどの気持ちを表す

主文
- 故人の訃報に接した驚き、悲しみ、無念の気持ちなどを表す
- 遺族の胸中を思いやり、いたわりの気持ちを伝える。また、ときには奮起を促すことも
- 香典を同封した際は、そのことにふれる

末文
- あらためて弔意を伝え、挨拶を結ぶ
※「ご冥福をお祈りいたします」は、宗派によってはふさわしくない場合もあるので注意。相手の宗派がわからないときは「心よりお悔やみ申し上げます」などとするとよい

気をつけたい マナーのポイント

表書き・文面とも薄墨で書く

弔事の手紙は〝涙が硯に落ちて墨が薄まってしまった〟という意味で、薄墨で書きます。筆書きに慣れていないためペンで書く場合は、インクは黒かブルーブラックを用いましょう。

句読点は用いない

句読点は本来、文章を読みやすくして読み手の理解を〝助ける〟ためのものです。礼儀を重んじる弔事に際して、敬うべき相手に対して句読点を用いるのは失礼だという考えから、死亡通知や会葬礼状などの儀礼的な手紙では句読点を用いません。

二重封筒は用いず無地の白封筒で

袋が二重になっている封筒は、一枚のものよりていねいであらたまった印象を受けます。しかし、紙が〝重なっている〟ため、不幸が重なることを嫌う弔事では、一重の白封筒を用います。

弔事の忌み言葉

死や苦しみ、長引くことや繰り返しなど、不吉なことを連想させる言葉は、弔事の手紙には用いないようにします。

◆**重ね言葉**
ますます　いよいよ　たびたび　重ね重ね　返す返す　次々　ときどき　くれぐれも　しみじみ　まだまだ　皆々様

◆**不幸が続くことを連想させる言葉**
さらに　続いて　引き続き　再び　追って　重ねて　繰り返し　ようやく　再三　やっと

◆**生死にかかわる言葉**
死　死去　死亡　生　生きる　四（＝死）　九（＝苦）

◆**神式、キリスト教では使わない言葉**
冥福　供養　成仏　往生　合掌

◆**仏式の葬儀での忌み言葉**
迷う　浮かばれない

死亡通知

死亡通知 to 知人

Formal

関連する文例

母の葬儀の会葬礼状▼P235
弔電・供花のお礼▼P236

ていねいさ ◉◉◉
相手との親しさ ◉◉◉

亡妻〇〇〇〇儀　かねて病気療養中のところ　❶心不全のため五月十四日午前十時三十五分　六十七歳で急逝いたしました
ここに生前のご厚誼に深謝し　謹んでお知らせ申し上げます
葬儀および告別式は❷仏式にて左記のとおり営みます

記

葬儀　五月十七日（土）午後一時〜二時
告別式　午後二時〜三時
場所　〇〇寺（ＪＲ横浜駅より徒歩七分）

令和〇〇年五月十五日

神奈川県逗子市〇〇町一−二三−四
喪主　〇〇〇〇
親戚一同

POINT

- 句読点は用いない
- 故人の氏名や没日、葬儀の有無など、必要な情報を簡潔に伝える

書き換え例

❶心不全のため
薬石効なく／治療の甲斐なく

❷仏式にて
キリスト教式にて／神式で

シーン別文例

香典、供花、供物を断る場合
◉なお勝手ながら　ご供花　ご供物の儀は故人の遺志により辞退させていただきます

Advice

死因について公表したくないときは、明記する必要はありません。「薬石効なく逝去」で十分です。

死亡通知（密葬の場合）

to 知人

Formal

ていねいさ ●●●
相手との親しさ ●○○

POINT
● 一般的な形式にのっとる
● 事実を簡潔に伝える
● 故人との生前の親交に感謝する

母〇〇〇〇儀　去る一月四日午後八時　七十八歳で永眠❶いたしました
葬儀は生前の故人の遺志により　一月七日　近親者❷のみにてとどこおりなく相営みました
亡母が生前に賜りましたご❸厚情に深く感謝申し上げるとともに
右　謹んでご通知申し上げます

令和〇〇年一月九日

東京都目黒区〇〇町三－二十－一
喪主　〇〇〇〇

書き換え例

❶永眠いたしました
逝去いたしました／他界いたしました／永眠いたしました／長逝いたしました／不帰の客となりました

❷近親者のみにてとどこおりなく～
近親者のみの密葬にて執り行いました／身内のみにて相すませましたことを遅ればせながらご報告いたします

❸ご厚情に深く感謝申し上げる
ご厚情に厚く御礼申し上げます／ご厚誼に深謝申し上げます

Advice
「〇〇儀」の「儀」とは、「～は」という意味です。極めて儀礼的ですが、死亡通知などでは一般的な用語です。

葬儀後の死亡通知

to 故人の友人

Formal

ていねいさ ●●●
相手との親しさ ●●○

父〇〇こと、去る十一月二十四日に、心不全のため八十一歳にて永眠いたしました。

昨年末に肺がんを宣告されながらも果敢に病と闘い、小康を保っておりましたが、結局病魔に勝つこと叶わず、最期は家族に看取られながら安らかに旅立ちました。杉山様には折にふれてあたたかなお気遣いをいただき、誠にありがとうございました。父もいつも感謝しておりました。あらためて感謝申し上げます。

❶本来なら早速拝趨*のうえご挨拶申し上げるべきところ、なにぶんにも遠地故、葬儀のご通知は遠慮させていただきました。何卒ご了承ください。

略儀ながら、書中をもってご報告申し上げます。

POINT

- 故人との生前の親交に感謝する
- 葬儀を通知しなかったことや、連絡が遅れたことを詫びる

書き換え例

❶本来なら早速拝趨のうえご挨拶～

本来なら早速にご連絡申し上げなければならないところを、ご通知が遅れましたこと、お詫びいたします／遠方よりご足労いただくのは申し訳なく、葬儀のお知らせを遠慮させていただきました／酷寒の折でもあり、葬儀の通知は控えさせていただきました。ご報告が遅れ、申し訳ございません

言葉の意味・解説

＊拝趨《はいすう》…相手のところに出向くことをへりくだっていう言葉

Advice

絶命までの経過を伝えると、ていねいな印象となりますが、あまり詳しく報告する必要はありません。

会葬礼状

母の葬儀の会葬礼状

to 参列者

Formal

関連する文例

忌明けの挨拶と香典返し▼P238
忌明けの挨拶（香典返しなし）▼P239

ていねいさ ●●●
相手との親しさ ●○○

POINT

- 一般的な形式にのっとり、礼儀正しく
- 本来は葬儀後に郵送するが、現在は通夜や告別式の会場で手渡しするのが一般的

故○○の葬儀告別式に際しましては　ご多用にもかかわらずご会葬くださいましたうえ　ご丁重なご芳志を賜り　厚く御礼申し上げます
❶取り込み中のこととて　行き届かない点も多々ありましたことと存じますが　何卒あしからずご容赦のほどお願い申し上げます
早速拝趨のうえ　御礼申し上げるべきところですが　略儀ながら書中をもちましてご挨拶申し上げます

令和○○年六月七日

山形県米沢市○○町二丁目三番地
喪主　○○○○
外　親戚一同

書き換え例

❶取り込み中のこととて〜

当日は何かと行き届かないこともあったかと存じますが　何卒お許しください／当日は混雑に紛れ　十分なご挨拶もできずお許しください／立て込んでいたため失礼申し上げた点も多々あることと存じますが　何卒あしからずご海容くださるようお願い申し上げます

Advice

定型文例の故人名を差し換えるだけでなく、できるだけ一語一語を吟味して文章を整えます。

関係者への礼状

関連する文例
お悔やみ状への返信▼P246
形見分けの添え状▼P249

弔電・供花のお礼

Formal

to 故人の友人

ていねいさ ●●●
相手との親しさ ●●●

POINT
●弔電・供花などへのお礼を述べる
●今後も変わらぬつきあいをお願いする

謹啓　先般の亡妻○○の葬儀に際しましては、❶ご鄭重なるご弔電ならびにご厚志を賜り、厚く御礼申し上げます。

ご弔慰のお言葉謹んでお受けいたし、霊前に供えさせていただきました。

亡妻になりかわりまして、生前に賜りましたご厚情に深謝申し上げますとともに、今後とも変わらぬご厚誼を賜りますようお願い申し上げます。

本来なら❷拝趨のうえ御礼申し上げるべきところですが、略儀ながら本状をもちましてご挨拶申し上げます。

敬白

書き換え例

❶ご鄭重《ていちょう》なるご弔電ならびにご厚志を〜
過分なる御香典（ご供物、ご供花）を賜りまして、心より御礼申し上げます／ご鄭重なご芳志を賜り、誠にありがとうございました

❷拝趨のうえ御礼申し上げる〜
お目にかかってご挨拶申し上げるべきところ

Advice
具体的なエピソードをまじえて故人の思い出を語ると、より心の込もった印象となります。

弔辞献呈のお礼

to 故人の友人

Formal

ていねいさ ●●●
相手との親しさ ●○○

POINT
●葬儀で大役を務めてもらったことのお礼を述べる
●ひと言でも弔辞の内容にふれる

謹啓　亡父○○の葬儀に際しましては、ご多用中にもかかわらずご来駕くださり、ご鄭重なるご弔辞ならびにご芳志を賜り、謹んで御礼申し上げます。

学生時代から長年にわたりご懇意にしていただいていた小沢様のお言葉からは、私たち家族が知る父とはまた違う、少々やんちゃで人なつっこい人柄が偲ばれ、家族および親戚一同、ご弔辞を小沢様にお引き受けいただき本当によかったと、心より感謝いたしております。

故人もさぞかし喜んでいることと存じます。

父が生前に賜りましたご交誼に感謝申し上げるとともに、❶今後も変わらぬご指導ご厚誼を賜りますよう、お願い申し上げます。

早速拝眉＊のうえ謝意をお伝えすべきところ、略儀ながら本状にて謹んで御礼申し上げます。

敬白

書き換え例

❶今後も変わらぬご指導ご厚誼を～

これからもお力添えいただければ幸甚に存じます／父亡き後も、生前同様のご厚誼を賜りますよう、お願い申し上げます／亡父の生前同様、今後ともよろしくご指導くださいますようお願い申し上げます

言葉の意味・解説

＊拝眉…人に会うことをへりくだっていう言葉

Advice

弔辞の言葉を具体的に引用して感謝すると、さらにていねいな印象となり、礼意が強くなります。

忌明けの挨拶・香典返し

関連する文例
一周忌法要の案内▼P240
法要不参加の返信▼P241

忌明けの挨拶と香典返し

to 参列者

Formal

ていねいさ ◉◉◉
相手との親しさ ◉◉◉

POINT
- 法要が無事すんだことを報告する
- 仏式の場合は戒名を伝える
- 香典返しを送ることを伝える

謹啓　皆様にはますますご清栄のこととお慶び申し上げます
さて先般　亡母○○の葬儀に際しましては　ご懇篤なる御弔詞ならび（＊→P246）
にご厚情を賜り　厚く御礼申し上げます　本日
○○院○○○○大姉
七七日忌法要をとどこおりなく相営みました
つきましては供養のしるしに心ばかりの品をお届けいたしましたので
何卒ご受納くださいますよう　お願い申し上げます
本来拝趨のうえ　ご挨拶を申し上げるべきところ　略儀ながら書中を
もちまして御礼申し上げます
謹白

シーン別文例

宗派ごとの法要
- ◉とどこおりなく満中陰の法要を相すませ　忌明けいたしました（仏式）
- ◉五十日祭をとどこおりなく相すませました（神道）
- ◉おかげ様で無事清祓の儀を執り行いました（神道）
- ◉おかげをもちまして　本日とどこおりなく記念会／追悼会を相すませました（プロテスタント／カトリック）

Advice
忌明けの挨拶には、時候や安否を尋ねる挨拶をまじえ、少しずつ心の余裕が出てきたことを表現します。

忌明けの挨拶（香典返しなし）

to 参列者

Formal

ていねいさ ●●●
相手との親しさ ●○○

謹啓　時下ますますご清栄のこととお慶び申し上げます
亡夫○○儀　葬儀に際しましては　ご多用中にもかかわらずご会葬をいただきましたうえ　ごていねいなご芳志を賜り　厚く御礼申し上げます
おかげをもちまして本日　七七日忌もとどこおりなく相すませました
なお ❶皆様から賜りましたご芳志は　故人の遺志により○○○○へ寄贈し　供養に代えさせていただきました　何卒ご了承のほどお願い申し上げます
まずは　略儀ながら書中をもってお礼かたがたご挨拶申し上げます
謹白

POINT
- 会葬や香典へのお礼を述べる
- 法要が無事すんだことを報告する
- 香典返しをしない理由を明記する

書き換え例

❶皆様から賜りましたご芳志は　故人の遺志により〜

満中陰忌明け（五十日祭・召天記念日）に際し　ご芳志の一部を○○○○へ寄贈し　供養に代えさせていただきました／ご厚志につきましては　誠に勝手ながら　まだ幼い子どもたちの養育費（教育費）に充てさせていただきたいと存じます／はなはだ勝手ながら　葬儀の際拝受しましたご芳志は　故人の供養料に充てさせていただきたく存じます

Advice

一般的な形式に従って書きます。ただし、少しでも自分らしい言い回しになるよう細部に気を配ります。

法要の案内・返信

一周忌法要のご案内

Formal

to 知人

ていねいさ ●●●
相手との親しさ ●○○

関連する文例

忌明けの挨拶と香典返し▼P238
忌明けの挨拶（香典返しなし）▼P239

謹啓　秋冷の候　ますますご清祥のこととと拝察申し上げます
早いもので来る十月二十七日は亡夫○○の一周忌にあたります
つきましては十月二十五日（日）午前十時から○○寺において
ささやかな法要を営みたいと存じます　ご多用中誠に恐縮ではございますが　ぜひともご参会賜りますよう　ご案内申し上げます
❶なお法要後は別席にて粗餐*をご用意いたしておりますので
ご都合をお知らせいただければ幸いです
敬白

※お手数ですが十月十日までに同封のハガキにてご返信ください

POINT
- 日時や場所を正確に伝える
- お斎《とき》（食事）の有無を知らせる
- 出欠の連絡をお願いする

書き換え例

❶別席にて粗餐をご用意いたして〜
粗餐をご用意させていただきますので　故人を偲び　思い出話などをお聞かせください／ささやかではございますがお食事をご用意させていただきます

言葉の意味・解説

*粗餐《そさん》…人に出す食事をへりくだっていう言葉。

Advice

形式的な手紙ですが、一年が過ぎ、少しずつ元気を取り戻している様子が伝えられるとよいでしょう。

法要不参加の返信

to 親戚

Formal

拝復　このたびは亡き伯母様の三回忌の法要にお招きくださり、誠にありがとうございます。

お世話になった伯母様のご法要には、ぜひともお参りさせていただくつもりでおりましたが、あいにく当日はどうしてもはずせない先約があり、❶残念ながらお伺いすることができません。誠に申し訳ございませんが、当日は欠礼させていただきます。

❷些少ではございますが、同封のもので、伯母様のお好きだったお花でも御仏前にお供えいただければと存じます。

ご家族の皆様にも、くれぐれもよろしくお伝えください。

またあらためてお伺いさせていただきますが、まずは書面にてお詫び申し上げます。

敬具

ていねいさ ●●●

相手との親しさ ●●●

POINT

- 法要への招待を感謝する
- 欠席の理由は明記しなくてもよい
- 欠席のお詫びを伝える

書き換え例

❶残念ながらお伺いすることができません
お伺いすることができませんことを、お許しください

❷些少ではございますが、同封の～
心ばかりのものを同封いたします。どうか御仏前にお供えください／気持ちばかりのものを同封いたしましたので、御仏前にお供えいただければと存じます

Advice

欠席理由は「先約があるため」とあいまいにします。「ゴルフコンペがあるので」などと明記するのは禁物。

お悔やみ状・返信

関連する文例

故人を偲ぶ会の案内▼P250
遺族への節目の手紙▼P251

夫を亡くした人へのお悔やみ

to 友人の妻

Formal

ていねいさ ●●○
相手との親しさ ●●○

POINT
- 故人との思い出などを書き添える
- 葬儀に参列できないことを詫びる
- お悔やみを述べる

このたびはご主人様ご逝去の報を受け、突然のことに驚いております❶。仲間内でも一番の偉丈夫だった○○君が突然逝ってしまうとは、まったく信じられない思いです。先日も電話をもらい、夏休みの家族旅行に当地を予定していることを伺い、再会を楽しみにしていたところでした。❷ご家族のご心中はいかばかりかと存じます。

早速参上して御霊前にご挨拶申し上げたいのですが、あいにく遠方にてかないません。何卒お許しください。

心ばかりのご香料を同封いたしました。どうか御霊前にお供えくださいますよう、お願い申し上げます。

まずは書状にて、お悔やみ申し上げます。

合掌

書き換え例

❶驚いております
言葉もございません／呆然としております

❷ご家族のご心中はいかばかりかと存じます
さぞかしお力落としのことと存じますが、どうぞお身体をおいといくださいませ／ご家族の悲しみはいかばかりかと、胸が痛みます／ご心痛いかばかりかと、言葉に窮します

Advice
お悔やみには頭語も結語もいりません。ただし、手を合わせるという意味の結語「合掌」は用います。

子どもを亡くした人へのお悔やみ

to 友人

Formal

ていねいさ ◉◉◎
相手との親しさ ◉◉◎

POINT
●遺族を気遣い、いたわる
●葬儀に参列できないことを詫びる
●お悔やみを述べる

○○ちゃんが亡くなられたと伺い、ただ呆然とするばかりです。
いたいけな八歳の子どもを病魔が奪うなど、あまりの無情にただ涙するばかりです。ご両親をはじめご家族のご心痛を思うと、言葉もございません。

さぞかしお力落としのことと存じますが、❶どうか悲しみのあまりお身体に障ることがないよう、くれぐれもご自愛くださいませ。

すぐにでもお参りしたいのですが、❷父が体調をくずして入院しておりかないません。

心ばかりのご香料を同封いたしましたので、○○ちゃんの御霊前にお供えくださいますよう、お願いいたします。

心より○○ちゃんのご冥福をお祈り申し上げます。

合掌

書き換え例

❶どうか悲しみのあまりお身体に～
どうかお身体を大切にお過ごしください／ご自愛のほどお祈り申し上げます

❷父が体調をくずして入院しておりかないません
ご葬儀に参列がかないませんこと、お許しください／事情によりお伺いすることができず、心よりお詫び申し上げます／なにぶんにも遠方のため、ご葬儀にも参列できませず、ご生前のお姿を偲びながら合掌させていただきます

Advice
逝去に至るまでの経過を繰り返すなど、相手の苦しみを大きくする文面は、絶対に避けなければなりません。

親を亡くした人へのお悔やみ

to 同僚

Formal

ていねいさ ◎◎◎
相手との親しさ ◎◎○

お母様のご訃報に接し、❶心よりお悔やみ申し上げます。

かねてより病気療養中とは存じていましたが、退院後のお元気な様子を伺い、安心していただけに大変驚きました。

酔って深夜におじゃましたときにも優しく迎えてくださり、翌朝も二日酔いによいからと、おいしい味噌汁を出してくださったお母様の笑顔が忘れられません。
○○家の太陽のような存在だったお母様が亡くなられ、❷ご家族のお悲しみはいかばかりかと存じます。
誠に申し訳ございませんが遠方のため、ご葬儀に参列がかないません。どうかお許しください。心ばかりの❸ご香料を同封いたしましたので、御霊前にお手向けくださいますよう、お願い申し上げます。

合掌

POINT

- 故人と面識がある場合は、思い出を書き添えるとよい
- 故人の冥福を祈り、遺族をいたわる

書き換え例

❶心よりお悔やみ申し上げます
心よりご冥福をお祈り申し上げます／謹んでお祈り申し上げます／謹んで哀悼の意を表します

❷ご家族のお悲しみはいかばかり〜
ご家族のお悲しみを思うと、ただ胸が痛むばかりです／お力落としはいかばかりかと拝察いたします／ご家族のご心中を拝察するだに断腸の思いです

❸ご香料
心ばかりのもの／御香典／御花料

Advice

「冥福」は、冥土＝あの世の幸せのことです。言葉の意味をしっかりふまえて文面を整えます。

喪中欠礼で逝去を知ったときのお悔やみ

to 友人

Formal

本日、喪中欠礼❶のお知らせをいただきました。

ご無沙汰いたしておりましたため、お父様のご病気のことも少しも存じ上げず、お見舞いもお悔やみも申し上げずにおりましたこと、どうかお許しください。

遅ればせながら、謹んでお悔やみ申し上げます。

心ばかりのものですが、お線香を送らせていただきますので、御仏前にお供えくださいますよう、お願い申し上げます。

ご家族の皆様におかれましては、さぞやお寂しい年の暮れとは存じますが、❷どうぞお身体を大切に、新しい年をお迎えくださいますよう、お祈り申し上げます。

ていねいさ ●●●
相手との親しさ ●●●

POINT

- 喪中欠礼で不幸を知り、お悔やみが遅くなった失礼を詫びる
- 遺族をいたわる言葉を添える

書き換え例

❶喪中欠礼のお知らせをいただきました

丁重なご挨拶をいただき、はじめて○○様のご逝去を知りました／ご服喪中のお知らせをいただき、大変驚いております

❷どうぞお身体を大切に〜

どうぞお健やかに新しい年をお迎えくださいますよう、心よりお祈り申し上げます／どうぞお身体にお気をつけて、新しい年をお迎えくださいませ

Advice

「喪中欠礼状」を「賀状欠礼状」と書いてはいけません。「賀」の字は、喪中の人には使いません。

弔事
お悔やみ状・返信

お悔やみ状への返信

to 父の友人

Formal

拝復　❶このたびは、父〇〇の永眠に際しまして、ご懇篤*なるご弔慰の
お手紙と過分なるご香料を賜り、厚く御礼申し上げます。

梅田様には、父の長期にわたる入院中にも幾度もお見舞いいただき、
誠にありがたく、家族一同、感謝の気持ちでいっぱいです。

父も、梅田様とお話ししていると元気だった頃を思い出すのか、とても楽しそうで、梅田様が帰られたあともしばらくは、嬉しそうに昔話をしておりました。私自身も、仕事と看病の疲れで心が折れそうな中、梅田様からいただいた温かいお言葉に励まされ、父を最期まで看取ることができました。誠にありがとうございます。

父にかわりまして生前のご厚情に深謝いたしますとともに、今後も変わらぬご指導ご厚誼をお願い申し上げます。

略儀ながら、まずは書中にて御礼まで申し上げます。

敬具

ていねいさ　●●○
相手との親しさ　●●○

POINT

- 故人との生前の親交に感謝する
- 可能なら具体的なエピソードを書き添えるとよい

書き換え例

❶このたびは、父〇〇の永眠に際し～
このたびは亡父〇〇の永眠に際しまして、お心の込もったお悔やみを賜り、誠にありがとうございました／〇〇の逝去に際し、ご懇切*なご弔慰のお言葉を賜り、かつご丁重なご厚志までお送りいただき、心より御礼申し上げます

言葉の意味・解説

*懇篤《こんとく》…心が込もっていること
*懇切…細かいところまで行き届いて親切なこと

Advice
お悔やみには頭語も結語も不要ですが、その返事には、「拝復・敬具」などの頭語・結語を用います。

お悔やみ状への返信

to 友人

Casual

ていねいさ ●●●
相手との親しさ ●●●

拝復　❶このたびのお心遣い、誠にありがとうございます。

母が倒れてからのこの三ヶ月は、とにかく毎日がめまぐるしく、初七日を終え、ようやく時間に追われることもなくなり、ほうけたようになっています。葬儀の際には忙しくて実感がなかったけれど、ここにきて母の不在に寂しさがつのる毎日です。今は、母のことを思い出すだけで涙が止まらず、もっと親孝行すればよかったと後悔することばかりですが、母のためにも早く立ち直らなくては、と思っています。

幸恵さんにもご心配をおかけしました。やがて少し落ちつきましたら、今回のお礼も兼ねて、お食事でもご一緒したいと思います。

取り急ぎお礼まで申し上げます。

かしこ

POINT

● 相手の厚意に感謝する
● できるだけ落胆している様子を表さないようにして、前向きな印象を与える

書き換え例

❶このたびのお心遣い、誠にありがとうございます

お心の込もったお悔やみをいただきありがとうございました。早速霊前に供えさせていただきました

シーン別文例

励ましの言葉へのお礼

◉○○さんの温かい言葉に、胸がいっぱいになりました

◉ご心配いただきありがとうございました。これからもお世話になると思いますが、よろしくお願いします

Advice

心中をていねいに伝えると、感謝の込もった礼状になります。ただし、深刻になりすぎないようにします。

そのほかの弔事の手紙

関連する文例

一周忌法要の案内▼P240
喪中欠礼で逝去を知ったときのお悔やみ▼P245

ていねいさ ●●●
相手との親しさ ●●●

POINT
●故人の逝去と欠礼を簡潔に伝える
●旧年中の厚誼に感謝し、変わらぬおつきあいをお願いする

喪中欠礼

to 知人

Formal

喪中につき年末年始の
ご挨拶を失礼させていただきます

❶祖父　〇〇〇〇が二月十六日に八十七歳にて永眠いたしました
本年中に賜りましたご厚情に深謝いたしますとともに
明年も変わらぬご厚誼のほど　お願い申し上げます

令和〇〇年十一月

徳島県徳島市〇〇町一－二－三四
〇〇〇〇

書き換え例

❶本年中に賜りましたご厚情に～
本年中に賜りましたご厚情を深謝いたします　皆様にはどうぞよいお年をお迎えください

シーン別文例

寒中見舞いの場合
◉昨年〇月〇日に〇〇が永眠いたしましたので、新年のご挨拶を失礼させていただきました。本年も変わらぬご厚誼のほど、お願い申し上げます

Advice

「年賀状のご挨拶」とは決して書きません。「賀」の字や「祝」の字は、喪中欠礼状に入れてはいけません。

形見分けの添え状

to 故人の友人

Formal

拝啓　秋も深まり、朝夕はめっきり冷え込む季節となりました。片山様にはつつがなくお過ごしのことと存じます。

亡夫〇〇の葬儀の際には、格別なるお心遣いをいただき、誠にありがとうございました。

おかげ様で無事に忌明けとなり、少しずつ遺品を整理しておりましたところ、学生時代から大切にしていた万年筆が出てまいりました。古いものですが、片山様に形見としてお受け取りいただければと思い、勝手ながらお送りさせていただきます。❶当時より長くご親交を結んでいただいた片山様にお納めいただければ、きっと夫も喜ぶことと存じます。

北からは冬将軍の足音が近づいてまいりました。どうかくれぐれもご自愛くださいませ。

敬具

ていねいさ ●●○
相手との親しさ ●●○

POINT
● 葬儀の際のお礼を述べる
● 形見分けの理由を述べ、相手に受け取ってほしい旨を伝える

書き換え例

❶当時より長くご親交を結んでいただいた片山様に～
お使いいただければ、故人もさぞかし喜ぶことと存じます／生前、〇〇がもらってほしいと申していた品です。どうか〇〇の意を酌んでお納めくださいますよう、お願い申し上げます

Advice
たとえ故人の遺志であっても、物によっては一方的に送りつけるのは失礼な場合もあるので注意しよう。

故人を偲ぶ会の案内

to 故人の知人

Formal

ていねいさ ◉◉◎
相手との親しさ ◉◎◎

POINT
- 偲ぶ会開催の理由と目的を簡潔に伝える
- 開催日時・場所を正確に伝える

○○○○先生を偲ぶ会のご案内

謹啓　仲秋の候、皆様にはますますご清栄のことと拝察申し上げます。

すでにご存知の方も多いことと思いますが、○○○○先生が去る十月十一日に逝去されました。心より哀悼の意を表します。❶ご葬儀はご遺族の意思により、近親の方々のみにて執り行われました。

つきましては、○○先生とご縁のあった方にお集まりいただき、❷先生の思い出を語りながらその輝かしいご足跡を振り返る「偲ぶ会」を企画いたしました。ご多用中とは存じますが、❸ご参加くださいますよう、ご案内申し上げます。

敬具

記

日時　令和○○年三月十六日（土）　午後六時

会場　△△ホテル（地下鉄丸ノ内線○○駅徒歩三分）

○○○○先生を偲ぶ会　実行委員会

書き換え例

❶ご葬儀はご遺族の意思により、近親の方々のみにて執り行われました
ご葬儀は、○月○日にご親族を中心に執り行われました／ご家族、ご親族で密葬の儀は○月○日に執り行われました

❷思い出を語りながらその輝かしいご足跡を振り返る
生前のご功績とご遺徳を讃える／遺業を偲び、思い出を語り合うために

❸ご参加くださいますよう、ご案内～
ぜひともご来臨くださいますよう、ご案内申し上げます／ぜひご出席くださいますようお願いいたします

Advice
「偲ぶ会」と記せば、その目的は明確ですが、具体的かつ簡潔に、開催趣旨を明記します。

遺族への節目の手紙

to 遺族

Formal

ていねいさ ●●●
相手との親しさ ●○○

拝啓　余寒の候、△△様にはご清栄のことと存じます。

◯◯さんの高校時代の友人で、佐々木優子と申します。ご葬儀のあとは、お手紙を差し上げることもないままご無沙汰してしまい、申し訳ございません。

早いもので◯◯さんが亡くなられて一年が経とうとしています。私もいまだに信じられない思いでいっぱいですが、ご家族の皆様にとっては、さぞかしお淋しい毎日だったことと拝察いたします。

一周忌にあたり、高校時代の友人たちと相談して、◯◯さんのお好きだった❶胡蝶蘭を送らせていただきました。御仏前にお供えいただければ幸いです。

❷あらためて◯◯さんのご冥福と、ご家族の皆様のご健康を心よりお祈り申し上げます。

敬具

POINT

- 相手が自分をわかる確証がないときは、簡単な自己紹介をする
- あらためてお悔やみの言葉を述べる

書き換え例

❶胡蝶蘭を送らせて〜

◯◯を送らせていただきました。お写真の近くにでもお供えいただければと存じます

❷あらためて◯◯さんのご冥福と〜

ご生前の面影を偲び、あらためてご冥福をお祈り申し上げます／◯◯さんのご冥福をお祈りしつつ、△△様のご健勝を心よりお祈り申し上げます／一周忌を迎えて、悲しみを新たにされていることと思います。心よりお悔やみ申し上げます

Advice

相手の悲しみを具体的に想像する文面は避けます。遺族に悲しみをあまり思い出させないように配慮します。

家族葬の場合の死亡通知

to 故人の友人

Formal

ていねいさ ●●●
相手との親しさ ●●◎

POINT
● 葬儀を身内だけの家族葬で行い、連絡が遅れたことを詫びる
● 故人が生前お世話になったお礼を述べる

関連する文例
葬儀後の死亡通知▼P234
法要不参加の返信▼P241

母　〇〇〇〇　儀
かねてより入院加療中のところ　去る令和〇年〇月〇日　〇歳にて永眠いたしました
入院中は感染症対策のため　面会も思うようにできず寂しい思いをさせてしまいましたが　最期は皆様のご配慮により　家族皆で見送ることができました
〇〇様には　母が生前に賜りましたご厚誼に深謝いたしますとともに　心より御礼申し上げます
❶葬儀につきましては昨今の状況を鑑みて　近親者のみにて執り行いました　❷本来ならば皆様にも最期のお別れをしていただくべきところ　事後のお知らせとなりましたこと　なにとぞご容赦いただきたくお願い申し上げます

書き換え例

❶葬儀につきましては昨今の状況を鑑みて
葬儀は故人の遺志（意向）により

❷本来ならば皆様にも最期のお別れ〜
通常であれば皆様とのお別れの機会を設けてご挨拶すべきところ　感染症の流行にともない　事後のご通知になりましたこと　深くお詫び申し上げます／本来ならば早速お知らせ申し上げるべきところでございましたが　ご通知が遅れましたこと　深くお詫び申し上げます

香典を郵送するときのお悔やみ

to 知人

Formal

ていねいさ ●●●
相手との親しさ ●●○

このたびはご母堂様ご逝去の報せに接し　謹んでお悔やみ申し上げます　あまりにも突然のことにいまだ信じられない思いとともに　ご家族の哀しみはいかばかりかと言葉もありません

❶本来ならばすぐにでもお伺いして直接お悔やみを申し上げるべきところですが　わが家も父が高齢のためご葬儀への参列をご遠慮させていただきました　誠に申し訳ございません

心ばかりではございますが　ご香典を同封いたしましたので　御❷霊前にお供えくださるようお願い申し上げます

POINT
- お悔やみを述べ、葬儀に参列できないことを詫びる
- 香典を同封したことを伝える

書き換え例

❶本来ならばすぐにでもお伺いして〜
本来であればご葬儀に参列して御霊前にご挨拶申し上げたいところでございますが　昨今の状況を鑑みるとそれもかなわず　誠に残念でなりません／早速お伺いしてお見送りをしたいところですが　体調がすぐれず万一を考えて欠席させていただきます　大変申し訳ございません

❷御霊前にお供えくださるよう〜
同封のもの　些少ではございますが御霊前にお供えくださいますようお願い申し上げます／御霊前にお供えいただきたく　心ばかりのものを同封いたしました

そのほかの手紙

CHECK

- 相手との関係をはっきりさせる
- 時機を逃さずに書く
- 自分の言葉で簡潔にまとめる

贈り物を送るときは、事前に送り状を送るとていねい

手紙には、ここまで文例を挙げて紹介した以外にも、さまざまな場面や目的で送る場合があります。

中でも送る機会が多いのは、お中元・お歳暮などの季節のご挨拶や、お祝い、お見舞いなどで贈り物を送るときに添える「送り状」でしょう。

最近では、品物はデパートやショップから直接先方に届けられることがほとんどですが、贈り物を送った事実とその目的、到着予定などを伝える手紙を書くとていねいです。そうすると、送られた側が突然荷物が届いて戸惑うことがありません。

手紙の目的に合った内容を心がける

進学や就職、結婚などの人生の岐路に立つ人に、相談をもちかけられることも意外と多いものです。相談の内容や状況は人それぞれですが、相手の立場や意思を尊重し、差し出がましくならないようにアドバイスしましょう。相談の手紙には、できるだけ早めに返事をすることも大切です。

新婚旅行や旅先から、お世話になった方や親しい人に手紙を送るときは、旅の楽しさを伝える文面を心がけましょう。美しい風景や名所の絵ハガキなら、記念にもなり、旅情豊かなものになります。

手紙をもっと楽しむコツ

手紙をもっと楽しむには、想像力が重要なカギとなります。

例えば贈り物の添え状を書くとき、送ったという事実を伝えるだけでなく、相手がその贈り物を利用する場面を想像することにより、伝えたい言葉が次々にあふれてくるはずです。このように利用してもらったら、より楽しんでもらえるなどと、ていねいに伝えることにより、相手の感謝や喜びも増します。また、心を込めて送った場合、「心を込めてお送りします」と書くだけでなく、心の込め方を具体的に示します。「家族全員で三軒のデパートを歩き回って探しました」などと。こちらの努力を相手が想像できるような文章を添えると、より楽しい送り状となります。

贈り物に添える手紙

父の日のプレゼントに添えて

to 義父

Casual

ていねいさ ●●●
相手との親しさ ●●●

関連する文例
出産祝いに添えて▼P295
誕生日プレゼントに添えて▼P296

お父様へ
梅雨に入りスッキリしないお天気が続いていますが、お元気ですか。なかなかお伺いできず、申し訳ございません。こちらは皆、元気で過ごしております。
父の日に、❶甚平をお送りいたします。今年は何にしようかと迷っていたときに、真之さんが「これがいい！」と選んだもので、なんと親子でお揃い（笑）です。
夏休みにお伺いすることを、子どもたちも楽しみにしています。
❷この梅雨寒で風邪などひかれませんように。お母様にもどうかくれぐれもよろしくお伝えください。

POINT
●プレゼントは、相手のことを思って選んだことを伝える
●夫婦で選んだことを伝える

書き換え例

❶**甚平をお送りいたします～**
財布をお送りします。少し派手かもしれませんが、いつまでも若々しくいて欲しいという願いを込めて二人で選びました／お酒をお送りします。日ごろの感謝を込めて、○○さんと選びました

❷**この梅雨寒で風邪などひかれ～**
しばらくはうっとうしい毎日ですが、お身体を大切にお過ごしください

Advice
たとえ義理の父親でも、親しみを伝えるため、「お義父様へ」ではなく、「お父様へ」とすることが大切です。

相談への返答

転職の相談への返答

to 後輩

Casual

拝復　お元気そうで何よりです。

さて、お尋ねの件ですが、残念ながら、現在我が社では求人を行っておらず、ご紹介することはできないようです。あしからず、ご了承ください。

ただ、僕でよければいつでも相談に乗りますので、都合のいいときに電話をください。同じ業界にいる者として、アドバイスできることもあるかと思うので、まずは会って話しましょう。

ご連絡を待っています。

敬具

Advice

依頼に十分応えられないときは、それだけを伝えるのではなく、相手の落胆をカバーする内容を加えます。

関連する文例

息子の進学先の相談▼P176
転職の相談▼P177

ていねいさ ●●●○
相手との親しさ ●●●○

POINT

- 依頼についての返答は、あいまいにせずはっきりと伝える
- 力になりたいという誠意を見せる

シーン別文例

返答のバリエーション

◉転職の件は、うちでは現在求人がないようですが、いくつか心あたりがあるので聞いてみます。返事が来たら連絡します

◉ご相談の件ですが、ちょうど知り合いの事務所で欠員が出て困っていたところです。よろしければご紹介しますので、ご連絡ください

子どもの教育の相談への返答

to 友人

Casual

ていねいさ ◉◉◎◎
相手との親しさ ◉◉◎

POINT
● あくまでも相手の意思を尊重して、自分の意見を押しつけない
● 経験をふまえながら助言する

お手紙拝見しました。確かに、受験についてはいろいろと悩みますよね。なんといっても、子どもの将来にかかわることですから。

我が家の場合、たまたま近所に高校まで一貫教育の私立があり、幼稚園のお友達にも受験する子が多かったのが、受験のきっかけです。今は私立でよかったと思っていますが、それも結果論で、娘の性格と校風が合っていた（内気な子なので、のんびりした教育方針が向いているようです）からよかったのだと思います。梨恵ちゃんは利発なお子さんなので、奈津美さん自身がおっしゃっているように、受験は中学からでも遅くないのではないでしょうか。
❶ともかくお手紙では十分お伝えできないので、一度自宅にいらっしゃいませんか。お互い忙しくてなかなかお会いできませんが、久しぶりにお茶でも飲みながらお話ししましょう。よろしければご連絡をください。お待ちしています。

書き換え例

❶ともかくお手紙では～
お手紙では詳しいことがお伝えできないので、一度会ってお話ししませんか。○○さんのご都合のよいときにお電話ください

シーン別文例

返答のバリエーション
◉これはあくまで私の経験からの考えですが、やはり子どもにも学校との相性があると思います。私立・公立にかかわらず、○○ちゃんに合った学校で学ぶのが一番でしょう

Advice
自分の子どもや家族を引き合いにしてアドバイスするとき、自慢話にならないように、十分注意します。

旅先からの近況報告

海外旅行先からの旅信

to 友人

Casual

ていねいさ ◉◉◉
相手との親しさ ◉◉◉

関連する文例
旅行のお土産のお礼▼P94
旅行のお土産に添えて▼P296

POINT
●旅ならではの体験や感想を伝える
●旅の予定を書き添えるなどして、旅の雰囲気を伝える

サワディー！　お元気ですか。私は今、微笑みの国、タイに来ています。

初めての海外、初めての一人旅は、何をするにもはじめてづくしで戸惑うこともありますが、楽しくやっています。屋台での〝一人めし〟にも慣れましたよ！

これから鉄道で、シンガポールまで足を延ばします。途中、プーケットに寄ったりして南国のバカンスを満喫するつもりですが、細かなスケジュールは未定です。お土産話がたくさんあるので、帰ったら聞いてくださいね。もちろん、本物のお土産も忘れませんからご安心を。

30日オープンのチケットなので、来月中旬には帰ります。

帰ったらまた連絡しますね。

バンコクより　遥香

シーン別文例

旅先ならではの体験

◉ハワイ島のマウナ・ケア山に登りました。満天の星空を楽しんだあとは、山頂からまばゆい日の出を見ました。人生最高の感動体験でした

◉バルセロナでガウディ三昧の3日間です。やはり本物はすごい！　念願のサグラダ・ファミリアも見られて、もう大大大満足の旅です

Advice

現地の風物や言葉を織りまぜ、異国情緒を漂わせるとともに、旅の楽しさも十分に送ります。

第3章

心が伝わる手紙術

中川 越

◉ 手紙の達人が教える
手紙の心得

◉ NGポイントが一目でわかる
手紙の添削例

◉ 形式にとらわれない
文豪たちの手紙

手紙の達人が教える 手紙の心得

一番よい手紙は、文章もうまく誠心《まごころ》もある手紙

芥川賞の創設者としても知られる文豪菊池寛は、「手紙の心得」という文章の中で、次のようにいっています。

「結局、手紙は心の問題です。相手に対し、本当に心が動いていれば、いい手紙がかけるのです。文句など飾る必要は少しもないのです」[※1]

相手に対して心が動くとは、言い換えれば、書きたいと強く思うことです。書きたいと思わず、なんとか「処理」しなければと考えたとたん、たとえそつなく手紙を書いたとしても、決していい手紙にはなりません。

では、「いい手紙」とはどんな手紙でしょう。菊池は次のように定義しました。

「一番よい手紙は、文章もうまく誠心もある手紙です。その次は、文章は下手だが、誠心は充分ある手紙です。その次は、文章はうまいが、誠心はどうかと云う義理だけの手紙です。一等いけないのは、文章もなっていず、書いていることも可笑《おか》しい手紙です。が、更にいけないのは、出すべき時に、手紙をださないことです」[※2]

確かに、敬語や言葉づかいが適切な上手な文章でも、まごころのない、不十分な手紙があります。

まごころこそ手紙の神髄、ということになると、まごころとは何かという疑問もまた解決しておく必要が生まれます。

まごころとは、わかったようでいてわかりにくい言葉です。優しさ、思いやり、ていねいさ、温かさ、正直な気持ち、などが含まれる言葉といっても、まだ不十分な気がします。

それを知るには、まごころが込もった手紙の実例にあたるのが何よりです。本章の「形式にとらわれない文豪たちの手紙」（P２６８）にふれ、まごころを学んでいただければと思います。

真情が直叙《ちょくじょ》されてあって、その人がよくあらわれていれば

詩人としても小説家としても名高い島崎藤村は、手紙についてこのように書いています。

※1、2　菊池寛『菊池寛全集　補巻　第二』武蔵野書房（2002）

「好《よ》い手紙を人から貰った時ほどうれしいものはない。真情の籠った手紙は、ほんの無沙汰の見舞のようなものでも好ましい。それが何度も読み返して見たいような、こまかい心持までよくあらわされたものであれば、なおなお好ましい」※3

　この文でわかるように、藤村にとってのよい手紙とは、真情の込もった手紙です。真情とはいうまでもなく、いつわりのない正直な気持ちのことで、藤村はよい手紙について、さらに次のように説きました。

「何も言い廻しの巧みさを求めるでもない。沢山な言葉を求めるでもない。真情が直叙されてあって、その人がよくあらわれていればと思う」※4

　直叙とは、ストレートな表現のこと。レトリックの巧みさに血道を上げるより、ストレートに正直な気持ちを表すのがいいといっています。そしてその結果、「その人がよくあらわれていれば」※5いいと添えています。その人らしさ。これもまた、誠心、真情の直叙とともに、手紙にとって非常に重要なポイントです。

　その人らしい礼状、その人らしい祝い状、その人らしい詫び状には、その人らしさのないそれに比べ、何倍もの感謝、祝意、謝意が備わるからです。

他の真似をしようと力《つと》めないで出来る丈《だけ》自分を表現

　夏目漱石は、明治四十年四月、朝日新聞社に入社して以来、『こゝろ』など数々の名作を世に生み出し、没後百年たった今もなお、日本文学の最高峰のひとりとして燦然《さんぜん》と輝いています。

　そんな漱石は、四十九年の生涯において、何万通かの手紙を書いたと推定できますが（現存数二千五百余通）、その一通の中でこういっています。

「小生は人に手紙をかく事と人から手紙をもらう事が大すきである」※6

　この言葉どおりに手紙をこよなく愛した漱石は、手紙も含めた文章を書くための大事な秘訣を、初学者、つまりビギナーに向けて、こう書きました。

「『文章初学者に与うる最も緊要なる注意』という御質問をうけましたが（中略）一番ためになるのは他の真似をしようと力めないで出来る丈自分を表現しようしようと努力させる注意ではないでしょうか」※7

　もちろん、「自分を表現」とは、自分のこと、私事を表現しなさいといっているのではありません。藤村の指摘と同じで、自分らしさを表すことの大切さを強調しているのです。

　次ページからの「NGポイントが一目でわかる手紙の添削例」では手紙の基本をいくつか学び、そして、後続の「形式にとらわれない文豪たちの手紙」では、自分らしさとまごころが備わった手紙について、知見を深めてほしいと思います。

※3、4、5　島崎藤村『藤村全集第十三巻』筑摩書房（1967）
※6　夏目金之助『漱石全集　第二十二巻』岩波書店（1996）　※7　夏目金之助『漱石全集　第二十五巻』岩波書店（1996）

NGポイントが一目でわかる 手紙の添削例

心が伝わる手紙を書くために、まずは送る相手や状況に合わせた書き方の基本とポイントをおさえましょう。

例 case ❶

お礼の手紙

夫婦で旅行に行った際、数日前に連絡をして、知人宅を訪問することが決まった。急な訪問だったにもかかわらず、手厚いもてなしを受けたお礼がしたい。

拝啓　若葉の緑が目にしみる季節になりました。皆様におかれましては、健やかにお過ごしのことと存じます。

先日は急な訪問にもかかわらず、❶温かく迎え入れて下さり、心から感謝しております。

❷あまりの居心地のよさについつい長居をしてしまい、遅くまでおじゃましてご迷惑ではなかったでしょうか。

NG　やや硬い感じです。「感謝いたします」で十分です。あまりていねいすぎると親愛の情が伝わりにくくなってしまいます。

NG　「先日」会ったばかりの相手に時候の挨拶は不要。間の抜けた印象になってしまいます。

NG　悪くはありませんが、少々こなれない言い方です。

NG　ここはもう少し整理して表現したほうがすっきりします。

❸厚かましくお土産にお菓子までいただきまして、何とお礼を申し上げてよいか、感謝の言葉もありません。お煎餅は、家族とともに美味しくいただきました。
季節の変わり目ですので、どうぞ❹お身体ご自愛いただきますようお祈り申し上げます。
またお会いできる日を楽しみにしております。

敬具

NG
「自愛」は身体をいたわることなので、「お身体」は不要です。また、「お祈り」ではなく「お願い」のほうがいいでしょう。

NG
無理に土産をねだったわけではないので、「厚かましい」は、不適切です。遠慮が過ぎるとよそよそしい印象となり、温かみが減ります。

印象アップの書き換え例

❶格別なおもてなしを賜り、心から感謝いたします
❷あまりの居心地のよさについつい厚かましく長居をしてしまいました。申し訳ございませんでした
❸帰り際にはお土産にお菓子までいただき
❹くれぐれもご自愛くださるようお願い申し上げます

Advice

総評とアドバイス

お礼の手紙で時候を必要とするのは、相手に長い間、会っていないときです。「先日」会った程度の期間の隔たりであれば、悠長に時候から始めるより、お礼の言葉から入るほうが、相手への深い感謝がストレートに伝わります。

例❷ case

お詫びの手紙

いつもお世話になっている顧客との（こちらからアポイントメントをとった）打ち合わせの当日、電車の遅延で遅れてしまい、待たせてしまった。当日の謝罪に加えて、後日手紙で重ねてお詫びがしたい。

拝啓　時下ますますご清栄のことと存じます。
平素は格別のご高配を賜り、厚く御礼申し上げます。
先日は、お約束の時間に遅れてしまい、○○様に❶ご迷惑をおかけしましたこと、大変申し訳ありませんでした。❷交通遅延の影響とはいえ、私が普段からもっと早く行動することを心がけていれば防げ

NG
挨拶の言葉は不要です。悠長に時候から始めるより、お詫びの言葉から入ることで、お詫びの気持ちを強く伝えることができます。

NG
不器用な言い回しの印象です。

NG
少々言い訳がましい印象があるため、反省が足りない感じがします。

ていたと、深く反省しております。
今後はこのようなことがないよう十分に注意いたしますので、ご❸寛容のほどよろしくお願い申し上げます。
❹今後とも、これまで同様お引き立て下さいますよう重ねてお願い申し上げます。

敬具

NG 儀礼的な印象が強いため、心があまり込もっていない感じがします。

NG 何と「重ねて」なのか、よくわかりません。

印象アップの書き換え例

❶ご迷惑をおかけし、大変申し訳ございませんでした
❷交通事情を予測して
❸お許しくださるよう
❹引き続き、変わらぬお引き立てを賜りますよう、くれぐれもよろしくお願い申し上げます

Advice

総評とアドバイス

お詫びの手紙は前文の挨拶を省略し、真っ先にお詫びの言葉から入ります。そして、簡潔に文章をまとめ、言い訳がましい表現を絶対に避けます。もたもたした言い回しがあると、間違った表現ではなくても、相手の苛立ちを助長することになってしまいます。

例❸ case

結婚祝いの手紙

長いつきあいの友人から結婚の知らせを受けた。披露宴には参加できないが、お祝いの手紙と品物を贈りたい。

❶結婚おめでとう。友人として、自分のことのように❷嬉しいです。

また、披露宴へのご招待、❸どうもありがとう。とても行きたかったのですが、❹やむを得ない先約があり、出席できそうもありません。

残念でなりませんが、後日お話を聞けるのを楽しみにしています。

❺結婚するという話を聞いたときは、人見知りだった○○ちゃんが、誰よりも早く結婚するなんて、と本当に驚きました。素敵なお相手

NG たとえ親しい友達でも、あまりにもぶっきらぼうな言い回しです。結婚という大事に際しては、もう少しあらたまる必要があります。

NG 幼稚な印象のする表現です。小中学生ならまだしも、大人の表現としては、許容されません。

NG 話し言葉です。たとえ親しい間柄でも、結婚にまつわる手紙としては、不適当な表現です。

NG 「やむを得ない」は仕方がない、という意味で、自己本位の言い訳で失礼です。

NG ややもたもたした言い回しで、ふつつかな印象です。

を見つけたんですね。

❻これから先は、お二人にとって大変なこともあると思います。もしもつらくなったら、いつでも相談に乗るからね。

つまらないものですが、ささやかなお祝いの品を同封しました。新生活に役立ててもらえれば幸いです。

お二人の末長い幸せをお祈りしています。

NG
結婚祝いで「つまらない」と卑下するのは不適切です。

NG
結婚祝いの文中で、結婚生活の困難の先取りをするのは不適切です。

印象アップの書き換え例

❶ご結婚、おめでとうございます
❷嬉しく思います／嬉しく感じます
❸ありがとうございます／心から感謝します
❹どうしても変更できない
❺人見知りの○○ちゃんが結婚するという吉報が舞い込み、本当に驚きました。さぞかし素敵なお相手を見つけたに違いありません
❻これからは、お二人仲良く手を携えすばらしい未来を築いてください

Advice

総評とアドバイス

親愛の情となれなれしさは異なります。たとえとても親しい相手であっても、結婚というあらたまった場面においては、最低限の礼儀を保って手紙を書くほうが、清潔で感じのよいメッセージを、十分に伝えることができるはずです。

※P268-276で紹介した文豪たちの手紙文は、原典を尊重しながら、適宜現代表記（新字、新かなづかい）にあらためています。また、句読点がなく読みにくい手紙は句読点に相当する部分を1字空きとしました。

挨拶の手紙

…島崎藤村から神津猛へ…

めずらしき松茸御心に懸けられ、毎々御厚志のほど難有《ありがた》く御礼申上げます。貴地松林の秋の深さを一緒に送って頂いたように思いました。（以下略）

島崎藤村『藤村全集　第十七巻』筑摩書房（1968）

situation

志賀高原にいる
親しい友人への松茸のお礼

この手紙は、島崎藤村が五十歳のときに、長野県志賀村（現佐久市）の同郷の親友・神津猛に宛てたものです。神津は藤村への資金的援助も惜しまなかった人物です。神津は毎年、松茸を藤村に送っていたようで、この手紙の前年にも藤村は神津に、「見事な松茸を御贈り下され」と礼状を書いています。

しみじみとした感謝を短い礼状にこめる

短い手紙ですが、しみじみとした感謝が伝わる見事な礼状です。手紙の極意を示す古語に、「筆短情長《ひったんじょうちょう》」があります。簡潔な言葉で、奥深い思いを伝えなさい、という教えです。藤村のこの手紙は、まさにその見本といえます。藤村は、松茸とともに、「貴地松林の秋の深さ」、すなわち、志賀高原の紅葉や黄葉など、清浄な空気の中に横たわる広大なスケールの美しい錦秋をも、ありがたく頂戴したと伝えました。この礼状を受け取った神津は、自分が送ったものが単なる松茸にとどまらず、大きな秋そのものだったことに気がつき、満足したに違いありません。

挨拶の手紙

…夏目漱石から森成《もりなり》麟造《りんぞう》へ…

大分暑いじゃありませんか　高田はどうですか　東京は随分です
此間《このあいだ》子供を鎌倉へやりました　狭苦しい借屋に蝿のように遊んでいます　然《しか》るに伸六と申す末の奴が猩紅熱《しょうこうねつ》にとりつかれて消毒やら入院やらで大騒ぎをやりました　私は須賀さんにかかっています（中略）何だかもう長くはないような気がします（中略）
奥さまへよろしく
先は暑中伺迄《うかがいまで》（突然諸方から暑中見舞がくるので私も思いついて此《この》手紙をかきました　笑っちゃ不可《いけ》ません）（以下略）

夏目金之助『漱石全集　第二十四巻』岩波書店（1997）

situation

持病の胃炎の担当医に送った近況報告を兼ねた暑中見舞い

漱石四十五歳のときの暑中見舞いです。相手は漱石の持病の担当医、森成麟造。漱石は終生胃潰瘍に苦しみ胃潰瘍で逝きました。この手紙の二年前には、大量吐血により生死をさまよい、そのとき入院した東京の病院の担当医が森成でした。以来の交際で、その後郷里の新潟県高田に戻り開業した森成に、漱石は近況報告を兼ねた暑中見舞いを送ったのでした。

ユニークとユーモアで明るさと元気を送る

本来、「暑中お見舞い申し上げます」とするところを、漱石は、「大分暑いじゃありませんか」と書き出しました。このユニークなフレーズひとつで、とてもフレッシュな印象となります。そのあと、末っ子が猩紅熱にかかったとか、自分は「もう長くはない」といったりして、内容としては楽しくない話題ばかりです。しかし、子どもが「蝿のように遊んでいます」といったり、突然方々から暑中見舞いが来るので、「私も思いついて」書きましたなどと、とぼけたことをいってみたりして、ユーモアたっぷりです。状況はよくないけれど、なんとかやっていますと、明るさと元気が十分に伝わってくるすばらしい暑中見舞いです。

依頼の手紙

…太宰治から川端康成へ…

謹啓（中略）「晩年」一冊、第二回の芥川賞くるしからず　生れてはじめての賞金　わが半年分の旅費　あわてず　あせらず　充分の精進　静養もはじめて可能　労作　生涯いちど　報いられてよしと客観数学的なる正確さ　一点うたがい申しませぬ　何卒　私に与えて下さい（中略）私を見殺しにしないで下さい　きっとよい仕事できます（中略）

ちゅう心よりの　謝意と、誠実　明朗　一点やましからざる堂々のお願い　すべての運を　おまかせ申しあげます（以下略）

「太陽」（特集「手紙」）平凡社1978年10月号

situation

第三回芥川賞を控え、太宰治は選考委員の川端康成に受賞を懇願

昭和十一年に太宰から川端に送られたこの手紙は、長い巻紙に墨跡鮮やかに書かれていました。そもそも、選考委員の川端は、薬物中毒に侵されていた太宰の生活に批判的だったため、太宰は川端を嫌っていました。しかし、『晩年』による受賞に懸命だった太宰は、あえてこの書状を川端に送り受賞を期したのです。さて結果は。無論効果はなく、また落選したのでした。

尊大で鼻持ちならない依頼は決して成功しないのだけれど

この手紙は、よくない依頼の見本です。依頼は礼儀正しく行う必要があるのに、「芥川賞くるしからず」とは、随分尊大です。また、「労作　生涯いちど　報いられてよし」と、勝手に決めているのも、鼻持ちなりません。しかし一方では、「私を見殺しにしないで下さい」と哀願し、相手の情けにすがる女々しさもあり、何が何だかわからないといった印象です。このような依頼状の効果について、日本屈指の文学者が、わからなかったはずはありません。太宰は大きく揺れる思いを正直に示そうとすると、このような言葉でしか表現できなかったのだと思います。これもまたひとつの、まごころの手紙ということができるでしょう。

断りの手紙

…夏目漱石から飯田《いいだ》青涼《せいりょう》へ…

御手紙拝見　折角だけれども今借して上げる金はない。家賃なんか構やしないから放って置き給え。（中略）今はうちには何にもない。僕の紙入にあれば上げるが夫《それ》もからだ。君の原稿を本屋が延ばす如く君も家賃を延ばし玉え。愚図々々云ったら、取れた時上げるより外《ほか》に致し方がありませんと取り合わずに置き給え。君が悪いのじゃないから構わんじゃないか（中略）

飯田青涼様

紙入を見たら一円あるから是で酒でも呑んで家主を退治玉え

夏目金之助『漱石全集　第二十四巻』岩波書店（1997）

situation

近所の売れない貧乏小説家にもお金を貸していた漱石

夏目漱石、四十二歳のときの手紙です。このとき漱石は朝日新聞に雇われ、かなり高い年俸をもらっていました。今に換算すると、二千八百万円ともいわれています。しかし、子だくさんで門下生が毎週必ず何人も遊びに訪れ、しかも彼らの困った様子を見ると、すぐにお金を貸したりあげたりしていました。近所の貧乏小説家、飯田青涼にも、漱石の懐は狙われていたようです。

キッパリと断りながらも相手を精一杯慰める

断るときは、キッパリと断ることが何よりも大切です。相手の関心事は、イエスかノーか、それだけなのですから。余計な前置きや遠回しな言い方は、迷惑です。その点を十分ふまえているのが、この漱石の借金の断り状です。しかし、ノーだけでは、やはりいかにも不躾です。相手の苦境への同情があってしかるべき。漱石は当然そのあたりも承知していて、同情するよりもっと相手が喜ぶ、処世に役立つアドバイスを与えました。君が悪いのではなく、原稿料を払わない本屋が悪いのだから、家主の督促など放っておけと。さらに、一円を包んで、酒でも飲んで勢いをつけろと励ましています。ちなみに当時の一円は、今の一万円程度です。

案内の手紙
…福澤諭吉から時事新報編集局へ…

（前略）明日は拙宅《せったく》の娘共素人音楽会を催すとて友達を集め、午後二時半頃より琴三味線を弄《もてあそ》び候よし、面白くも何とも有之間敷候《これあるまじくそうら》得共《えども》、編集局の諸彦《しょげん》御申合せ御出《おいで》相願度《あいねがいたく》、尤《もっと》も休日の義、外《ほか》に御約束もあらば強いて不申上《もうしあげず》、御都合に任候事《まかせそうろうこと》に御座候《ござそうろう》。（中略）

不一
諭吉

十月二十二日

編集局皆様

福澤諭吉『福澤諭吉全集　第18巻』岩波書店（1962）

situation

仕事仲間を自分の娘たちのホームコンサートに招いた諭吉

『時事新報』は、一八八二年（明治一五年）に、福澤諭吉により創刊された日刊新聞。日本の新聞で初めて漫画を掲載したり、料理のレシピを載せたりするなど、画期的な新聞でした。その新聞社の仲間への気楽な案内状です。新しい日本の建設を目指した諭吉は、女性も含めた個人の独立を提唱。娘たちによるこのような音楽会も、積極的に支援した様子が伺えます。

面白くもなんともありませんがと謙遜するチャーミングな案内

まず上記の手紙を簡単に訳します。

「明日は私の娘たちが素人音楽会を開き友達を集め、午後二時半から琴や三味線を演奏するそうで、面白くもなんともございませんが、編集局の皆様にお誘い合わせのうえおいで願いたいと思いますが、なにぶん休日のことですから、ほかにお約束があればしいて申し上げません。ご都合にお任せします」

今日の明日に突然来るようにというのは、いかにも乱暴で、親バカの見本のような案内状です。しかし、「面白くもなんともございませんが」と謙遜しているところは、とてもチャーミングで、「休日のことですから、ほかにお約束があればしいて申し上げません」という遠慮も、好感がもてます。

通知の手紙

…夏目漱石から小宮豊隆《こみやとよたか》へ…

辱知《じょくち》猫義《ぎ》久《ひさし》く病気の処《ところ》療養不相叶《あいかなわず》昨夜いつの間にか、うらの物置のヘッツイの上にて逝去致候《せいきょいたしそうろう》　埋葬の義《ぎ》は車屋《くるまや》をたのみ箱詰にて裏の庭先にて執行仕候《とりおこないつかまつりそうろう》。但《ただし》主人「三四郎」執筆中につき御会葬《ごかいそう》には及び不申候《もうさずそうろう》　以上

九月十四日

夏目金之助『漱石全集　第二十四巻』岩波書店（１９９７）

situation

『吾輩は猫である』の主人公の逝去に際しての死亡通知

夏目漱石を明治文壇のみならず、日本文学の最高峰に押し上げるきっかけを作ったのは、『吾輩は猫である』でした。その小説に登場する猫のモデルとなった猫が、明治四十一年九月十三日に逝去しました。漱石は『三四郎』を執筆中でしたが、その忙しい中、猫の死亡通知を、門下生など周囲の人々に一斉送付しました。黒枠で縁取ったハガキの文面は、すべてほぼ一緒でした。

感情をまじえずシンプルに事実だけを伝える

上記の通知を訳します。

「皆様ご存知の例の猫が病気になり、療養をしておりましたが回復せず、昨夜いつの間にか裏の物置の古い竈《かまど》の縁の上で、亡くなりました。埋葬は出入りの車夫に頼み、箱に入れて裏庭で執り行いました。なお、わたくしは現在、新聞の連載小説『三四郎』の執筆中ですので、ご会葬はご遠慮申し上げます　以上」

小説の中の猫は、ビールを盗み飲んで、酔っ払って水の満たされた甕《かめ》に落ちて逝くのですが、実際は自然死のようです。漱石は通常の死亡通知にならい、万感の思いを胸にとどめ、一切感情をまじえることなく、淡々と事実だけを報告しました。

お祝いの手紙
…石川啄木から金田一京助へ…

おめでとう御座います。はじめは女の方がいいという事ですよ。
生れたというしらせは好い気持なものですね。今日井泉水君へ返事
を出す時も早速知らせてやりました。

生れたという葉書みて、
ひとしきり、
顔をはれやかにしていたるかな。（以下略）

石川一『石川啄木全集　第五巻』ノーベル書房（1978）

situation

啄木を支えた無二の親友への心の込もった出産祝い

「はたらけど／はたらけど猶《なお》わが生活《くらし》楽にならざり／ぢつと手を見る」などの短歌などで知られる夭折の天才詩人石川啄木が、病苦と貧困にあえぎながらも多くの名作を遺《のこ》せたのは、親友金田一京助の献身的な友情のおかげでした。啄木は京助から多額の借金をしましたが、京助の啄木への敬意は終生変わりませんでした。そんな二人の間で交わされた、温かな出産祝いです。

いきなり祝意を伝え軽く慰めながらお福分けに感謝

子どもの誕生は、何にも勝る喜びです。相手の喜びのトーンに合わせるように、手紙の冒頭からいきなり「おめでとう」と始めるのは、とても効果的です。拝啓や時候など、親しい相手には必要ありません。そして、当時は女児誕生を落胆する風潮があったので、「はじめは女の方がいい」と慰めた点は、配慮が行き届いています。さらに、知り合いにも知らせたくなるほど自分のことのように嬉しいというアピールも、さぞかし金田一京助を喜ばせたことでしょう。また、啄木のお得意の短歌では、出産通知によりお福分けを得て、幸せな気持ちになったと、十分な感謝を伝えています。「ひとしきり」と正直に述べた点も、好感がもてます。

おれの手紙
……夏目漱石から寺田寅彦へ……

きのうは留守に来て菓子を沢山置いて行って下さいましてまことに難有《ありがと》う存じます（中略）あの菓子は暑中見舞なんだろうと想像しましたがそうなんですか　夫《それ》とも不図《ふと》した出来心から拙宅へ来て寝転んで食う積《つもり》で買って来たんですか　そうすると大いにあてが外れた訳で恐縮の度を一層強くする事になります（中略）今度小供を連れて来て御覧なさい　うちの子供と遊ばせて見るから　軍鶏《シャモ》を蹴合《けあわ》せるような乱暴はしないから大丈夫です（以下略）

夏目金之助『漱石全集　第二十四巻』岩波書店（1997）

situation

親しい門下生寺田寅彦に菓子をもらったときのお礼

夏目漱石の門下生の中でも、漱石が一番敬意を払っていたのが、物理学者で随筆家の寺田寅彦です。そして寅彦も漱石を人一倍尊敬していましたが、漱石に対するふるまいはとても自由で、漱石の都合を気にせず漱石の家を訪れ、実際昼寝をして帰ることさえありました。寺田は、『吾輩は猫である』の水島寒月や『三四郎』の野々宮宗八のモデルとしても知られています。

最初はあらたまった礼意を伝えその後ユーモアで親愛を伝える

たとえ懇意な相手であっても、礼状の冒頭では、漱石のこの手紙のように、「まことに難有う存じます」などと、あらたまった礼意を示すことが大切です。しかし、あらたまってばかりいればよそよそしく、よそよそしければ感謝が十分に伝わらないので、漱石はちょっと意地悪な言い方で寅彦をからかったりおどけてみたりしています。このユーモラスな表現により、親愛の情がたっぷり示され、その結果、生き生きとした漱石の感謝が伝わることになりました。そして最後に、子ども同士の遊びを「軍鶏を蹴合せ」、すなわち闘鶏にたとえるなどしてまたふざけ、読後に楽しい余韻を残す、愉快な礼状に仕上げています。

ラブレター……川端康成から伊藤初代へ……

僕が十月の二十七日に出した手紙見てくれましたか。君から返事がないので毎日毎日心配で心配で、じっとして居られない。（中略）とにかく早く東京に来るようにして下さい。恋しくって恋しくって、早く会わないと僕は何も手につかない。（中略）早く手紙下さい。毎日どんなに暮しているかと、手紙が来ないと泣き出すほど気にかかる。（中略）病気じゃないか。病気なら病気と葉書だけでも下さい。君の思う通り書いて下さい。（以下略）

東京新聞朝刊2014年7月9日

situation

一度は婚約した少女に宛てた未投函のラブレター

右の手紙は、二十二歳の川端康成が初恋の相手である十五歳の少女、伊藤初代に書いた未投函のラブレターの一部です。二人は一度は婚約しましたが、その後別れることになります。悲恋と終わる兆しが、この手紙から窺うことができます。川端は東京本郷のカフェで働いていた初代と知り合い、その後初代は岐阜の寺の養女に。その寺に送ろうとしたのがこの手紙でした。

初々しくストレートに恋い焦がれる真情を表現

恋とは偉大なものです。ノーベル文学賞受賞者の優れた表現力を、根こそぎ奪う力があるようです。新感覚派と呼ばれ、詩的な趣深い美文により、日本はおろか世界を翻弄した川端康成は、例えば、こんなおしゃれな表現をする人でした。

「別れる男に、花の名を一つ教えておきなさい。花は毎年必ず咲きます」

「私は忘れますけど、あなたは覚えていてください」

複雑な胸の内をとてもスマートに伝えることができるのに、上記の手紙は、実に初々しくストレートです。この率直さと情熱こそが、婚約に至るまでの原動力になり、やがて相手にとっての負担になったのかもしれません。

第4章

ハガキ・一筆せんの書き方と文例

ハガキの基本構成と書き方

縦書きの場合（あらたまった相手へ）

頭語と前文は、あらたまった内容のハガキや儀礼的な文章には必要。親しい人へ送る場合は、省いてもかまわない。

主文は具体的な要素を盛り込んで簡潔に書く。短い文面でも、自分の言葉で伝えるようにすると好印象。

末文と結語は、あらたまった内容のハガキには必要。季節の言葉、相手の健康を気遣う言葉で結ぶ。気楽な内容の場合は省略可。

前文 頭語 ／ 主文 ／ 結語 末文

拝啓　大暑のみぎり、ご家族の皆様にはお変わりなくお過ごしのこととお喜び申し上げます。
　このたびはごていねいなお中元の品を頂戴し、誠にありがとうございました。みずみずしい旬のフルーツは、夏場にはこのうえないものです。家族で大事にいただいております。
　これから夏本番を迎えますが、どうかくれぐれもご自愛のほどお祈り申し上げます。
まずは書中にて御礼申し上げます。
敬具

頭語（P22）を使う場合は、1字下げずに行頭から書き始める。使わない場合は、1字下げて時候の挨拶を書き始める。

1行目は右端から文字の中心まで1㎝くらいスペースを空けて書き始める。端を詰めすぎて、窮屈な印象にならないように注意。

結語（P22）は頭語とセットで使う。頭語を使ったら、最後に行末から1字上げて結語を書く。

最後の行は、左端から文字の中心まで1㎝くらい空くように書き終える。空きがありすぎたり、詰めすぎたりしないように注意。

関連するページ
頭語・結語の使い方▼P22
ハガキの基本とマナー▼P280

ハガキは読みやすさと全体のバランスが大事

ハガキの基本構成は、「前文」「主文」「末文」で成り立っています。署名や日付を書く場合は、最後に「後付け」が加わります。基本的に手紙と同じですが、スペースの関係上、手紙よりも文面を短くします。縦書きは七～十行、横書きは十五行以内にまとめるのが理想です。読みやすいように全体をバランスよく、文字の大きさを統一して書きましょう。初めのうちは下書きをするか、罫線のあるハガキを使うのもおすすめです。また、縦書きと横書きの使い分けも手紙と同じです。あらたまった相手には縦書きが基本ですが、親しい相手には横書きでかまいません。

横書きの場合（親しい相手へ）

1行目は上端から1㎝くらいスペースを空けて。

気楽なハガキに頭語と前文は不要。主文から入ったほうが、用件が伝わりやすい。

主文は簡潔に。1字下げて適宜改行する。

気楽なハガキなら、結語の代わりに名前を書いても可。下端は1㎝くらい空ける。

主文

出産祝いありがとう。今日、とても素敵なデジタルフォトフレームが届きました。主人も私もパパとママになれたのが嬉しくて、毎日にわかカメラマンになって我が子をパパラッチしています。

　スマホで撮った写真も送れるから、とても便利ですね。早速リビングに飾り、家族で撮った写真を何枚も取り込んで楽しんでいます。

末文

　相変わらずお仕事でお忙しくされていると思いますが、お休みがとれたらぜひ遊びにきてください。主人も喜ぶと思います。

　ご連絡お待ちしています。

順子

表書き（縦書き）

770-1112

徳島県徳島市問屋町五―十三

藤岡ハイツ704

角田　雄一郎　様

六月二十九日

静岡県熱海市桜町十二―二十九―101

田中　健太

内

413-8888

スペースの限られたハガキは、日付を表に書くことがある。切手の左下あたりに書くとバランスよく収まる。

差出人住所は切手の右端の延長線上から書き始め、1、2行に収める。氏名は下げて、住所よりやや大きめに書く。代筆の場合は氏名の左下に小さく「内」と書き、代筆者も面識がある場合は「○○代筆」と添えるとよい。

部屋番号は算用数字を用いたほうがわかりやすい。

宛名はハガキの中央に大きく書き、「様」などの敬称は名前と同じか、やや大きめに書く。

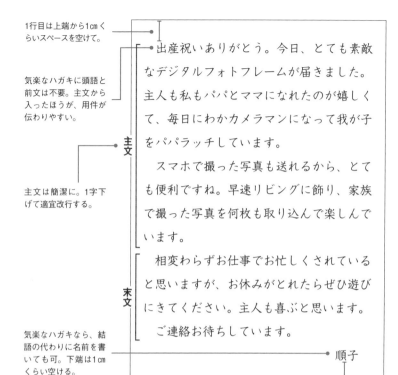

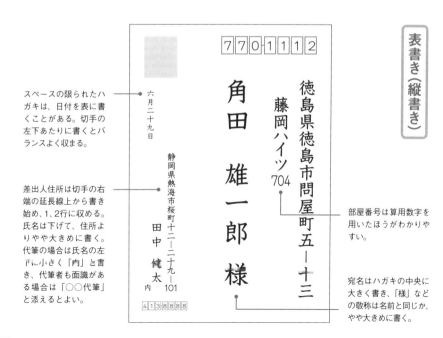

ハガキの基本とマナー

ハガキと封書の使い分けを押さえる

　封書に比べて略式なハガキは、本来気楽な文面のやりとりに使うものと覚えておきましょう。あらたまった内容の文面は、基本的に封書で送るのが礼儀です。お祝い、お礼、お詫び、依頼や相談などは、封書が適しています。

一方、年賀状や暑中見舞い、お中元・お歳暮のお礼、引越しや結婚・出産の通知などはハガキで送るのが一般的です。ただし、送る時機を逃してしまったらハガキはNG。近況報告を兼ねて封書で挨拶状を出しましょう。また、「直接会う前に取り急ぎ出す」という目的なら、お礼やお詫びの文面でもハガキで出してかまいません。会ったあとに封書で気持ちを伝えるとよりていねいでしょう。

　ハガキを書く際によくやってしまうのが、最後にスペースがなくなって小さな文字になってしまったり、逆にスペースが余ってしまったりすること。慣れない人は下書きをして、字配りを整えるようにするとよいでしょう。

CHECK

- ✓ハガキと封書を使い分ける
- ✓送る時機を逃さない
- ✓スペースを考えて書く

ハガキのマナーQ&A

Q ハガキ特有の注意点は？

A 雨の日は万年筆のインクが流れてしまうことも考えられます。確実に内容を伝えたい通知などは、文字がにじまないように耐水性や油性インクのペンで書くか印刷にし、挨拶状などは文字がにじんでも失礼がないか、出す相手によって判断しましょう。

Q 「私」は行末にというマナーはハガキでも守るべき？

A 転勤通知など儀礼的なハガキは、スペースがあれば「私」は行末に、相手の呼称は行頭に書きます。スペースがない場合は、改行や文字の入れ替えなどで配慮します。

季節の挨拶のハガキ

年賀状 to 上司

Formal

ていねいさ ●●●
相手との親しさ ●●○

関連する文例
春の近況報告▼P50
冬の近況報告▼P52

謹んで新年のお祝いを申し上げます
❶皆様お揃いでおだやかなお正月をお迎えのことと存じます
昨年中はひとかたならぬご芳情を賜りありがとうございます
本年も変わらぬご指導ご鞭撻をお願い申し上げます
今年一年の皆様のご健康とご多幸をお祈り申し上げます
令和○年　元旦

〒○　東京都品川区○○○△ー△ー△
○三（○○○○）○○○○
野口　克則

❷おかげ様でようやく仕事にも慣れてきました。
課長の厳しくも温かいご指導の賜物です。
今年もご助言をよろしくお願い申し上げます。

POINT
● 1月1日～7日の間に届くように出す
● あらたまった相手に「迎春」や「賀正」は使わないのがマナー

書き換え例

❶昨年中はひとかたならぬご芳情を賜り
旧年中はいろいろお心をかけていただき／昨年も公私にわたりお世話になり

❷おかげ様でようやく仕事～
忘年会ではすっかりご馳走になってしまいありがとうございました／今春の例のプレゼン、必ず成功させます。どうぞ厳しくご指導ください

Advice
漱石は「恭賀新年　一月　日」とだけ印刷した年賀状を送りました。そんなシンプルな賀状もすがすがしい印象となり効果的な場合もあります。

年賀状 to 親戚

Formal

新春を寿ぎご挨拶申し上げます❶
皆様ご壮健にてよき新年をお迎えのことと存じます
昨年中は格別のご厚情を賜りありがとうございました
❷本年も倍旧のご高配にあずかりますようお願い申し上げます
令和〇年　元旦

〒〇　東京都港区〇〇〇〇△－△－△
〇三（〇〇〇〇）〇〇〇〇
山本　富雄
明子
ゆずる（五歳）

❸ご無沙汰して申し訳ございません。
ゆずるが田舎のお祭りを見たいと申しており、
今年の夏は家族でおじゃまさせていただきたく
存じます。何卒よろしくお願いいたします。

ていねいさ ●●●
相手との親しさ ●●●

POINT

- 子どもが小学生くらいまでの間は家族連名にし、子どもの年齢も入れるとよい
- 親しい相手には手書きのひと言を

書き換え例

❶新春を寿ぎご挨拶申し上げます
謹賀新年／恭賀新年／謹んで年頭のご祝詞を申し上げます

❷本年も倍旧のご高配にあずかりますようお願い申し上げます
本年もなお一層のご支援ご鞭撻を頂戴できれば幸甚に存じます／本年も変わりませずどうぞよろしくお願い申し上げます

❸ご無沙汰して申し訳ございません〜
しばらくご無沙汰しておりますが、山歩きは続けていらっしゃいますか。今年はぜひ我が家もご一緒させてくださいい／〇〇さんの結婚式以来ですが、その後いかがお過ごしですか。今年はご挨拶に伺いたく存じます

年賀状 to 友人

Casual

明けましておめでとうございます❶
昨年中はお世話になりました。
今年もどうかよろしくお願いいたします。

春樹さんと二人で迎える初めてのお正月はいかがですか。
昨年は結婚式にお招きいただいてありがとう。
私も着々と、パートナーとの結婚準備を進めています。
今度、アドバイスをいただけたら嬉しいです。
お互いに実り❷多い一年にしましょうね。

ていねいさ ●●●
相手との親しさ ●●●

POINT
● 親しい相手には「賀正」「迎春」でOK
● 手書きのひと言は相手の状況に応じたメッセージが喜ばれる

書き換え例

❶明けましておめでとうございます
賀正／迎春／慶春／新年おめでとう

❷実り多い一年にしましょうね
飛躍の年にしましょう／幸多き年にしましょう

シーン別文例

メッセージのバリエーション

◉赤ちゃんと三人の初めてのお正月はいかがですか。私は春に二人目が生まれます

◉俳句同好会は続いていますか。私は四月から大学の公開講座に通うつもりです

寒中見舞い

to 知人

Formal

ていねいさ ◉◉◉

相手との親しさ ◉◉○

寒中お見舞い申し上げます

松飾りもとれ、普段どおりの生活が戻ってまいりました。高田様におかれましては、ますますご活躍のこととお喜び申し上げます。

今年の寒さの本番はこれからとか。依然としてご多忙を極める毎日と存じますが、くれぐれもご自愛専一にお過ごしくださいますよう、心よりお祈り申し上げます。

POINT

● 1月8日〜立春（2月4日頃）までに出す

● 相手や自分が喪中の場合に、年賀状に代わる挨拶状として出すこともある

シーン別文例

年賀状の無礼を詫びる場合

喪中に年賀状をもらったお詫び

◉ごていねいなお年始状をいただき、ありがとうございました。昨年○月に○○が他界いたしましたため、年頭のご挨拶を控えさせていただきました。ご通知が遅れお詫び申し上げます

喪中の相手に出した場合のお詫び

◉このたびはご服喪中とは存じ上げず、お年始のご挨拶を申し上げてしまい、大変失礼いたしました。遅ればせながら、ご尊父様（お父上様・ご母堂様・お母上様・ご祖父様・ご祖母様・ご主人様・奥様）のご冥福を心よりお祈り申し上げます

Advice

尾崎紅葉は、「大雪々々！　…炬燵の内より一寸御見舞申上候」というユニークな寒中見舞いを書きました。

余寒見舞い to 恩師

Formal

余寒お見舞い申し上げます
❶立春とは名ばかりの厳しい残寒が続きます。お❷風邪など召されていらっしゃいませんか。
空気が乾燥して風邪をひきやすくなっているので、ご注意くださいませ。先生のお好きな桜の季節を心待ちにして、来月のクラス会でお会いできることを楽しみにしております。
快眠快食でこの寒さを乗り切り、ますますお元気でご活躍されますことをお祈り申し上げます。

ていねいさ ●●○
相手との親しさ ●●○

POINT
●立春（2月4日頃）過ぎ～2月末日に出す
●寒冷地では2月末日まで「寒中見舞い」とし、3月中に余寒見舞いを送ることも

書き換え例

❶立春とは名ばかりの厳しい残寒が続きます
まもなく三月だというのに、依然として厳しい寒さが続いております／立春とは申せ、寒気なかなか衰えを見せぬ毎日でございます／残寒いまだ去らぬ今日この頃でございます

❷お風邪など召されていらっしゃいませんか
御地は例年にない大雪とのこと、お身体に障りないかとご心配申し上げております／いかがお過ごしでいらっしゃいますか

Advice
蝋梅や梅の開花を目にしたときはそれを話題にして、明るい春の予感を伝えるのも効果的です。

暑中見舞い to 上司

Formal

暑中お見舞い申し上げます

❶梅雨も明け、夏本番となりました。
夏の休暇についてはいろいろとご配慮いただきまして、ありがとうございます。おかげ様で妻も子どもも初めてのキャンプを今から大変楽しみにしています。

村井課長とご家族の皆様のご健康をお祈り申し上げます。

令和○年　盛夏

ていねいさ ◉◉◉
相手との親しさ ◉◉○

POINT
●小暑（7月7日頃）～立秋（8月8日頃）までに出す。梅雨が明けてからがよい
●年賀状以来なら、夏の近況報告を

書き換え例

❶**梅雨も明け、夏本番となりました**
梅雨が明けた途端、猛暑続きの毎日でございます／小暑が過ぎ、例年にない暑さとなりました／蒸し暑く、寝苦しい夜が続いております／炎暑の折、ますますご清祥のことと存じます

シーン別文例

メッセージのバリエーション
◉今年も花火観賞にお招きいただいてありがとうございます。課長のご自宅の屋上から見る花火は格別です
◉課長が企画してくださった屋形船での暑気払い、課内全員が楽しみにしております

Advice
漱石は「大分暑いじゃありませんか」と、斬新な書き出しで始まる暑中見舞いを書きました（P269）。

残暑見舞い

to 友人

Casual

ていねいさ ●●○
相手との親しさ ●●○

POINT
● 立秋（8月8日頃）過ぎ〜8月末日までに出す
● 親しい相手には、残暑見舞いの言葉以外は近況報告の手紙のつもりで

残暑お見舞い申し上げます
❶皆様お揃いで、にぎやかな夏休みをお過ごしでしょう。
我が家は芹菜が塾の夏合宿へ出かけ、夏休みだというのに静かで、夫婦二人だけの頃に戻ったような毎日です。

先日は久しぶりに真彦さんと海へ出かけ、恋人気分を満喫してきました。お盆を過ぎると風が変わりますね。海辺は涼しいくらいでした。
❷少しずつ秋が近づいてきています。もうひと踏ん張り、無事に夏を乗り切りましょう。

書き換え例

❶皆様お揃いで、にぎやかな夏休みをお過ごしでしょう
御地は記録的な暑さだそうですね。お元気でお過ごしでしょうか／暦のうえではもう秋とか。すっかりご無沙汰してしまってごめんなさい。皆さんお変わりありませんか／残暑も最終段階、夏休みももう中盤戦を過ぎてしまいましたね。いかがお過ごしでしょう

❷少しずつ秋が近づいて〜
夏の疲れが出る時期です、どうかご自愛ください／秋風が吹けばしのぎやすくなるでしょう。それまでどうかご自愛専一に／子どもの夏休みが終わったら、ゆっくりお茶でもしましょうね

結婚の通知 to 友人 Formal

ていねいさ ●●●
相手との親しさ ●●●

関連する文例
結婚の報告▼P140
同窓会の案内▼P154

拝啓　菊薫る時節、皆様にはお変わりなくご健勝のこととお喜び申し上げます。

さて、このたび私どもは、田口章介ご夫妻のご媒酌により、十月八日に結婚式を執り行い、左記の住所で新生活の第一歩を踏み出しました。

今後とも変わらぬご厚誼を賜りますよう、心よりお願い申し上げます。

敬具

令和○年　十月吉日

〒二一〇－八五七七　神奈川県川崎市川崎区○○－△△△

南野　敦
優子
（旧姓　西川）

☎○四四－二○○－××××

POINT

- 結婚後一ヶ月以内に挙式・披露宴の列席者、年賀状を出す範囲の人に通知
- 写真入りの通知は仕事関係者には不向き

シーン別文例

披露宴を行わなかった場合

- 内輪だけの挙式をすませました。本来ならば皆様をご招待してご披露しなければならないところ、お披露目の席を設けられず失礼いたしました
- 近親者のみで結婚式を執り行い、披露宴は省略させていただきました
- 結婚式、披露宴は催さず、入籍のみとさせていただきました
- 新婚旅行を兼ねてハワイで挙式しました。ご報告が遅れ、大変失礼いたしました

Advice

漱石は転居通知の住所を間違えたことがあります。誤記には要注意。

クラス会の案内

to 同窓生

Formal

ていねいさ ●●●
相手との親しさ ●●

クラス会のご案内

拝啓　清秋のみぎり、皆様いかがお過ごしでしょうか。

さて、我らが○○中学三年A組の担任として大変お世話になりました羽生先生が、来年で定年を迎えられることになりました。

先生にこれまでの感謝を伝え、第二の人生を応援する意味を込め、左記のとおり同窓会を開催する運びとなりました。

何かとお忙しいこととは存じますが、ご出席賜りますようお願い申し上げます。

敬具

記

(日時、会場、会費、出欠の連絡方法など)

POINT

● 一ヶ月前に届くようにクラス全員に送る

● 封筒に入れる場合もあるが、気軽な印象にしたい場合はハガキでよい

シーン別文例

初めてのクラス会の場合

◉さて、私たちが○○学校を卒業して早○○余年、このたび初めてのクラス会を左記のとおり開催する運びとなりました。久しぶりに旧友と再会し、近況を話し合いたいと存じます

数年ぶりに再開する場合

◉さて、しばらく途絶えていた○○学校○年○組のクラス会を左記のとおり行うことになりましたのでご案内いたします

◉さて、○○学校○年○組のクラス会のご案内です。この○年中断しましたが、再開を望む声が高まり、左記のとおり開催する運びとなりました

個展の案内

to 友人

Casual

ていねいさ ◉◉◉
相手との親しさ ◉◉◉

拝啓　梅雨前のさわやかな季節、いかがお過ごしでしょうか。

さて、このたび❶宿願がかない、猫のまち谷中のギャラリーにて、左記のとおりささやかな個展を開くことになりましたのでご案内申し上げます。

これまで作り続けてきた羊毛フェルトの猫のお人形の中でも、本物の猫に近づけたリアルな作品を中心に展示いたします。
❷よろしかったら、ぜひ一度ご来場ください。
敬具

記

（日時、会場、アクセスなど）

POINT

● 一週間〜十日前には届くように送る
● 興味をもってもらえそうな人に送る。テーマに関心がない相手に送るのは失礼

書き換え例

❶宿願がかない
念願がかない／身のほど知らずにも／小さな夢がかない／長年の願いが現実のものとなり

❷よろしかったら、ぜひ一度ご来場ください
お近くにお出かけの際には、ぜひお立ち寄りください／お時間がございましたらお運びくださいますようお願い申し上げます／ご来臨のうえ、ご感想などお聞かせいただければ幸甚です
※強引な誘い方はせず、「よろしかったら」という謙虚な姿勢でお願いする。高ぶる感情を抑え、相手に気持ちを押しつけすぎないように注意したい

Advice

押しつけがましい案内は迷惑ですが、力作について少し詳しくアピールしてもよいでしょう。

案内への返信 to 同窓生

Formal

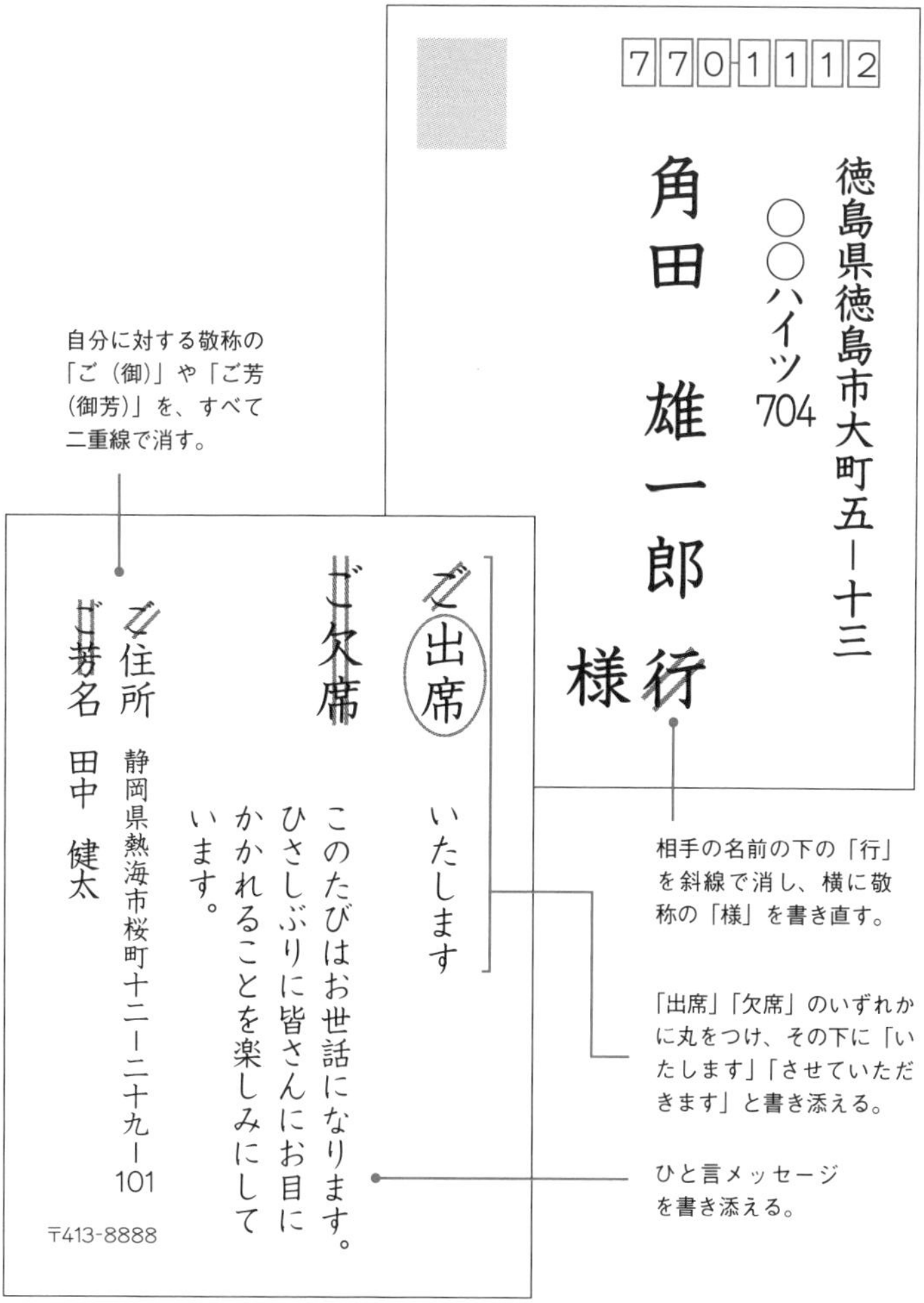

自分に対する敬称の「ご（御）」や「ご芳（御芳）」を、すべて二重線で消す。

相手の名前の下の「行」を斜線で消し、横に敬称の「様」を書き直す。

「出席」「欠席」のいずれかに丸をつけ、その下に「いたします」「させていただきます」と書き添える。

ひと言メッセージを書き添える。

ていねいさ ◎◎◎
相手との親しさ ◎◎◎

POINT

- 期限ぎりぎりまで延ばさずに、できるだけ早く出す
- 欠席の場合は簡単に理由を書くのが礼儀

シーン別文例

出席の場合

◎お招きいただいてありがとうございます。喜んで出席させていただきます

◎このたびは誠におめでとうございます。祝宴にお招きいただき光栄です

◎幹事の皆様にはご手配ありがとうございます。よろしくお願いいたします

欠席の場合

◎あいにくはずせない用が入っており、残念ながら出席がかないません。お許しください

◎当日は旅行中（出張中）で出席できません。残念ですが皆様によろしくお伝えください

Advice

断る理由は、先約やすでに決まっている予定がある、とするのが無難。

そのほかのハガキ

贈り物のお礼

to 友人

Casual

ていねいさ ◉◉◉
相手との親しさ ◉◉○

関連する文例
特産品の贈り物のお礼▼P95
来訪の承諾▼P186

拝復　新鮮なさくらんぼを、こんなにたくさんありがとうございます。

ご家族で山梨へさくらんぼ狩りに行っていらしたんですね。春奈ちゃんと啓太君、喜んだでしょう。二人のはしゃいだ笑顔が目に浮かぶようです。

うちの子どもたちも、飛び上がって喜んでいます。大事にいただきますね。本当にありがとうございました。

蒸し暑い日が続きます。くれぐれもお身体を大切に。

取り急ぎひと言お礼まで。

かしこ

POINT
●お中元・お歳暮のお礼、友人や身内へのお礼ならハガキでOK
●高額な贈り物へのお礼は封書で送る

シーン別文例

お中元・お歳暮の場合

◉お心づくしの贈り物、恐縮の至りです。ありがたく頂戴いたします

◉いつも我が家の好物を覚えていてくださって、感謝感激です

旅行のお土産の場合

◉いつもお土産を気遣ってくださり、ありがとうございます。荷物になるのにすみません

◉○○をいただいて、旅気分を味わいました。ありがとう。今度ゆっくり旅行のお話をきかせてくださいね

Advice

島崎藤村は贈答の礼状に「何よりの○○」と、最上級の賛辞を添えました。

ハガキ

そのほかのハガキ

帰省のお知らせ to 親戚

Casual

長雨が続きますが、皆様お元気でしょうか。披露宴では温かいスピーチをありがとうございました。

さて、式のときにもお話しさせていただいたとおり、新婚生活初めての夏は夫婦で伯父様の家に帰省し、妻に父の故郷を見せたいと思っています。お盆の四日間、八月十三日〜十六日までお世話になりたいと思いますが、ご都合はいかがですか。東京生まれで田舎のない妻も大層楽しみにしています。

近々お電話を差し上げますので、ご予定をお聞かせください。

まずはお願いまで。

ていねいさ ◉◉◎

相手との親しさ ◉◉◎

POINT

●家族で世話になる場合は早めに出して予定を尋ねるのが礼儀

●帰省を楽しみにしている旨を伝える

シーン別文例

嫁が夫の実家に出す場合

◉今年も家族で帰省したいと思っております が、よろしいでしょうか。そちらでまた、お母様に郷土料理を伝授していただけたら幸せです

◉年末からお正月にかけて家族でお世話になりたいのですが、ご迷惑ではありませんでしょうか

◉今年も夏休みに家族で大挙してお伺いしたいのですが、ご旅行のご予定などはございませんでしょうか

※毎年帰省を楽しみに待ってくれている場合でも、妻からは多少遠慮がちにお願いして予定を尋ねるほうが印象がよい

Advice

帰省を待つ側は、喜びとともに負担を感じるのが実情です。そのあたりへの配慮を忘れてはなりません。

一筆せんの基本とマナー

関連するページ
贈り物のお礼▼P94

一筆せんの基本構成

ご結婚おめでとうございます。
挙式も披露宴も行わないと伺いました。お二人らしいスタートを心より応援します。
カトラリーセットを送ります。気に入っていただけると嬉しいのですが。
末永いお幸せをお祈りし、お祝いまで。

一筆せんは前文を省き、主文を書くだけでかまわない。字数に余裕があるようなら、一行目に季節の挨拶を入れる。

結びの言葉も省いてかまわない。全体をひきしめたい場合は、最後に「草々」「かしこ」と記入する。

品物に添え短い文章で気持ちを伝える一筆せん

ハガキよりも短い五～八行程度の文章で相手に気持ちを伝える一筆せんは、使い慣れるととても気軽で便利なツールです。略式のものなのであらたまった内容の手紙には使えませんが、特に形式にこだわる必要もなく、親しい相手に借りたものを返す際や、チケットや写真を送るときなどに重宝します。

一筆せんは単独では送らず、品物に添える場合にのみ使います。枚数は一枚が原則。二枚になるようなら便せんを使います。一筆せんはメモよりも重く、ハガキやカードよりも軽い位置づけと覚えておきましょう。

贈り物に添える一筆せん

関連する文例
出産祝い（本人へ）▼P59
父の日のプレゼントに添えて▼P255

出産祝いに添えて

to 友人

Casual

ていねいさ ●◎◎
相手との親しさ ●●●

ご出産おめでとう。

パパそっくりの男の子だそうですね。元気な赤ちゃんの誕生に、ご家族のお喜びもひとしおでしょう。

ささやかですがお祝いのしるしを同封いたしました。産後のお身体をくれぐれもお大事に。

まずはご安産のお祝いを申し上げます。

POINT

● お祝いの言葉から始め、必ず相手を気遣う言葉を入れる
● 字数に余裕があれば家族へのひと言も

シーン別文例

合格祝いに添える場合
◉医学部合格おめでとう。夢に向かって一歩前進ですね。ご両親もさぞお喜びでしょう
◉○○君、合格おめでとう。伯父さんも鼻高々です

就職祝いに添える場合
◉ご卒業そしてご就職おめでとう。これまで学んだことを生かし、大いに活躍してください

新築祝いに添える場合
◉念願のマイホームの完成、おめでとう。ぜひ一度遊びに伺わせてくださいね

誕生日プレゼントに添えて

to 妹

Casual

ていねいさ ●○○
相手との親しさ ●●●

お誕生日おめでとう。
❶ついに大人の仲間入りですね。お母さんと二人で、二十歳の桃子に合うブラウスを選びました。
夏休みには帰るのかな。❷寮生活もあと二年ほど！
食事はきちんととって、身体にだけは気をつけてね。

POINT
- 感慨やお祝いの気持ちを伝える
- 相手の未来を祈る言葉を入れる
- プレゼントを選んだ理由も述べるとよい

書き換え例

❶ついに大人の仲間入りですね
一緒にお祝いしたかったんだけど、かなわず残念です／ついに○歳になりましたね

❷寮生活もあと二年ほど！〜
今度ゆっくりお祝いしましょうね

旅行のお土産に添えて

to 後輩

Casual

ていねいさ ●○○
相手との親しさ ●●●

留美さん、教えていただいた料亭の博多明太子、❶すごくおいしかったのでお送りします。
❷休暇中のフォローありがとう！
戻ったらバリバリ働くので、私の分まで無理しないでね。
来週ランチご一緒しましょう。

POINT
- お土産に込めた思いを伝える
- 押しつけがましくならないように注意
- 相手の安否を気遣う言葉を添えてもよい

書き換え例

❶料亭の博多明太子〜
お店があまりにも素敵で、○○さんの分も買ってしまいました

❷休暇中のフォローありがとう
いつもサポートありがとう／シフト代わってくれてありがとう

返却物に添える一筆せん

関連する文例
物品借用の依頼▼P173
貸与品返却の催促▼P216

借りた本の返却に添えて

to 友人

Casual

ていねいさ ●●●
相手との親しさ ●●●

洋子さんへ
❶長い間ありがとうございました。❷お返しするのが遅くなってしまってごめんなさい。❸とても胸に響く物語ですね。ぜひ映画も観てみたくなりました。
ロードショーはご一緒しませんか。またご連絡します。

POINT
● 相手の厚意に対する感謝の言葉を述べる
● 字数に余裕があれば、借りたものの感想や効果を伝えるのもよい

書き換え例

❶長い間ありがとうございました
お借りしていた本をお返しします／○○ずっと借りたままになっていました／○○一気に読みました。何度も読み返していて…

❷お返しするのが遅くなって～
うっかり返しそびれて大変失礼しました／ご返却が延びてしまって申し訳ありませんでした

❸とても胸に響く物語ですね
○○さんがおすすめしてくれたとおりの素敵なお話ですね／とても読み応えのあるスケールの大きなストーリーですね

謝礼・送付物に添える一筆せん

手作り品の謝礼に添えて

to 友人

Casual

ていねいさ ●●●
相手との親しさ ●●●

トートバッグありがとう。
中にもポケットをたくさんつけていただいて感謝感激！
❶こんなにステキで使い勝手のいいバッグは、
どこを探してもないと思います。
❷お約束のお礼、些少で申し訳ないくらいですが、
お受け取りください。

POINT
●感謝を述べ、作品の感想を伝える
●謝礼は「寸志」「些少」などの言葉でへりくだり、相手の労力をたたえる

書き換え例

❶**こんなにステキで使い勝手のいい～**
やはりオーダーメイドは違いますね／○○さんにお願いして本当によかった／いつもながらの完璧なお仕事、いえ、ますます腕を上げていませんか／周りのお友達もうらやましがっていました

❷**お約束のお礼、些少で申し訳ない～**
寸志です。とてもお仕事に見合う額ではありませんがお許しください／お友達価格でごめんなさい。心からお礼申し上げます／この程度の額ではまったく釣り合いませんが、お受け取りください

関連する文例
旅先でお世話になったお礼▼P98
遺失物を拾ってもらったお礼▼P99

コンサートのチケットに添えて

to 友人

Casual

コンサートのチケット、届いたので送ります。
三時頃最寄り駅で待ち合わせて、
軽くお茶してから行きましょうか。
チケット代はそのときにでも。❶
❷久しぶりにお会いできることを楽しみにしています。

ていねいさ ●●●
相手との親しさ ●●●

POINT
- 待ち合わせについて、チケット代の精算方法などを明記
- 当日を楽しみにするひと言を添える

書き換え例

❶そのときにでも
当日いただければと思います／当日精算で

❷久しぶりにお会いできること～
○○さんとご一緒にライブに行けるなんて、今から楽しみです

写真に添えて

to 同窓生

Casual

お元気ですか。
先日の同窓会の写真、同封します。❶みんな子どもの頃に戻ったみたいな笑顔でしょう。母校の前で撮った集合写真が特にお気に入りです。本当に楽しい時間でした。❷
次回もぜひ参加しましょうね。

ていねいさ ●●●
相手との親しさ ●●●

POINT
- いつ撮った写真かを簡単に説明する
- 写真についての感想を伝える
- 撮影時の思い出などを添えてもよい

書き換え例

❶同封します
遅くなってごめんなさい／お送りします

❷本当に楽しい時間でした
久しぶりにみんなと会えて本当に嬉しかった

案内状に添える一筆せん

関連する文例

ダンス発表会の案内▼P157
忘年会の案内▼P158

お茶会の案内状に添えて

to 友人

Casual

ていねいさ ◉◉◉
相手との親しさ ◉◉◉

すっかり春めいてきましたね。いかがお過ごしですか。
お茶会の案内状をお送りします。
会場の◯◯寺は、知る人ぞ知る桜の名所なんですよ。
お花見も兼ねてぜひいらしてください。
お茶会当日は、案内状を忘れずにね。

POINT

- 案内状と内容が重複しないように注意し、備考的な情報を書くとよい
- 参加を強制するような表現は避ける

シーン別文例

個展の案内状に添えて

◉実は今度、個展を開くことになりました。◯◯さんと◯◯さんにもご案内しています。会場で懐かしい人たちと顔を合わせられたら幸いです

クラス会の案内状に添えて

◉◯年ぶりのクラス会のご案内です。今年は例年にない参加者が集まりそうですよ

パーティーの案内状に添えて

◉来月には海外赴任なので、この家で最後のパーティーです。ぜひ来てね！

第5章

ビジネスメール・SNSの書き方と文例

- ビジネスメールの基本とマナー
- お祝いのメール
- お礼のメール
- お詫びのメール
- 通知のメール
- 案内のメール
- 依頼のメール
- 承諾のメール
- 断りのメール
- 問い合わせのメール
- 注意のメール
- 催促・抗議のメール
- お見舞いのメール
- 回答・説明のメール
- 採用・不採用のメール
- SNSの基本とマナー
- SNS上でのお礼
- SNS上での依頼
- SNS上でのお断り
- 見落としがちなビジネスメールの注意点

中川 越

ビジネスメールの基本とマナー

ビジネスメールの基本構成

件名：次回打ち合わせ日時のご確認 ❶

株式会社アド○○　企画広報部
沢渡章二様 ❷

いつもお世話になっております。❸
株式会社△△堂の堀口です。

次回の打ち合わせ日程について、
ご連絡をいただきありがとうございます。 ❹

日時につきましては、先日の打ち合わせで
13時と申し上げたつもりでしたが、いただいた
メールには午後３時とあり、時間の確認を
させてください。それ以外の
場所や参加者等については承知いたしました。

お手数をおかけいたしますが、ご確認のほど、
よろしくお願いいたします。 ❺

―――――――――――――――――――――
株式会社△△堂
営業部　堀口亮一
〒100-0000　東京都千代田区○○1-23
TEL 03-0000-XXXX　FAX 03-0000-XXXX
E-mail　XXXXX@0000.co.jp ❻
―――――――――――――――――――――

CHECK

- ✓メール特有のルールを守る
- ✓簡潔かつ正確な内容にする
- ✓手軽な分、失礼になる場合も

❶件名
件名だけで用件がわかるように、具体的なタイトルをつける。

❷宛名
メールを送る相手の会社名（組織名）、部署名、氏名などを記す。社内メールの場合や社外メールでも頻繁にやりとりをする相手の場合は、所属名を省略することもある。

❸挨拶・日頃の交誼に対するお礼
頻繁にやりとりをする相手に出す場合は省いてよい。

❹主文・本題
1行30文字程度の簡潔な文章を心がけ、話の区切りには1行空けたり、重要事項は箇条書きにするなどの工夫をする。

❺高配・交誼などをお願いする

❻署名
自分の名前と会社名、部署名、連絡先を記す。

簡潔さと正確さを心がけ、読みやすくする工夫を

時間を選ばず、手軽に利用できるメールは、パソコンやスマートフォンの普及とともに、私たちの生活には欠かせないツールとなりました。

手紙と違ってメールの場合、必ず件名をつける、パソコン環境の違いに配慮して、ＨＴＭＬ形式ではなくテキスト形式で送り、機種依存文字は避けるなど、メールならではの注意点もいくつかありますが、基本は手紙と変わりません。相手との関係を考えて、失礼のないようにしましょう。初めてメールを送る相手には特に注意して、礼をつくした表現を選ぶようにします。

ビジネスメールでは特に、簡潔さと正確さが求められます。１日に何十通ものメールを受け取る相手にもすぐに見てもらえるよう、「確認」「問い合わせ」「依頼」など、内容を簡潔に表した件名を心がけ、本文も読みやすく工夫することが大切です。

また、気軽に使えて便利なメールですが、内容によってはメールでは失礼なこともあります。

例えば、重大なミスなどで謝罪する場合は、可能であれば直接先方に駆けつけるのが礼儀ですし、それができない場合は、電話で詫びるか手書きの詫び状を送ります。込み入った交渉や、相手に負担をかける依頼の場合も、直接会って話すのが基本です。また、式典など、かしこまった場への招待も、正式な招待状は郵送し、お世話になった場合のお礼も、手書きの礼状を書くなど、場面に応じて使い分けましょう。

ビジネスメールのマナー Q&A

Q メールのメリットとデメリットは？

A メールには、①手紙より速く、少ないコストで送ることができる②複数の人に同時に送信できる③記録が残るため、情報の管理や整理が簡単④書類や画像の添付ができる、などのメリットがある。一方、①返事があるまで読まれたかどうかわからない②手軽さからケアレスミスや相手に対して礼を欠きやすい、などのデメリットがあるため、注意が必要です。

Q 宛名が役職名だけの場合の敬称は？

A 個人名がない役職名だけの宛名の場合、敬称は「営業部長殿」というように「殿」、個人名を書く場合は「営業部長　相川雅樹様」とし、「殿」と「様」を使い分けます。個人名のあとに役職名をつけて「営業部　相川雅樹部長殿」とするのは間違いなので、注意しましょう。

昇進・栄転祝い Formal

to 取引先

ていねいさ ●●●
相手との親しさ ●●●

件名：ご栄転のお祝い

○○商事株式会社福岡支店
営業部課長　森田克彦様

平素より、大変お世話になっております。
株式会社△△、営業部の相沢正紀です。

このたびは、本社営業部長へ❶ご栄転とのこと、
誠におめでとうございます。

これもひとえに、森田様がこれまで積み重ねてこられたご実績が高く評価されたものと拝察する次第です。

当地を離れてしまわれることはさびしい限りですが、❷今後とも変わらぬご厚誼を賜りますよう、よろしくお願い申し上げます。

❸新任地では一層の重責を担われることになるかと存じますが、くれぐれもご自愛いただき、ますますのご活躍・ご発展を心よりお祈りいたします。

関連する文例
昇進祝い（あらたまった相手に）▼P66
栄転祝い（あらたまった相手に）▼P67

POINT
- 相手の昇進・栄転を祝う
- 相手の能力や実績をたたえる
- 今後に期待する言葉を添える

書き換え例

❶ご栄転とのこと
ご栄転の報に接し／ご栄転と承り

❷今後とも変わらぬご厚誼を～
今後ともご指導ご鞭撻のほど、どうぞよろしくお願い申し上げます

❸新任地では一層の重責を～
どうか今後ともご自愛いただき、新しい任地でのさらなるご活躍をお祈り申し上げます

Advice
メールでもらった転勤通知にはメールで応えますが、ハガキでもらったらハガキや封書で栄転を祝います。

お礼のメール

ご駿走になったお礼 Casual

to 上司

ていねいさ ●●●
相手との親しさ ●●●

件名：昨夜のお礼

井川部長

おはようございます。総務部の遠藤です。

昨夜はお食事に誘っていただいたうえ、
❶思いがけずご馳走になり、ありがとうございました。

普段伺うことのできないお話なども拝聴することができ、
大変貴重な時間となりました。

また、わたくしのプライベートな悩みにも親身になって
アドバイスくださり、ありがとうございます。おかげ様で、
いろいろなことを前向きに考えられるようになりました。

❷今日からまた、頑張ってまいりますので、
引き続きご指導のほど、よろしくお願いいたします。

取り急ぎ、メールで恐縮ですが、お礼申し上げます。

関連する文例
自宅に招待されたお礼▼P101
食事の誘いを断ったお詫び▼P120

POINT
- ご馳走になったお礼を伝える
- 上司の気遣いに感謝する
- 仕事に対する意欲を伝える

書き換え例

❶思いがけずご馳走になり
たくさんのお料理をいただき／おいしい○○をご馳走していただき

❷今日からまた、頑張って～
これからも何かとご相談に乗っていただくことがあるかと存じますが／これからは、仕事でしっかり返していけるよう頑張りますので

Advice
プライベートに近いお礼メールでは、「お世話になっております」などの書き出しは無粋です。

誤記・誤送信のお詫び Formal

ていねいさ ●●○
相手との親しさ ●○○

to 取引先

件名：誤送信のお詫び

株式会社○○建設
資材課　坂上様

いつもお世話になっております。
△△商事の立花です。

先ほどお送りしました下記のメールですが、当方の間違いで
坂上様にお送りしてしまいました。
誠に申し訳ございません。

送信時：2023/5/25 10：30
差出人：△△商事 立花翔太
件　名：明日の打ち合わせの件

大変勝手なお願いで恐縮ですが、
当該メールを削除していただきますよう、お願いいたします。
今後はこのようなことのないよう、重々注意いたします。
❶ご迷惑をおかけしましたこと深くお詫び申し上げます。

関連する文例
請求書誤記のお詫び▼P127
書類の内容の問い合わせ▼P312

POINT
- 誤送信を伝え、詫びる
- 誤送信したメールがわかりやすいように表記し、削除をお願いする

書き換え例

❶ご迷惑をおかけしましたこと～
何卒ご容赦くださいますよう、お願い申し上げます

シーン別文例

誤送信メールを地の文に
◉○月○日、○時○分、件名「○○○○」のメールを○○様宛てに誤って送信してしまいました

Advice
失礼の度合いが強ければ、冒頭の挨拶は省いて、いきなりお詫びの言葉から始めるほうが効果的です。

通知のメール

事務所の移転の通知

Formal

ていねいさ ●●○
相手との親しさ ●○○

to 取引先

件名：移転のお知らせ

株式会社○○　平井様

平素は格別のお引き立てにあずかり、厚く御礼申し上げます。

さて、このたび弊社は、令和○年○月○日より
下記住所に移転することになりました。

併せて電話・FAX番号も変更になりますが、メールアドレスに
つきましては変更ございません。

❶
これを機に、社員一同なお一層、業務の充実を図るべく、
努力してまいりますので、今後とも変わらぬお引き立てを
賜りますよう、お願い申し上げます。

記
新住所：〒123-4567　東京都中央区中央1-2-3
TEL/FAX：03-0000-XXXX（TEL）　03-0000-XXXX（FAX）
業務開始日時：令和○年○月○日　午前○時より

関連する文例

本社転勤の通知▼P132
支社赴任の通知▼P133

POINT
- 移転することを伝える
- 新住所や郵便番号、電話番号などを明記し、できれば地図も添付する

書き換え例

❶これを機に、社員一同～
皆様のご期待にお応えしてまいりたいと存じます。今後とも倍旧のご愛顧を賜りますよう、お願い申し上げます／新事務所は○○駅から徒歩○分と交通の便もよいため、お近くにお越しの節は、ぜひともお気軽にお立ち寄りください

Advice
住所、電話、FAXなどが変わるときは、変更の手間がかかるので、ひと言詫びることもあります。

これを機に、より一層の精進に努め、

新製品発表会の案内

Formal

ていねいさ ●●●
相手との親しさ ●●●

to 関係者

件名：新製品「貼るだけ電池・□□□□□」発表会のご案内

株式会社○○物産　総務部　栗原様

株式会社ソーラー△△営業部　渡部です。
平素は格別のご高配を賜り、厚く御礼申し上げます。

このたび弊社は、新製品「貼るだけ電池・□□□□□」を開発いたしました。本製品は、従来の太陽光電池よりも変換効率を大幅にアップした、窓ガラスに貼って発電できる、太陽電池フィルムの世界初の製品化です。

つきましては、下記のとおり❶発表会を開催し、皆様のご意見・ご感想を仰ぎたく存じます。ご多用中誠に恐縮ではございますが、ぜひともご来臨賜りますよう、お願い申し上げます。

開催日時：令和○年○月○日（○）
　　　　　午後○～○時
会　　場：東京都千代田区○○　中央会館○階
　　　　　（JR飯田橋駅下車徒歩３分）

POINT
- 発表会の開催を案内する
- 新製品について、概略を説明する
- 発表会への出席を願う

書き換え例

❶発表会を開催し、皆様の～
発表会を行い、ぜひ、皆様のご高批を仰ぎたいと存じます／発表会を行いますので、ご多用中とは存じますが、ぜひお誘い合わせのうえ、ご出席くださいますようお願い申し上げます／発売に先立ち、発表会を行いますので、ぜひご出席くださるようお願い申し上げます

Advice
新製品の仕様などは添付するなどして、本文では新製品の優れた特徴を簡潔に伝えることが大切です。

関連する文例
歓迎会の案内▼P159

依頼のメール

見積りのお願い Formal

to 取引先

ていねいさ ●●○
相手との親しさ ●○○

件名：見積書送付のお願い

○○株式会社　営業部　中上様

いつも大変お世話になっております。
△△商事営業部の鳴沢です。

先日は、貴社製品のカタログをお送りいただき、
ありがとうございました。

❶
早速ですが、SW-9000の購入を検討中ですので、
至急下記の内容で見積書を作成いただき、
ご送付くださいますようお願いいたします。

1．製品名　SW-9000
2．数量　　○台
3．納期　　○月○日まで
4．決算方法　月末締め/翌月末銀行振込

まずは、取り急ぎご依頼まで。

関連する文例
執筆の依頼▼P171
書類の内容の問い合わせ▼P312

POINT
● 見積りを依頼する
● 製品名、数量、納期など、必要なことは箇条書きにしてわかりやすく

書き換え例

❶早速ですが、SW-9000の購入～
下記の貴社取扱商品について、至急見積書をご送付くださるようお願いいたします／カタログ掲載の「○○○○」について、社内で検討した結果、具体的に購入を検討することとなりました。つきましては下記条件でお見積りをいただきたく、お願い申し上げます

Advice
「至急」という表現だけでは、あいまいです。期日を確実に区切りたいときは、「○日までに」と指定します。

打ち合わせ依頼の承諾

Formal

ていねいさ ●●○

相手との親しさ ●●○

to 取引先

件名：打ち合わせについて

株式会社○○ホーム
企画部　葛城様

いつもお世話になっております。
△△株式会社営業部の植田です。

ご連絡いただきました打ち合わせの件、
❶○月○日（○）○時で承知いたしました。

当日は、部長の芦屋と私の2名で伺いますので、
よろしくお願いいたします。

部長の鈴木様、チームリーダーの内藤様にも
よろしくお伝えください。

それでは当日、どうぞよろしくお願いいたします。

関連する文例
見積りのお願い▼P309
日時変更の断り▼P311

POINT

● 日時の確認と承諾を伝える
● 出席者が複数の場合は、確認のため人数と出席者名を明記する

書き換え例

❶ **○月○日(○)○時で承知いたしました**
ご提案いただきました○月○日(○)○時にてお願いいたします

シーン別文例

担当者をねぎらう言葉
◉出席者の予定がなかなか合わず、調整が大変だったと思いますが、お手配いただきありがとうございました

Advice

打ち合わせの開始日時だけでなく、終了時刻の希望も示しておいたほうがよい場合もあります。

断りのメール

日時変更の断り Formal

to 取引先

ていねいさ ●●○
相手との親しさ ●○○

件名：打ち合わせ日時変更のご依頼について

○○電機株式会社
営業企画部課長　高田様

平素よりお世話になっております。
株式会社△△営業部の野口です。

さて、ご連絡をいただきました打ち合わせの日時変更の件、
誠に申し訳ございませんが、その日は大阪出張と重なっており、
都合がつきません。また、その前後も予定が詰まっており、
時間をつくるのが難しい状況です。

❶
なんとか当初の予定の○日で調整いただければ幸いですが、
ご無理なようでしたら、今回の打ち合わせはいったん延期し、
来月以降の日程であらためて調整してはと思いますが、
いかがでしょうか。

ご希望に添うことができず、申し訳ございませんが、
再度ご検討くださいますよう、お願い申し上げます。

関連する文例
仕事上の紹介依頼のお断り▼P190
打ち合わせ依頼の承諾▼P310

POINT
- 希望に添えない場合は、あいまいな言葉で濁さず、はっきりと断る
- 変更ができない理由を明記する

書き換え例

❶なんとか当初の予定の○日で調整いただければ幸いですが～
来月以降であればいつでも結構ですので、ご一考くださいますようお願いいたします／今月末にあらためてこちらからご連絡しますので、○○様のご都合をお聞かせいただければ幸いです／大変残念ながら、この件についてはいったん見送りとさせていただけますでしょうか

Advice
日程が合わないときは、相手の希望日を断るだけでなく、こちらから提案することが大切です。

書類の内容の問い合わせ

to 取引先

Formal

ていねいさ ●●○
相手との親しさ ●○○

件名：請求書の明細について

〇〇物産株式会社　営業部　高野様

株式会社△△経理部の水城恵と申します。
いつも弊社営業部上山がお世話になっております。

さて、本日、御社より〇月〇日付のご請求書（No15-0156）
を拝受いたしましたが、❶ひとつお伺いしたいことがあり、
メールいたしました。

商品番号S55-076について、単価が￥2,000となっております
が、￥1,800の間違いではないでしょうか。
〇月〇日にいただいた見積書でも、そのようになっております。

❷恐れ入りますが、再度、納品価格をご確認いただき、
あらためて請求書をお送りいただければと存じます。

お手数をおかけいたしますが、
ご確認のほど、よろしくお願いいたします。

関連する文例

請求書誤記のお詫び▼P127
誤記・誤送信のお詫び▼P306

POINT

- 相手の間違いを責めずに、やわらかい文章で確認する
- こちらの希望をはっきり伝える

書き換え例

❶ひとつお伺いしたいことがあり
ご確認いただきたい点があり／お教えいただきたいことがあり

❷恐れ入りますが、再度〜
弊社〇〇より、貴社〇〇部〇〇様にご連絡し、ご確認をいただいております。金額を訂正した請求書の再発行をお願いいたします

Advice

不審な点を相手に問い合わせるときは、必ず「性善説」に立ち、ていねいに伺うことが大切です。

注意のメール

業務ミスへの注意 Formal

to 社内従業員

ていねいさ ●●●

相手との親しさ ●●●

件名：【重要】事務処理ミスについて

各位
お疲れ様です。部長の阿部です。

さて、❶当総務部では、先日来、資料が期日までに揃わなかったり、
内容に不備があるなどの事例が続いています。

これらは、締切の確認のし忘れや、パソコンの誤操作など、
いずれも単純なケアレスミスが原因と考えられます。

❷幸いにも、現在のところは大きな問題には至っておりませんが、
こうしたミスが続けば、やがては社の信用を失い、
業績へも影響しかねません。

今後はこのような不注意によるミスが起こらないよう、各人が
作業の確認を徹底し、部内のコミュニケーションを活発にして、
情報を共有管理できるよう環境の改善をお願いいたします。

以上、よろしくお願いします。

関連する文例
部下の失言のお詫び▼P116

POINT
- 重要なメールには、件名に【重要】などを入れ、わかりやすくする
- 原因とともに対策を明記する

書き換え例

❶当総務部では、先日来〜
先日○○部において、△△する事例が発生いたしました／今月に入って、○件のクレームが寄せられています

❷幸いにも、現在のところは〜
原因は些細なことでも、こうしたミスにかかる手間やコストは小さくありません

Advice
「信用の失墜」などの語をまじえ、適度に危機感をあおって緊張感を高めることも、ときには必要です。

末払いへの催促 Formal

to 取引先

ていねいさ ●●○
相手との親しさ ●○○

件名：「○○○○」のお支払いについて

株式会社○○
営業部　三宅拓己様

△△株式会社営業部の佐藤祐樹です。
平素よりご愛顧いただき、御礼申し上げます。

さて、○月○日に納品いたしました商品の代金について、
本日までにご入金の確認ができておりません。
❶すでに、○月○日の支払期限から10日を過ぎており、
大変困惑しております。

何かの手違いということもあるかと存じますが、ご確認のうえ、
至急ご入金くださいますよう、お願い申し上げます。

なお、このメールと行き違いでご入金いただいた場合は、
何卒失礼をご容赦ください。

取り急ぎ、ご連絡かたがたお願い申し上げます。

関連する文例
借金返済の催促▼P214
未納の会費の催促▼P215

POINT
- 入金期日の確認と未払いを伝える
- 万一行き違いに入金があった場合のお詫びを入れる

書き換え例

❶**すでに、○月○日の支払期限から10日を過ぎており、大変困惑して～**
御社からのお支払いがございませんと、弊社といたしましても運営上支障をきたしてしまいます。貴社の状況は理解しておりますが、このような事態が続きますと、法的手段を検討せざるを得ません。弊社としてもそれは望むところではございません

Advice
感情的にならずに冷静に事実を伝えながら催促・抗議し、相手の反省を促すことが大切です。

お見舞いのメール

交通事故のお見舞い Formal

to 取引先

ていねいさ ●●○
相手との親しさ ●●○

件名：お見舞い申し上げます

株式会社○○
企画営業部　中島寛様

株式会社△△商事、営業部の安西です。

入院されたと伺い、大変驚いております。
その後、いかがでしょうか。
心よりお見舞い申し上げます。

お忙しい中、お仕事のことも気がかりでしょうが、どうかしばし身体を安静にして、一日も早いご回復を目指していただきたいと存じます。

早速お見舞いにと思いましたが、かえってご迷惑をおかけしてはと思い、貴社の篠原様に、心ばかりのものをお預けいたしましたので、お納めいただければ幸甚です。

メールなどで失礼ですが、取り急ぎお見舞い申し上げます。

関連する文例
入院のお見舞い▼P220
子どもの事故のお見舞い▼P224

POINT
● 入院についての驚きを伝える
● 相手の状況を案じる
● 相手の回復を祈る

シーン別文例

災害（地震）のお見舞い
◉御地で大きな地震があったことを今朝のニュースで知りました。○○様をはじめ社員の皆様方にはおけがなどありませんでしたでしょうか。大変心配しております。遠方ゆえ、すぐに駆けつけることはできませんが、皆様がご無事でいらっしゃることを心よりお祈りいたしております

Advice
封書やハガキのお見舞いは嬉しくても返事が負担になります。メールのほうが喜ばれる場合があります。

クレームへの回答 Formal

to 顧客

ていねいさ ●●○
相手との親しさ ●○○

件名：本革バッグ交換ご希望について

佐野由香様

株式会社○○営業部の武田祥二と申します。
平素より大変お世話になっております。

このたび、お届けした商品に重大な欠陥があり、佐野様に多大なご迷惑をおかけしましたことを、深くお詫び申し上げます。
今後はこのようなことのないよう、一層の注意を払ってまいりますので、何卒ご容赦くださるようお願い申し上げます。

商品につきましては、ただちに交換の品をお送りいたします。
また、お手数をおかけして恐縮ですが、不良品を「着払い」の宅配便にて弊社までご返送いただけると幸甚に存じます。

このたびの不手際につきましては、
重ねてお詫び申し上げるとともに、
今後とも変わらぬご愛顧のほどよろしくお願い申し上げます。

関連する文例

配送中の商品破損のお詫び▼P114
不良品販売のお詫び▼P124

POINT
●商品の欠陥を詫び、相手の希望（返品や交換）に応じることを伝える
●マニュアルに準じて対処する

シーン別文例

相手の注文ミスによる交換希望の場合

◉○○の交換をご希望とのことですが、弊社の発注記録には、ご希望どおりの○○の商品をお届けしたと残っております。大変恐縮ですが、念のため、ご注文確認のメールを再度ご確認いただきますようお願いいたします

Advice

クレームに対しては、誠実に対応すべきですが、不用意に詫びないほうがよい場合もあるので注意します。

採用・不採用のメール

採用内定の通知 Formal

to 応募者

ていねいさ ●●○
相手との親しさ ●○○

件名：採用内定のご連絡

小山賢冶様

このたびは、弊社の採用試験にご応募いただき、
誠にありがとうございました。

慎重に選考を重ねました結果、小山様の採用を
内定いたしましたのでお知らせいたします。

つきましては、下記の書類をお送りいたしましたので、
必要事項をご記入のうえ、○月○日までに
ご返送いただきますようお願いいたします。なお、不明な点が
ございましたら、当社人事部○○までお問い合わせください。

メールにて恐縮ですが、まずはご連絡申し上げます。

記

・入社承諾書　1通
・身元保証書　1通

以上

関連する文例
転職の相談▼P177
転職の相談への返答▼P256

POINT
● 決定や連絡事項を簡潔に伝える
● 郵送する書類がある場合は別記し、相手が確認しやすいようにする

シーン別文例

相手に期待を伝える言葉
◉ ○○様の入社後のご活躍を期待しております

不採用の場合
◉ 残念ながら、今回は採用を見送らせていただくこととなりました。ご応募いただきながら、ご期待に添えず申し訳ございません。○○様の今後のご活躍をお祈り申し上げます

Advice
不採用の際は、相手の意に添えなかったことを、十分ていねいにお詫びする姿勢が必要です。

SNSの基本とマナー

手軽で身近なツールだけに利用する際のマナーが必要

スマートフォンの登場とともに、一気に普及したSNS（ソーシャルネットワーキングサービス）。費用がほとんどかからず、メッセージや写真、動画などを手軽に発信・共有できるため、年齢を問わず多くの人に利用されています。さらに近年は、情報の拡散力が高く、効率的な情報収集ができるツールとして、マーケティングをはじめビジネスでも欠かせないものとなっています。ただ、もともと友人や家族など、親しい人との連絡手段だったことから、マナーを気にせず投稿してトラブルを招くケースもあり、ビジネスで利用するときや面識のない人とやりとりする場合は注意が必要です。

ビジネスでの利用はていねいな対応を心がける

SNSは、その手軽さもあって相手に何かを伝える手段としては、あくまで「略式」のものと考えられています。そのため、かしこまった内容や目上の人に出す場合はできるだけSNSを用いず、手紙やハガキを書いて伝えるようにします。

ただし、最近はビジネスの依頼をDM（ダイレクトメッセージ）で受ける利用者も増えており、こうした場合はビジネスメールの基本にのっとって、できるだけていねいな言葉づかいで相手に失礼のないように心がけます。フリマアプリやツイッターなどで面識のない相手とやりとりするときも、同じようにていねいに対応しましょう。

SNSの基礎的なマナー

SNSの種類によっては、書き込んだ文章が不特定多数の人の目につきます。住所や電話番号など、個人を特定できるような情報は書き込まないようにしましょう。また、所属している企業の情報も取り扱いに注意。友人や知人だけに見せるつもりでも、社外秘の機密情報などを書き込むのは禁物です。

おもなSNSの種類と特徴

種類	特徴
Twitter（ツイッター）	実名・匿名を問わず利用することができ、日本では1投稿140字以内の「つぶやき」を投稿できる。ほかのユーザーの投稿を自分のタイムラインでシェアできる「リツイート」機能があり、情報の拡散力が高いのが特徴。世界で現在起こっていることや世間のさまざまなトレンドを即時に知ることができるため、自分ではツイートせず、見るだけの人も多い。
Instagram（インスタグラム）	写真や動画がメインで、女性のユーザーが多い。ライフスタイルやファッション、旅行、ペットなど、いわゆる「インスタ映え」しやすい投稿が多いのが特徴。投稿が24時間で消える「ストーリーズ」や、「リール」と呼ばれる最長90秒までの動画の投稿もできる。Meta社（旧Facebook社）に買収されたことで、Facebookとの連携も可能となった。
Facebook（フェイスブック）	世界で約30億人が利用しているという、世界最大のSNS。「エッジランク」と呼ばれるシステムで、ユーザーの関心や関連のある投稿を優先的に表示するようになっているため、マーケティングなど、ビジネスで利用されることが多い。実名でのプロフィール登録が原則で、利用者は30～40代以上の高めの年齢層が中心となっている。
LINE（ライン）	日本でもっともユーザー数の多いSNSで、日本を中心にインドネシア、タイ、台湾などのアジア圏で人気がある。全世代を通じて多くのユーザーが連絡用ツールとして利用しており、ほかのSNSに比べて50代以上のユーザーも多い。メッセージや電話のほか、マンガやゲーム、音楽配信などのサービスが、次々と展開されている。

上記のほかにも、国や地域によって固有のSNSがあり、全体の利用者はますます増えている。

※また、本書ではＳＮＳと同様に、顔の見えない相手とメッセージのやりとりを行う、フリマアプリについても取り扱う。フリマアプリはフリーマーケットのように個人間で物品の売買ができるスマートフォンアプリのこと。一般的に、取引が終了するまで、売りたい側と買いたい側の人で、短いメッセージのやりとりを行うことになる。

上司への相談のお礼

Casual

ていねいさ ●●○
相手との親しさ ●●○

to 上司

お疲れさまです。山崎です。

❶先ほどは、お忙しいなかお時間をいただき、ありがとうございました。

コロナ禍で入社し、職場の環境に慣れないままリモートワークとなっていろいろ悩んでいましたが、お声がけいただいてお話しするうちに、少しスッキリしました。

迷いがなくなったわけではありませんが、浅野さんのアドバイスどおり、自分自身を磨きながら頑張ってみようと思います。

❷お言葉に甘えて、個人的なことは今後こちらのアカウントにご連絡させていただきます。

今後ともよろしくお願いします。

関連する文例
ご馳走になったお礼▼P101

POINT
- 相談に乗ってもらったお礼を述べる
- アドバイスへの感謝や今後の決意を述べる

書き換え例

❶先ほどは、お忙しいなか～
先ほどは、わざわざお声をかけていただき／本日は話を聞いていただき

❷お言葉に甘えて～
いつもアドバイスをくださり、ありがとうございます

Advice

仕事関係者とSNSでつながって「よかった」と思う人が多い反面、嫌がる人もいるので、友だち申請は状況や相手の反応を見きわめて行いましょう。

相談へのおれ Casual

to 出品者

ていねいさ ●●○
相手との親しさ ●○○

Haruharu（ユーザー名）さま、❶本日無事商品を受け取りました。ありがとうございます。

届いたお品は仕上げがとてもていねいで、ハンドメイドとは思えないクオリティの高さに驚きました。写真で拝見するよりもずっと素敵で、大変気に入っています。大切に使わせていただきますね。

❷機会がありましたら、またよろしくお願いします。

POINT
● 商品が無事届いたことの報告
● 商品の感想とお礼を述べる

書き換え例

❶本日無事商品を受け取りました
本日、商品が届きました。迅速な対応をいただき、／先ほど商品を受け取りました／ご連絡が遅くなりましたが、商品を受け取りました

❷機会がありましたら、またよろしくお願いします
またの機会によろしくお願いいたします／ご縁がありましたら、次もまたよろしくお願いします

Advice
フリマアプリなど、SNSで一度も顔を合わせず取引を行う場合も、ていねいな言葉づかいと対応を心がけます。

誤解のない言葉選びを

SNSは連絡のハードルが高くない分、気安いメッセージを送りがちですが、言葉選びには注意が必要です。

顔を合わせて話をする場合と比べて、細かいニュアンスが伝わりにくいため、誰が読んでも誤解がないようにしなければならないのです。

たとえ発信する側に、そのつもりがなかったとしても、不用意な一言が相手を傷付けてしまうおそれがあります。

フリマアプリでのやりとりのような個人間のメッセージはもちろん、LINEのグループやTwitterなど複数の人の目に触れる可能性がある場合も、気をつける必要があります。仲間内の軽口を見た第三者が、不快に思うこともあり得るのです。

気心の知れた仲間同士の場合でも、礼儀を忘れないようにしたいものです。

セミナー講師の依頼 Formal

to SNSで発信している大学教授

ていねいさ ◉◉◉
相手との親しさ ◉○○

澤田先生

❶
突然ご連絡させていただきますご無礼を、どうかお許しください。
株式会社〇〇の中塚と申します。

いつも先生の発信されるTwitterや、ご出演のYouTube番組などを興味深く拝見しております。

さて、このたび弊社では、福利厚生の一環として、下記の要項でお金の知識を学ぶセミナーを開催する運びとなりました。

定年後、公的年金に頼るだけでは不安な経済情勢のなか、私たちビジネスパーソンが生活を守り、老後の経済的安定を図るために必要な資産形成・資産運用について知るためのセミナーです。

❷
つきましては、難しい経済問題をわかりやすく解説してくださる澤田先生に講師をお願いしたく、DMで失礼とは存じますが、ぜひともご登壇くださるようつつしんでお願い申し上げます。

なお、誠に勝手で恐縮のほかございませんが、ご都合のほど、〇月〇日までにお知らせいただければ幸いです。

記
（以下省略）
以上

関連する文例
講演・執筆の依頼▼P170

POINT
- 突然の連絡を詫び、連絡の目的を伝える
- セミナーの対象や目的、話してもらいたいことの概要を伝える

書き換え例

❶突然ご連絡させていただきます～
はじめまして。突然のメッセージで失礼いたします／お世話になっております

❷つきましては～
先生にはご多用中のところ誠に恐縮に存じますが、下記の概要でご講演いただきたく、お願い申し上げます／突然のお願いで誠に恐縮でございますが、この分野でご活躍中の○○先生に、ぜひともご講演を賜りたく、お願い申し上げます

Advice

セミナーや講演の日時・場所・講師料などの詳細については別記するなど、SNSを使った連絡でも、ビジネス文書としての体裁を守るほうが相手にも伝わりやすく、失礼がありません。

商品の値下げの依頼 Casual

to 出品者

ていねいさ ●●○
相手との親しさ ●○○

はじめまして。商品を拝見しました。

こちらの商品に興味があり、購入を検討していますが、少々予算をオーバーしてしまいます。❶○○○円ほどお値引きをしていただくことはできますでしょうか。ご検討いただければ幸いです。どうぞよろしくお願いいたします。

POINT
- 無理にではなく、あくまで検討してもらう形にする

書き換え例

❶○○○円ほどお値引きをしていただくことはできますでしょうか。
急なお願いで大変恐縮ですが、○○○円ほどお値引きしていただけると助かります／申し訳ございませんが、○○○円までお値下げしていただくことはできますでしょうか／○○○円でお譲りいただくことは可能でしょうか

オフ会の誘いへのお断り

Casual

ていねいさ ●●○

相手との親しさ ●●○

to 同じ趣味を持つフォロワーたち

オフ会、楽しそうですね！

私の周りには一緒に〇〇（趣味）の話をできる人がいないので、皆さんと直接会ってお話ししてみたいです。

いつも皆さんの博識ぶりには感心したり驚いたりしているので、オフ会はさぞかし盛り上がることでしょうね。

ただ現在、❶資格試験のための受験勉強中でしばらくは時間的な余裕がありません。

来年以降、また機会がありましたら、ぜひお声がけください。そのときは必ず参加させていただきますので、どうぞよろしくお願いします。

関連する文例
来訪のお断り▼P194

POINT

- 今回は欠席することを伝える
- やむを得ない事情で参加できないこと、次回は必ず参加したいことを伝える

書き換え例

❶資格試験のための受験勉強中で～
やむを得ない事情があり／受験生（就活中）で／体調がすぐれず、思うように出歩けないため、

Advice

SNSのつきあいはSNS上だけで留めたいという立場を貫きたい場合は、毎回誘いを断るより、「このアカウントは、SNS上で同じ趣味の人たちとつながるためにつくったものので、オフ会などに参加するのは難しい状況です。」というようにはじめから自分の考えを伝えたほうが親切です。相手も期待せずにすみます。

フリマアプリでの値下げ交渉へのお断り

ていねいさ ●●●
相手との親しさ ●○○
Formal

to 出品者

猫の肉球（ユーザー名）さん、はじめまして。
このたびは、ご覧いただきありがとうございます。

また、「○○○○」（出品商品）についてお問い合わせいただき、ありがとうございました。

お問い合わせのフィギュアは、ご存知のようにシリーズの中でも人気商品で、かつ写真のように未開封の非常に状態のよいものです。ほかのフリマアプリやショップなどと比較しても、安価な価格での出品と思っております。

そのため、❶大変申し訳ございませんが、ご希望には添いかねますので、なにとぞご了承のほど、お願い申し上げます。

なお、「○○○○」以外にも、同じシリーズの○○○や○○○なども出品しておりますので、よろしければそちらもご覧いただければ幸いです。

POINT

- 希望の価格では取引できないことを伝える
- 交渉してきた相手以外の人も見ていることを忘れず、ていねいな対応を心がける

書き換え例

❶大変申し訳ございませんが、ご希望には添いかねます

そこまでのお値引きは難しい商品です／あいにくですが、こちらの商品はお値引きいたしかねます／プロフィール（出品ページ）にも記載しておりますが、値下げについてのお話はお受けいたしかねます／その価格では少し厳しいです

シーン別文例

価格を提示せず、ただ値下げ可能かどうかを問い合わせてくる相手に対し

・交渉に応じる場合

○○円ではいかがでしょうか？／ご希望額はいかほどでしょう？

SNS

SNS上でのお断り文

見落としがちな

ビジネスメールの注意点

Column

中川 越

注意点1

メールに生かしたい 優れた国際ビジネスマンの共通点

世界的な映像機器メーカーに在籍し、欧米を中心に世界各地を飛び回って活躍したビジネスマンの知友が、あるときこんな質問を私に向けてきました。

「僕は優れた国際ビジネスマンに数多く会い、満足のいく仕事をしてきたけれど、彼らには共通した長所がある。それは何だと思う?」

私は知友の傑出した長所を挙げれば、正解を得られると考え、こう答えました。

「分析力、批判力、実行力、先見性、決断力、幅広い知識、向学心」

しかし、いずれも不正解でした。そこで私は単純にこう答えました。

「英語、フランス語、ドイツ語に長《た》けた語学力」

それでも知友は違うといいます。そして、意外な答えを教えてくれました。

「それはね、礼儀正しさなんだ。世界の優秀なビジネスマンは、国を問わず、すべて礼儀正しい」

私はハッとしました。手紙について長い間考えてきた仕事柄、礼儀の重要性に関しては十分意識してきたつもりでしたが、まさか礼儀こそがビジネスを成功に導くための世界標準だとは、思いもしなかったからです。

これは非常に興味深い事実です。まさに生き馬の目を抜く国際ビジネスの場においては、巧緻な交渉力やそれにまつわる能力こそが、何よりも大切だろうと考えていた私の常識はくつがえされました。やはり礼儀を礎にした信頼関係こそが、ビッグビジネスを牽引する原動力になるようです。

いわんや、昔から礼儀を大切にしてきた日本国内においてをや、ということができるでしょう。

そして、この礼儀の重要性は、実際の面談の場だけではなく、当然メールにも生かされる必要があります。

もちろん、メールには正確性、簡潔性、即時性などが求められますが、それだけでは不十分です。礼儀といった、いわば感性や情感に訴える要素をないがしろにしてはならないということを、百戦錬磨の国際ビジネスマンは、体験を通して教えています。

注意点2

三島由紀夫が教える礼儀の基本

文豪三島由紀夫の著書に、『三島由紀夫のレター教室』があります。

この中で彼はこういっています。

「私は手紙の第一要件だけを言っておきたい。それは、あて名をまちがいなく書くことです。これをまちがえたら、ていねいな言葉を千万言ならべても、帳消しになってしまいます」※1

そして、「由紀夫」を「由起夫」と間違えられることが多いと記したあとで、さらにこう続けています。

「『紀』を『起』とまちがえるだけでも、相手の心証を傷つけること大なるものがあります。とにかく、こんな小さなまちがいは、文中に述べられたおびただしい敬意を、ニセモノと判断させるに十分だからです」※2

メールは急いで書いて、見直しに費やす時間も短い場合が多いので、誤字脱字が多くなりがちです。ていねいに読み返して誤りがないようにすることが大切で、とりわけ相手の名前を間違えないようにしなければなりません。

間違えなくても、相手の名字を略字で書くことも失礼です。「齋藤」を「斎藤」と、「櫻井」を「桜井」と、「野澤」を「野沢」と書いてはいけません。

名前は相手そのものと考え、大事に扱います。

名前の次に付す「様」という敬称について、『正しき書翰文の知識』に、次の記述が見られます。

「『様』は『方《さま》』の当字《あてじ》である。『方《さま》』は方向をあらわす語で、『殿』と同じように本人直接に宛てるのを憚《はばか》って、相手のいる方向に手紙を宛てる意味から出た敬称である」※3

すなわち、吉岡様と書けば、吉岡という人の方角という意味で、おそれ多い本人を直接呼ぶのは失礼だという気持ちを表していることになるのです。

それだけ名前というものは、敬意を表すべきものだということを十分ふまえて、メールにおいても大切に扱うのが、本来の礼儀といえます。

私はあるときある編集者の方から、「中川先生!!」で始まるメールをいただいたことがあります。勢いや意気込みを表現したかったのだと思いますが、やはりやや礼儀の面で、違和感をもった記憶があります。

また、私の知り合いの生物学の研究者は、「様」を「さま」と書かれることを、とても嫌います。なれなれしいと感じるからです。

あるいは、私の知友の星野さんは、親しくなった仕事関係者から、「ほしのさま」と書かれたメールをもらい、激怒しました。

相手の名前を、敬称も含めて正確にていねいに扱うことは、手紙のみならず、メールにおいても、礼儀の基本中の基本です。

※1、2　三島由紀夫『三島由紀夫レター教室』ちくま文庫（1991）
※3　木村秀太郎『正しき書翰文の知識』文友堂書店（1938）

注意点3

一通のメールで「熱意、敬意、人柄、能力」がすべて伝わる

メールにおける礼儀の程度や質は、しばしば挨拶の部分で明らかになります。

例えば、初めての相手へのメールでは、いくつかの書き出しが考えられます。

①「はじめまして」
②「初めてお便りいたします」
③「初めてお便り申し上げる失礼をお許しください」
④「初めて突然お便り申し上げる非礼をご寛恕いただければ幸甚です」
⑤「未だ拝顔の栄を得ずして、寸書をご送付申し上げる不躾をご海容賜りたく存じ上げます」

どれが一番いいということは、一概にいえません。相手との関係、メールの内容、今後相手と保ちたい距離感などにより、ベストなセレクションが異なります。

例えば、かなり重大な依頼をするときに、「はじめまして」では軽すぎます。大したメール内容でもないのに、④や⑤を用いれば、大げさすぎて、かえって慇懃無礼に感じられる可能性があるでしょう。

③の「初めてお便り申し上げる失礼をお許しください」といったあたりが、相手との関係やメール内容などがどうあれ、一番無難な書き出しの挨拶といえます。

重大な依頼内容にもかかわらず、「はじめまして」で始めれば若干横柄な印象となり、受け手はその依頼に進んで応えようとは思わない場合があります。

このように、ちょっとした挨拶の言葉ひとつで、送信者の姿勢や敬意が、微妙に異なって伝わる可能性があるのです。

そもそも挨拶の意味は次のとおりです。

●人との出会いや別れなどで取り交わす、礼儀にかなった動作や言葉。
●お祝いやお礼を述べること。また、その言葉。
●相手に敬意や感謝の気持ちを表すこと。また、その言葉。
●応答のしかた。口のききかた。

要するに挨拶は、メールで伝えたい内容を包み込むためのすべての言葉です。挨拶の言葉を、いかに適切にていねいに使うかによって、同じ内容のメールであっても、まったく異なる印象になります。

挨拶は元来「禅」の言葉で、「挨」は押す、「拶」は迫るの意で、問答をして相手の悟りの程度を知ることを意味しています。

したがって、一通のメールにより、仕事への熱意、相手への敬意、人柄、知識、教養、仕事力などが、驚くほど正確に相手に伝わってしまうといっても過言ではないでしょう。

日常取り交わす何気ないメールの挨拶部分において、私たちは相手のさまざまな能力を、精密に推し量っているのです。

どんな些細なメールでも、決しておろそかにすることはできません。

注意点4

「お世話になっております」はそろそろやめにしよう

昔からビジネスの手紙では、こんな書き出しで始めるのが一般的でした。

「時下ますますご清栄のこととお慶び申し上げます。平素は格別なご厚情を賜り深謝申し上げます」

そして、ビジネスメールが使われ始めた頃は、メールにも手紙の書き出しがそのまま使われたものです。

けれど、このような古色蒼然たる書き出しは、さすがにメールという新たな通信媒体にはそぐわないため、やがてメール特有の書き出し文句が表れ、定着します。それは皆さんよくご存知の、日本中のビジネスマンが日々使っているあのフレーズです。

「お世話になっております」

決して悪い言葉ではありません。私も長い間無批判に使ってきました。しかし、私はある日突然、退屈な決まり文句だと思いました。受信メールにあるそれを読むときだけでなく、自分で書くときも、仕事への意欲がわかない言葉だと強く感じたのです。

そんな感覚をもつようになった私に、懇意にしている営業マンからメールが届きました。書き出しは、こうでした。

「三寒四温、一歩ずつ嬉しい春が近づきます。その後もご活躍のことと存じます。さて、このたび当社では…」

さわやかで明るい書き出しに引き込まれ、忙しいのに、つい新製品の情報を最後まで読んでしまいました。

そういえば彼からのメールは、いつも楽しく読んでしまうことが多いと気づきました。その理由を探るために、彼からの過去のメールを調べてみました。すると、興味深い発見がありました。彼からのメールの書き出しが、すべて違っていたのです。

「お世話になっております」は、まったくありませんでした。

「少々ご無沙汰してしまい、申し訳ございません」

「先日は、お客様をご紹介くださり、誠にありがとうございました」

「早々のご返信、感謝至極に存じます」

「ご多用中誠に恐縮ですが、耳寄りなお知らせがございます」

ほかのビジネスメールとは異なり、書き出しがユニークでフレッシュでした。

もちろん関係が熟していない時期においては、「お世話になっております」で始めるのが無難な場合が少なくありません。しかし、ある程度関係が安定してきたときには、お互いのモチベーションを上げたり、テンションを高めたりするために、常に新鮮な書き出しを工夫することが大切です。

ビジネスメールの挨拶は、礼儀をふまえ、適切な敬意を込めるだけでは、不十分です。お互いを鼓舞するような、心地よく刺激的な言葉を、常にメールに補給し続けることが大切です。フレッシュな言葉により互いのモチベーションを上げることが、大きな成果を生み出すための原動力になるにちがいありません。

手紙でよく使う言葉の意味

あ

愛顧（あいこ） ひいきにすること。
愛用（あいよう） 大事に使うこと。
案じる（あんじる） 心配すること。
安堵（あんど） 安心すること。
安眠（あんみん） ぐっすり眠ること。
いかばかり（如何許り） どれほど。
憤り（いきどおり） 恨み怒る、立腹。
依然（いぜん） 元のままであること。
痛み入る（いたみいる） 恐縮する。
一意専心（いちいせんしん） そのことだけに心を集中すること。
一期一会（いちごいちえ） 一生に一度限りの機会と考え、心をつくすこと。
一堂に会する（いちどうにかいする） 大勢の人が同じ場所に集まること。
一環（いっかん） 全体の一部分。
一献（いっこん） 一杯の酒、酒をふるまうこと。
鋭意（えいい） 気持ちを集中させて励むこと、専心。
栄冠（えいかん） 輝かしい勝利や成功のしるしとして与えられる冠、栄誉。
英気を養う（えいきをやしなう） 活力を蓄えること。
栄転（えいてん） 今までよりよい地位に転任すること、役職が上がること。
永眠（えいみん） 永遠の眠りにつくこと、死去。
閲覧（えつらん） 書類や書物を調べ読むこと。
宴席（えんせき） 酒宴の席、宴会。
驕る（おごる） 思い上がったふるまい、得意になること。
折（おり） 季節、時節。機会、その際などといった意味。
折悪しく（おりあしく） 時期が悪いこと、あいにく。

か

海容（かいよう） 海のような広い心で許すこと。
過誤（かご） あやまち、過失。
門出（かどで） 新しい生活や仕事を始めること。
かねて（予て） 前もって、あらかじめ、前々からずっと。
過分（かぶん） 分にすぎること、身分不相応なこと。
寛容（かんよう） 広い心で許すこと。

還暦（かんれき） 満60歳のこと。

寄稿（きこう） 原稿を新聞や雑誌などに送ること。

気さく（きさく） 物事にこだわらないこと、さっぱりした性格。

忌憚のない（きたんのない） 遠慮のない、余計な気遣いのない。

祈念（きねん） 願いがかなうように祈ること。

急啓（きゅうけい） 急ぎ申し上げます、という意味。急な用件を伝えるときに使う頭語。

旧交（きゅうこう） 古くからのつきあい、昔からの交流。

窮する（きゅうする） 行き詰まって困ること、追い詰められ苦しむこと。

急逝（きゅうせい） 急に死ぬこと。

教示（きょうじ） 教え示すこと。

郷里（きょうり） ふるさと、故郷。

謹啓（きんけい） 謹んで申し上げる、という意味。あらたまった頭語。


近親者（きんしんしゃ） 家族や血統の近い親族。

苦境（くきょう） 苦しい境遇や立場。

愚察（ぐさつ） 自分の推察を、へりくだっていう言い方。

口下手（くちべた） うまく人に話せないこと。

経緯（けいい） いきさつ。

敬具（けいぐ） 敬意を表して結ぶこと。「具」は、ととのえるという意味。

敬白（けいはく） 敬って申し上げること。「白」は言うという意味。

激励（げきれい） 励まして気持ちを奮い立たせること。

賢察（けんさつ） 相手の推察を、敬っていう言い方。

健勝（けんしょう） 健康がすぐれて元気なこと。

賢明（けんめい） 賢く明晰なこと。

厚誼（こうぎ） 手厚い親切、つきあい。

剛健（ごうけん） たくましく健やかなこと、強くしっかりしていること。

厚情（こうじょう） 厚いなさけ。

幸甚（こうじん） とても幸せなこと。

高配（こうはい） 相手の配慮を敬っていう言い方。

高庇（こうひ） 相手の気遣いや配慮などを敬っていう言い方。

香味（こうみ） 飲食物の香りと味。

高覧（こうらん） 相手が見ることを敬っていう言い方。

心ばかり（こころばかり） 贈り物をするときにまごころや好意などを表すために使う、へりくだった言い方。

懇意（こんい） 仲のよいこと。

懇篤（こんとく） 親切で手厚いこと。

さ

査収（さしゅう） よく調べて受け取ること。

些少（さしょう） 分量や程度がわずかなこと、少し。

参集（さんしゅう） 大勢の人が寄り集まること。

自愛（じあい） 自分の身体を大事にすること。

私議（しぎ） 個人的な意見。

自制（じせい） 自分を抑えること。

辞退（じたい） 断ることを、へりくだっていう言い方。

失態（しったい） 体面を失うこと。

失念（しつねん） うっかり忘れてしまうこと。

偲ぶ（しのぶ） 過ぎ去ったことなどを、懐かしい気持ちで思い出すこと。

宿願（しゅくがん） かねてからの願望、前々から抱いていた願い。

祝詞（しゅくし） 祝いの言葉。

祝章（しゅくしょう） お祝いの手紙。

主宰（しゅさい） 中心になって、とりまとめること。

受納（じゅのう） 受け取ること。

手腕（しゅわん） 物事をうまく処理する能力、腕前。

竣工（しゅんこう） 工事が完成すること。

滋養（じよう） 身体の栄養になること。

小康（しょうこう） 病状がおさまりかけること。

精進（しょうじん） 一心不乱に努力すること。

承知（しょうち） わかりました、という意味。物事をうけたまわるときに使う言葉。

笑納（しょうのう） つまらないものですが笑って納めてください、という謙遜の意味の込もった言い方。

諸氏（しょし） 多くの人々を敬っていう言い方。

所存（しょぞん） 考え、意見。

思慮分別（しりょふんべつ） 慎重に考えて判断すること。

真摯（しんし） 真面目で熱心なこと。

深謝（しんしゃ） 深く感謝すること。

信条（しんじょう） かたく信じていること。

真髄（しんずい） その道の奥義。

甚大（じんだい） 程度が大きいこと。

心中（しんちゅう） 心のうち。

心痛（しんつう） 心配して心を痛めること。

新天地（しんてんち） 新しい世界、新しい職場や勤務地。

尽力（じんりょく） 力をつくすこと。

寸志（すんし） 少しばかりの気持ち。お礼や贈り物をするときに、へりくだっていう言い方。

清栄（せいえい） 清く栄えること、相手の繁栄を喜ぶ挨拶の言葉。

盛会（せいかい） 会合がにぎやかになること。

逝去（せいきょ） 亡くなること。

清祥（せいしょう） 清らかな幸せ。

誠心誠意（せいしんせいい） 真心をもって物事にあたること。

青天の霹靂（せいてんのへきれき） 晴れた日に突然起こる雷。急な大事件。

誓約（せいやく） かたく誓うこと。

静養（せいよう） 健康回復のためなどに、身体をゆっくり休めること。

生来（せいらい） 生まれもった性質、性分。

精励（せいれい） 一生懸命励むこと。

節（せつ） 時節、季節、頃、折。

摂生（せっせい） 飲食などを慎み、健康に気を配ること。

専一（せんいつ） ほかに目を向けず、そのことに力を注ぐこと。

善処（ぜんしょ） 事態をうまく処理すること。

早急（そうきゅう） 非常に急ぐこと。

造詣（ぞうけい） その分野に深い知識や理解があること。

壮健（そうけん） 元気さかんなこと。

相好をくずす（そうごうをくずす） 顔をほころばせて喜ぶこと。

即時（そくじ） すぐ、即刻。

粗相（そそう） あやまち。大便、小便をもらすこと。

た

大過（たいか） 大きなあやまち。

大慶（たいけい） 大きな喜び、このうえなくめでたいこと。

大層（たいそう） 非常に、大変。

他界（たかい） 亡くなること。

卓越（たくえつ） 群を抜いてすぐれていること。

多幸（たこう） 多くの幸せ。

賜物（たまもの） 他者から受けた恩恵の結果。

堪能（たんのう） 十分に満ちること。

力添え（ちからぞえ） 力を貸すこと、手助け、援助。

着実（ちゃくじつ） 地道で危なげないこと。

頂戴（ちょうだい） もらうことを、へりくだっていう言い方。

痛感（つうかん） 身にしみて感じること。

露とも知らず（つゆともしらず） まったく知らないこと。

鄭重・丁重（ていちょう） 扱いなどが礼儀正しく手厚いこと。

伝授（でんじゅ） 教え授けること。

当該（とうがい） そのことにあたるもの、そのこと、そのもの。

同慶（どうけい） 自分にとっても同じように喜ばしいこと。

当地（とうち） 自分がいる土地。

特筆（とくひつ） 特にとりたてて書くこと。

な

難航（なんこう） 障害が多く、はかどらないこと。

念願（ねんがん） 強く思い願うこと。

は

倍旧（ばいきゅう） 以前よりも増して、前よりも一層。

拝察（はいさつ） 自分が推察することを、へりくだっていう言い方。

拝趨（はいすう） 先方へ出向くことを、へりくだっていう言い方、参上。

拝眉（はいび） 相手に会うことを、へりくだっていう言い方、拝顔。

配慮（はいりょ） 心を配ること。

鼻高々（はなたかだか） いかにも得意気で誇らしい様子。

晴れがましい（はれがましい） 表立つなどして晴れやかなこと。

万難を排して（ばんなんをはいして） なんとしてでも、どんな困難があっても。

肥立ち（ひだち） 出産や病気のあと、日増しに健康を回復すること。

ひとえに（一重に） まったく、もっぱら。おかげ様で、という意味の込もった言い方。


ひとかたならぬ（一方ならぬ） なみなみならない、通りいっぺんでない。

ひとしお（一入） ひときわ、一層。

日延べ（ひのべ） 期日を先に延ばすこと。

飛躍（ひやく） 大きく発展して活躍すること。

病魔（びょうま） 病気を魔物にたとえていう言い方。

非礼（ひれい） 礼に背くこと、無礼。

復啓（ふくけい） 答えて申し上げること。返信の冒頭に使う頭語。

複写（ふくしゃ） 同一の書類を2枚以上作ること。

無沙汰（ぶさた） 長い間訪問や音信をしないこと、無音（ぶいん）。

不躾・不仕付け（ぶしつけ） 礼儀作法をわきまえないこと、不作法。

不始末（ふしまつ） 他人に迷惑をおよぼすようなこと。

不調法・無調法（ぶちょうほう） 至らないこと、行き届かないこと。

筆不精・筆無精（ふでぶしょう） 手紙や文章を書くのを面倒がること。

不徳の致すところ（ふとくのいたすところ） 自分の徳が足りずに引き起こしてしまったこと。

無難（ぶなん） 欠点がないこと、危険や災害がないこと、無事。

憤懣やるかたない（ふんまんやるかたない） 腹立たしくてどうしようもないこと。

奮励（ふんれい） 気持ちを奮い起こして励むこと。

平素（へいそ） つね日頃、普段。

平服（へいふく） 普段着。

弁解（べんかい） 言い訳、釈明。

鞭撻（べんたつ） ムチ打つこと。努力を怠らないように励ますこと。

芳情（ほうじょう） 相手の厚意を敬っていう言い方。

呆然・茫然（ぼうぜん） あっけにと

られて気抜けしたようになること。

骨折り（ほねおり） 尽力すること。

骨休め（ほねやすめ） 身体を休めて疲れを癒すこと。

ま

末筆（まっぴつ） 手紙の終わりのほうに書く文句。「末筆ながら」は、最後になり失礼ですが、という意味。

無縁（むえん） 縁がないこと、関係ないこと。

無上（むじょう） このうえもないこと。

酩酊（めいてい） ひどく酒に酔い、意識が低下した状態のこと。

冥福（めいふく） あの世の幸せ。

猛省（もうせい） 猛烈に厳しく反省すること。

や

薬石効なく（やくせきこうなく） 治療の効き目がなかったこと。手当ても空しく、亡くなってしまった場合に使われる言い回し。

有意義（ゆういぎ） 意味や価値のあること。

猶予（ゆうよ） 実行の日時を延ばすこと。

容赦（ようしゃ） 許すこと、許容。

養生（ようじょう） 健康の増進をはかること、病気の回復につとめること。

用立て（ようだて） 用を果たすこと。特に、必要なお金を出す、たてかえるなどの場合に使われる言葉。

要領（ようりょう） 物事の最も重要な点、物事をうまく処理する手段。

余儀ない（よぎない） ほかにとるべき方法がないこと。

由（よし） ～とのこと、という意味で使われる言葉。

ら

来駕（らいが） 相手が来ることを敬っていう言い方。

辣腕をふるう（らつわんをふるう） すぐれた能力を生かして物事をてきぱきと処理すること。

罹災（りさい） 地震や火事などの災害にあうこと、被災。

略儀（りゃくぎ） 儀礼や作法を簡略したやり方のこと。

留意（りゅうい） あることに心を留めて気にかけること。

療養（りょうよう） 病気やけがの手当てをし、ゆっくり身体を休めて健康の回復をはかること。

臨席（りんせき） 出席すること、会や式典などの席に臨むこと。

朗報（ろうほう） 喜ばしい知らせ。

わ

私事（わたくしごと） 自分個人のこと、私生活上のこと。

中川越（なかがわ・えつ）

1954（昭和29）年、東京都生まれ。雑誌・書籍編集者を経て、執筆活動に入る。古今東西、有名無名を問わず、さまざまな人物の手紙を広く収集・閲覧し、「手紙のあり方」を考える。歴史的文豪の書簡を手がかりに、手紙の価値や面白さを紹介するなど、さまざまな切り口から手紙にアプローチしている。著書に『文豪たちの手紙の奥義』（新潮文庫）、『夏目漱石の手紙に学ぶ 伝える工夫』（マガジンハウス）、『結果を出す人のメールの書き方』（河出書房新社）などがある。

Staff

カバーデザイン	谷由紀恵
カバーイラスト	AOI
デザイン・DTP	SPAIS〔宇江喜桜　熊谷昭典〕
イラスト	岸潤一
執筆協力	達弥生
	石森康子
	強矢あゆみ
校正	木串かつこ
編集	株式会社童夢
企画・編集	端香里〔朝日新聞出版 生活・文化編集部〕

※本書は、当社『気持ちがきちんと伝わる！ 手紙の文例・マナー新事典』（2015年5月発行）に加筆して再編集したものです。

増補《ぞうほ》改訂版《かいていばん》

気持《きも》ちがきちんと伝《つた》わる！

手紙《てがみ》の文例《ぶんれい》・マナー新事典《しんじてん》

2023年1月30日　第1刷発行
2024年9月30日　第2刷発行

監修　中川越
発行者　片桐圭子
発行所　朝日新聞出版
〒104-8011　東京都中央区築地5-3-2
（お問い合わせ）infojitsuyo@asahi.com
印刷所　中央精版印刷株式会社

ISBN 978-4-02-333382-6

定価はカバーに表示してあります。
落丁・乱丁の場合は弊社業務部（電話03-5540-7800）へご連絡ください。
送料弊社負担にてお取り替えいたします。